# 育才之本　学工为基

——北京理工大学软件学院学生工作思路、特色与成果

陈杰浩　史继筠　吴　桐　严　箐　编著

北京理工大学出版社
BEIJING INSTITUTE OF TECHNOLOGY PRESS

版权专有　侵权必究

### 图书在版编目（CIP）数据

育才之本　学工为基：北京理工大学软件学院学生工作思路、特色与成果 / 陈杰浩等编著. —北京：北京理工大学出版社，2018.4
ISBN 978-7-5682-5566-0

Ⅰ. ①育… Ⅱ. ①陈… Ⅲ. ①高等学校–学生工作–研究 Ⅳ. ①G645.5

中国版本图书馆 CIP 数据核字（2018）第 073347 号

| | |
|---|---|
| 出版发行 / 北京理工大学出版社有限责任公司 | |
| 社　　址 / 北京市海淀区中关村南大街 5 号 | |
| 邮　　编 / 100081 | |
| 电　　话 /（010）68914775（总编室） | |
| 　　　　　（010）82562903（教材售后服务热线） | |
| 　　　　　（010）68948351（其他图书服务热线） | |
| 网　　址 / http://www.bitpress.com.cn | |
| 经　　销 / 全国各地新华书店 | |
| 印　　刷 / 北京地大彩印有限公司 | |
| 开　　本 / 787 毫米×1092 毫米　1/16 | |
| 印　　张 / 25 | 责任编辑 / 李慧智 |
| 字　　数 / 437 千字 | 文案编辑 / 李慧智 |
| 版　　次 / 2018 年 4 月第 1 版　2018 年 4 月第 1 次印刷 | 责任校对 / 周瑞红 |
| 定　　价 / 136.00 元 | 责任印制 / 王美丽 |

图书出现印装质量问题，请拨打售后服务热线，本社负责调换

# 前　言

"育才造士，为国之本"。高等学校的主要任务是培养人才，即通过对大学生进行全面系统的教育，使他们成为综合发展的人才，成为社会主义事业优秀的建设者和接班人，这是一所大学的根本价值所在。习近平总书记在全国高校思想政治工作会议中指出，"教育强则国家强，高等教育发展水平是一个国家发展水平和发展潜力的重要标志"。中国共产党第十八届中央委员会第三次全体会议发布的《中共中央关于全面深化改革若干重大问题的决定》，明确提出在高等教育迅猛发展、知识经济不断冲击、素质教育逐步推进、信息化全面发展的新时代背景下，我们要深化教育领域综合改革，创新高校的人才培养机制。

"育才之本，学工为基"。对大学生进行全面系统的教育，不仅包括专业知识、基本技能、科学素养等方面的传授，还有一个重要的内容就是通过科学理论对学生进行思想武装，做好学生的综合素质培养、成长发展指导和学生事务管理，这样才能推动青年大学生的素质全面提高，促进他们健康成长，而这无一不与高校的学生工作紧密相连。高校学生工作作为高等学院人才培养工作的重要保障，关系到党的教育政策的全面落实，关系到全民素质的提高和实效，任重而道远。然而，当前中国经济新常态、政治民主化、社会信息化等宏观改革图景，给我国的高等教育发展带来了发展的机遇，也给传统的高校学生工作模式带了巨大的冲击，高校学生工作面临着工作模式落后、思想政治教育工作欠缺、信息化浪潮冲击等巨大挑战，给高校的学生工作提出了更高的要求，带来了更为严峻的考验。

高校学生工作肩负着国家人才培养之重任，这就要求每一所高校在学生工作中必须做到"有魂、有型、有为、有力"。所谓有魂，就是以高校的精神文化为精魂，融入学生工作的血脉之中，凝聚和团结全体师生为共同的理想信念而奋斗；所谓有型，就是要做好学生工作的顶层设计，使得整个高校的学生工作有体系、有制度、有规范；所谓有为，即要有所作为，要求高校学生工作者要为青年学子谋实利、为解决困难做实事；所谓有力，要求高校学生工作要不忘初心和使命，为做好人才培养工作而不惜壮士断腕、刮骨疗毒，全心全力推动高校学生工作的改革和进步。

北京理工大学作为中国共产党创办的第一所理工科大学，自诞生之日起就在"延安根、军工魂"的延安精神指引下，肩负着军工报党、报国的责任与使命，并逐渐发展壮大为"红色国防工程师的摇篮"。北京理工大学软件学院是2001年12月经国家教育部和国家发展计划委员会批准的35所国家示范性软件学院之一，于2002年3月正式组建。经过15年的实践探索，软件学院紧紧围绕北理工的宗旨和使命，时刻秉持"德以明理，学以精工"的校训，围绕"人才培养、文化认同、安全稳定"三个核心工作目标，在不断的思考中逐步总结出了具有北京理工大学软件学院特色与创新的学生工作思路、布局和举措。软件学院学生工作以软件学院精神为指引、以软件定义学生工作的信息化平台为科技支撑，深耕"学生工作基础平台""学生基层组织建设平台""学生课外人才培养平台"和"学生思政党建平台"四个平台建设。在这四个平台中，"学生工作基础平台"是对学生工作人员、工作制度、工作文化、基础保障等基础性工作进行统一规范和管理，为其他三个平台提供坚实的基础保障；"学生基层组织建设平台"是从多个角度和多个层次加强学生基层组织的建设，实现对学生群体有力的引导和统战工作，为"学生人才培养平台"凝聚人心并提供基础堡垒；"学生思政党建平台"是以学生党建为工作抓手全面开展学生思想政治教育工作，为"学生课外人才培养平台"解决"培养什么人、为谁培养人、怎么培养人"这一根本问题，并贯彻至"学生课外人才培养平台"的全方位、全过程，为其提供内在精神动力；最后"学生课外人才培养平台"汇集了其他三个平台的优秀资源和基础保障，加入覆盖高校全生命周期的"一条龙式"的人才培养措施，为实现人才培养的伟大目标而不懈努力。

软件学院通过夯实各个平台的基础性建设，发挥各个平台的特色作用，推进各个平台的融合贯通、资源共享，从而系统性、全面性、联动性构建具有软件学院特色的学生工作体系。

与传统研究和阐述高校学生工作的著作不同的是，本书除了学术研究和理论研讨之外，将内容具体落实到北京理工大学软件学院实际开展过的学生工作之中，包含了软件学院学生工作这 15 年来最原汁原味的思想理念、体系大纲和工作措施，凝缩了学院师生的集体智慧。本书面向对象为从事高校学生工作的人员以及对高校学生工作有所研究的领导、专家和学者，相信同样在院系工作的学生工作者，尤其是工科院系的学生工作同人们通过本书能够得到一定的启发和借鉴。

特别感谢在过去 15 年里在北京理工大学软件学院学生工作岗位上做出过贡献的肖文英副书记、副院长，陈昍明副书记、副院长，王树良副书记、副院长，陈杰浩副书记、副院长，严薇老师，高璞老师，胡晓艳老师，吴红丽老师，柳文艳老师，刘博联老师，刘希凌老师，董大海老师，黄芸老师，刘今朝老师，史继筠老师，严箐老师，郝杰老师，沈灏老师，吴桐老师，张伦阳老师，李汶蓉老师，赵翌盛老师，路艾杰老师，李兆民老师，纪新华老师，李翔老师，敖鹏老师等。感谢他们的无私奉献和不懈指导，感谢他们为软件学院学生工作注入了不断前进的动力、铺垫了扎实的基础！

特别感谢在过去15年里对北京理工大学软件学院学生工作给予指导和关心的各位领导，有：原软件学院党委书记王树武老师、李波老师、曲大成老师，原软件学院院长付梦印老师、丁刚毅老师，原软件学院常务副院长曹元大老师，原软件学院副院长牛振东老师、陈朔鹰老师、闫达远老师、薛静锋老师、胡昌振老师、刘驰老师；学生工作处刘明奇老师、杨海老师、郭彦懿老师、徐贵宝老师、李旭姗老师、许欣老师、李冰老师、孙西艳老师、吕晶老师等；校团委徐强老师、张春程老师、张巍老师、蔺伟老师、肖雄老师、方蕾老师、周明宇老师、尚松田老师、苟曼丽老师等；招生就业处的李振健老师、林骥佳老师、张东老师、尹力老师、管帅华老师等；教务处的仲顺安老师、栗苹老师、林海老师、曹峰梅老师、刘媛老师等。感谢他们对软件学院学生工作的大力支持和帮助！

特别感谢15年里为软件学院学生工作做出过贡献的全体学生干部们！以下只列出部分代表：李扬、毛振、王佩龙、沈晓峰、王磊、刘伟、白亮、赵乾、赵智勇、李潇、束罡、曹杰、徐子棋、孔令军、李丹、顾一凡、董慧敏、蔺剑飞、胥敏、张斌、杨长瑜、王晓博、傅龙张、崔超、刘京智、廖小琦、张洁、郭进、劳振明、张亮、张旭、董大海、刘滨源、金镇晟、崔皓、张长路、林思然、顾辉、高峰、黄张涛、王锐坚、郭宏宸、许昌达、邓松华、窦彦斌、刘炜、陈泽涛、张书、宋挺、郭佳佳、张晓帆、舒悦、林文晶、张泽慧、罗澄熙、陈思宇、崔林、刘利凯、范立乾、戴建科、梁婷婷、关正、赵剑波、张云琪、梁云昭、陈博、马辰、梁汉、井泓杨萍、何平凡、钟鸣、王子实、李佳妮、史继筠、郑屹、赵崇、梁宇、邓文兵、申宇、陈桐鑫等。

高校学生工作的丰富内涵并不是本书能够全面覆盖的。我们编写这本书是结合北京理工大学软件学院学生工作的实际，对其中部分工作进行了梳理和总结，以期对同类高等院校工科院系学生工作的开展和研究有所裨益。当然，限于我们的学识和水平，本书中也可能存在一些错误，欢迎从事高校学生工作以及对高校学生工作有所研究的专家学者对本书的内容提出批评和指正。

是为序。

北京理工大学软件学院学生工作办公室
二〇一八年四月

# 内容简述

本书共分 10 个章节，详细介绍 15 年来北京理工大学软件学院学生工作思路、特色和成果。

第 1 章介绍新时期高校学生工作的时代意义和主要内容，通过阐述当前高校学生工作的工作内涵、工作目标和重要性，分析新形势下高校学生工作面临的严峻挑战，从而探索和实践软件学院特色的学生工作格局。

第 2 章则重点阐述了软件学院为国家培养优秀软件学子的奋斗目标和软件学院精神。软件学院精神包含"北理精神""锅炉房科技创新精神""软件报国精神"这三项精神。

第 3 章介绍了软件定义学生工作的信息化建设。

第 4 章至第七章详细介绍软件学院四个融会贯通的学生工作平台，分别为"学生工作基础平台""学生基层组织建设平台""学生思政党建平台"和"学生课外人才培养平台"。各章节分别详细阐述了当前高校相关工作的现状，各平台的工作思路及工作举措，以及最终工作成果。

第 8 章补充介绍了包括招生宣传、校友工作、北京理工大学程序设计大赛等在内的软件学院其他特色学生工作。

第 9 章则详细介绍软件学院学生工作制度规范。软件学院学生工作制度架构包括"学生工作纲领性制度""学生工作行政规范制度""学生教育工作制度""学生管理工作制度""学生科技创新管理制度""学生组织及学生活动管理制度"这六个模块。

第 10 章列出了近十年来软件学院工作的成果和奖励。

本书编委会
二〇一八年四月

# 目 录

## 第 1 章 高校学生工作的时代意义和主要内容　　1

### 1.1 高校学生工作的定义和主要目标……2
#### 1.1.1 高校学生工作的定义 ……2
#### 1.1.2 高校学生工作的主要目标 ……3
### 1.2 高校学生工作的重要性……4
#### 1.2.1 学生工作对提高高校人才培养质量有重大作用 ……4
#### 1.2.2 学生工作直接服务和服从于党和国家赋予高校的任务和使命……4
#### 1.2.3 学生工作将教育、管理和服务有机结合起来 ……5
#### 1.2.4 学生工作的渗透性保证了高校教育的实效性 ……5
### 1.3 当前高校学生工作面临的挑战……5
#### 1.3.1 缺少自身特色的精神引领 ……5
#### 1.3.2 信息革命的浪潮带来新挑战 ……6
#### 1.3.3 基础性学生工作模式落后 ……6
#### 1.3.4 学生基层组织建设力度不足 ……7
#### 1.3.5 思想政治教育面临新挑战 ……7
#### 1.3.6 创新人才培养工作带来的挑战 ……7
### 1.4 高校院系级学生工作的重要内容……8
#### 1.4.1 探索学生工作信息化及新媒体 ……8
#### 1.4.2 构建科学完善的学生工作机制 ……8
#### 1.4.3 做好学生党建和思想政治教育工作 ……9
#### 1.4.4 做好学生日常服务和组织管理工作 ……10
#### 1.4.5 开展学生教育和培养工作 ……11
### 1.5 北京理工大学软件学院学生工作体系概述……11

## 第 2 章　伟大的奋斗目标和软件学院精神　　15

2.1　核心价值体系的重要性 ·················································· 16
2.2　伟大的奋斗目标的内涵 ·················································· 17
2.3　软件学院精神 ····························································· 17
　　2.3.1　爱校精神——"北理精神" ······································ 18
　　2.3.2　科研攻关精神——"锅炉房科技创新精神" ··················· 19
　　2.3.3　家国天下精神——"软件报国精神" ··························· 21

## 第 3 章　软件定义学生工作的信息化建设　　25

3.1　移动互联网时代下的学生工作困境 ···································· 26
3.2　软件定义学生工作的信息化建设思路 ································· 27
　　3.2.1　软件定义学生工作的信息化平台内涵 ························· 27
　　3.2.2　以校园日常行政办公为切入点 ································· 28
　　3.2.3　以全方面服务学生成长成才为基础 ···························· 29
　　3.2.4　以高校思政工作阵地为重点 ···································· 29
　　3.2.5　以百花齐放移动网络生态圈为目标 ···························· 30
3.3　软件学院学生工作信息化平台建设成果 ······························ 30
　　3.3.1　学生工作的统一办公平台 ······································· 31
　　3.3.2　青年学生的移动服务平台 ······································· 41
　　3.3.3　辅助决策的学生大数据平台 ···································· 46
3.4　软件学院信息化建设创新点及意义 ···································· 48

## 第 4 章　软件学院学生工作基础平台　　51

4.1　高校学生工作基础性工作的主要问题 ································· 52
　　4.1.1　职权不清、工作队伍不强 ······································· 53
　　4.1.2　工作文化弱化、缺乏凝聚力 ···································· 53
　　4.1.3　缺乏体系化的工作制度建设 ···································· 53
　　4.1.4　缺乏学生关爱和帮扶的系统性建设 ···························· 53
4.2　软件学院学生工作机构设置 ············································ 54
4.3　软件学院学生工作队伍建设 ············································ 55
　　4.3.1　专职辅导员干部 ·················································· 55
　　4.3.2　退休老教师 ······················································· 55

4.3.3 研究生兼职辅导员 ································· 56
4.4 软件学院学生工作文化建设 ································· 56
  4.4.1 制定严格的规章制度 ································· 56
  4.4.2 构建严谨的工作规范 ································· 56
  4.4.3 开展标准化考核工作 ································· 57
4.5 软件学院工作制度体系化建设 ································· 58
4.6 学生的关爱和帮扶的系统性建设 ································· 61
  4.6.1 建立安全稳定的基本工作制度 ································· 61
  4.6.2 全方位排查"五困"学生 ································· 61
  4.6.3 对学业困难学生的预警和帮扶工作 ································· 61
  4.6.4 对经济困难学生的关爱和帮扶工作 ································· 63

# 第 5 章 软件学院学生基层组织建设平台   65

5.1 加强学生基层组织建设工作 ································· 66
5.2 加强基层组织的制度建设 ································· 67
5.3 加强学生干部培养和引导 ································· 68
  5.3.1 做好学生干部的选拔和培养工作 ································· 68
  5.3.2 做好学生干部的考核和奖励工作 ································· 69
5.4 通过品牌活动发挥战斗堡垒作用 ································· 69
  5.4.1 依托学生基层组织建设活动平台 ································· 69
  5.4.2 依托学生兴趣爱好社团活动平台 ································· 74

# 第 6 章 软件学院学生思政党建平台   85

6.1 建立从严治党的工作机制 ································· 86
  6.1.1 建立规范严谨的工作机制 ································· 86
  6.1.2 大力加强党员干部队伍建设 ································· 89
  6.1.3 加强对党建工作的领导监督 ································· 90
  6.1.4 全面落实党建考核机制 ································· 91
  6.1.5 加强党建理论培训工作 ································· 91
6.2 做好基层党组织创新改革 ································· 92
  6.2.1 研究生党支部改革工作 ································· 93
  6.2.2 本科生党支部改革工作 ································· 97
6.3 打造思政党建的创新平台 ································· 100

|  |  |  |
|---|---|---|
| | 6.3.1 "我来讲，我来听"党课评比大赛 | 100 |
| | 6.3.2 "信仰讲坛"活动 | 106 |
| 6.4 | 注重发挥学生群体势能 | 110 |
| | 6.4.1 党建带动班团和科研实验室发展 | 111 |
| | 6.4.2 党群结对帮扶，先锋模范作用凸显 | 112 |
| | 6.4.3 发挥技术优势积极投身服务社会 | 112 |

## 第7章 软件学院学生课外人才培养平台　　　　　　　117

|  |  |  |
|---|---|---|
| 7.1 | 多元综合素质测评体系 | 118 |
| | 7.1.1 探索学生综合素质测评的具体路径 | 119 |
| | 7.1.2 创新"学生综合素质测评"的有效手段 | 121 |
| | 7.1.3 评价"学生综合素质测评"的多元效用 | 124 |
| 7.2 | 特色奖励资助体系 | 127 |
| | 7.2.1 科研科创类奖学金 | 127 |
| | 7.2.2 学生组织和学生干部类奖学金 | 129 |
| | 7.2.3 学风成果类奖学金 | 130 |
| | 7.2.4 学生党建工作类奖学金 | 132 |
| | 7.2.5 爱心助学金 | 133 |
| 7.3 | 学生职业生涯规划与就业指导工作 | 133 |
| | 7.3.1 高校职业生涯规划及就业指导工作现状 | 133 |
| | 7.3.2 职业生涯规划及就业指导工作的开展 | 134 |
| | 7.3.3 软件学院就业工作成绩 | 138 |
| 7.4 | 学风建设工作 | 139 |
| | 7.4.1 学风建设工作的内涵及现状 | 139 |
| | 7.4.2 软件学院学风工作组合拳 | 140 |
| | 7.4.3 软件学院学风工作成果 | 147 |
| 7.5 | 学生科技创新创业工作 | 148 |
| | 7.5.1 高校学生科技创新创业工作现状 | 149 |
| | 7.5.2 "五位一体"的拔尖创新人才培养模式概述 | 150 |
| | 7.5.3 秉承和发扬"锅炉房科技创新精神" | 151 |
| | 7.5.4 育人保障体系：集聚资源，筑底根基 | 155 |
| | 7.5.5 组织管理体系：架构稳健，制度规范 | 158 |
| | 7.5.6 人才培养体系：层次分明，科学联动 | 160 |

|  |  |  |
|---|---|---|
| | 7.5.7 产教研用体系：协同贯通，高水平转化 | 164 |
| | 7.5.8 质量监督改进体系：监督反馈，可持续改进 | 166 |
| | 7.5.9 科技创新创业工作创新点与成果总结 | 167 |
| 7.6 | 高年级本科生进科研实验室 | 170 |
| 7.7 | 研究生一体化组织、培养和管理 | 171 |
| | 7.7.1 研究生管理工作的现状与重要性 | 171 |
| | 7.7.2 软件学研究生一体化组织、培养和管理工作 | 172 |
| | 7.7.3 软件学院研究生一体化工作成果 | 175 |

## 第 8 章　软件学院其他特色学生工作　　177

| | | |
|---|---|---|
| 8.1 | 本科生招生宣传工作 | 178 |
| | 8.1.1 招生宣传工作的重要性 | 178 |
| | 8.1.2 招生宣传工作存在的问题 | 178 |
| | 8.1.3 软件学院招生宣传工作措施 | 179 |
| | 8.1.4 软件学院招生宣传工作成果 | 181 |
| 8.2 | 校友工作 | 182 |
| 8.3 | 北京理工大学程序设计大赛 | 184 |
| | 8.3.1 程序设计大赛的介绍 | 184 |
| | 8.3.2 程序设计大赛的历史 | 185 |
| | 8.3.3 程序设计大赛取得了卓越的人才培养效果 | 188 |

## 第 9 章　软件学院学生工作制度规范　　191

| | | |
|---|---|---|
| 9.1 | 软件学院学生工作制度总览 | 192 |
| 9.2 | 学生工作纲领性制度 | 192 |
| | 9.2.1 软件学院学生工作领导小组工作办法 | 194 |
| | 9.2.2 软件学院班主任考核管理办法 | 196 |
| | 9.2.3 软件学院学生工作办公室辅导员行为准则 | 202 |
| | 9.2.4 软件学院学生工作办公室工作人员考核及奖励办法 | 203 |
| 9.3 | 学生工作行政规范制度 | 208 |
| | 9.3.1 软件学院学生工作办公室签章管理办法 | 209 |
| | 9.3.2 软件学院学生工作办公室重要事务请示制度 | 210 |
| | 9.3.3 软件学院学生工作办公室上级公文处理办法 | 212 |
| | 9.3.4 软件学院学生工作办公室财务报销管理办法 | 214 |

- 9.3.5 软件学院学生工作办公室固定资产管理办法 ·········· 218
- 9.3.6 软件学院学生工作办公室对外宣传工作规范办法 ·········· 221
- 9.3.7 软件学院关于进一步加强招生宣传工作的管理办法 ·········· 222

9.4 学生教育工作制度 ·········· 228
- 9.4.1 软件学院本科生综合素质测评实施办法 ·········· 229
- 9.4.2 软件学院研究生综合素质测评实施办法 ·········· 233
- 9.4.3 软件学院学生德育鉴定工作规范 ·········· 238
- 9.4.4 软件学院加强本科学生学风建设工作办法 ·········· 241
- 9.4.5 软件学院学生学业警示和帮扶工作办法 ·········· 243
- 9.4.6 软件学院学长制导师的相关规定 ·········· 244

9.5 学生管理工作制度 ·········· 246
- 9.5.1 软件学院学生请假管理办法 ·········· 246
- 9.5.2 软件学院学生事务通知规范办法 ·········· 249
- 9.5.3 软件学院学生外出实习管理规定 ·········· 249
- 9.5.4 软件学院学生群体安全稳定工作办法 ·········· 255
- 9.5.5 软件学院学生宿舍管理办法 ·········· 259
- 9.5.6 软件学院学生勤工助学管理办法 ·········· 260
- 9.5.7 软件学院调研学生和校友意见工作办法 ·········· 264
- 9.5.8 软件学院学生党建工作规范办法 ·········· 275
- 9.5.9 软件学院加强研究生思想政治教育和安全稳定管理的规范 ·········· 285

9.6 学生科技创新管理制度 ·········· 286
- 9.6.1 软件学院学生课外科技实践活动章程 ·········· 287
- 9.6.2 软件学院科技创新基地管理条例 ·········· 303
- 9.6.3 软件学院科技创新基地成员管理条例 ·········· 321
- 9.6.4 软件学院科技创新基地学生干部管理条例 ·········· 333
- 9.6.5 软件学院高年级本科生进科研实验室的工作办法 ·········· 341
- 9.6.6 软件学院大学生科技创新创业基地指导教师招聘及工作办法 ·········· 342
- 9.6.7 软件学院学生重大科技创新成果奖励办法 ·········· 345

9.7 学生组织及学生活动管理制度 ·········· 349
- 9.7.1 软件学院学生组织财务报销规定 ·········· 349
- 9.7.2 软件学院学生组织及学生活动管理办法 ·········· 355
- 9.7.3 软件学院学生兴趣爱好社团成立办法 ·········· 364
- 9.7.4 软件学院学生兴趣爱好社团管理条例 ·········· 367

## 第 10 章　软件学院学生工作近十年工作成果和奖励　　**371**

　　10.1　软件学院学生工作主要成果和奖励（2012—2017）……………**372**
　　10.2　软件学院学生工作学术研究成果（2009—2017）………………**373**
　　10.3　软件学院招生及就业工作主要成果和奖励（2009—2017）………**375**
　　10.4　软件学院科技创新创业竞赛主要成果和奖励（2008—2017）……**375**

## 参考文献　　**380**

# 第1章 高校学生工作的时代意义和主要内容

习近平总书记在中国共产党第十九次全国代表大会上强调："青年兴则国家兴，青年强则国家强。青年一代有理想、有本领、有担当，国家就有前途，民族就有希望。"大学生作为青年群体中的佼佼者，是祖国的未来，民族的希望，是社会主义建设的中坚力量，是党和人民事业朝气蓬勃发展的有力推动者。习近平总书记在全国高校思想政治工作会议中还强调"高校思想政治工作关系高校培养什么样的人、如何培养人以及为谁培养人这个根本问题。要坚持把立德树人作为中心环节，把思想政治工作贯穿教育教学全过程，实现全程育人、全方位育人，努力开创我国高等教育事业发展新局面"。高等教育发展水平是一个国家发展水平和发展潜力的重要标志，而高校学生工作是高校人才培养工作的重要组成部分，更是大学生成长发展的有力保障。

近年来，随着我国高等教育体制改革的全面推进和教育事业的快速发展，高校学生工作也步入了一个崭新的发展阶段。新形势下，知识经济的冲击、素质教育的推进、信息化的浪潮以及高校本身的改革带来了各种新情况、新问题，给高校学生工作提出了更高的要求和更为严峻的考验。面对新形势、新挑战，高校学生工作必须在探究其根本内涵和工作目标的基础上，认真分析当前工作面临的问题及挑战，探索和打造富有自身特色及专业学科优势的高校学生工作新格局。这对于全面实行科教兴国和人才强国战略，确保加快推进社会主义现代化的宏伟目标，确保中国特色社会主义事业的兴旺发达具有重大而深远的战略意义。

## 1.1 高校学生工作的定义和主要目标

随着社会的不断发展和高等教育体制改革的深化，高校学生工作也在不断地、动态地发展和改革着。为适应新形势、满足新要求、迎接新挑战，需要客观全面地认识高校学生工作的主要内涵和基本目标，并以新时代的理念和视角对当代学生工作的内涵进行新的诠释，为做好新形势下高校学生工作打下扎实基础。

### 1.1.1 高校学生工作的定义

国内对于高校学生工作的定义众说纷纭，有学者认为学生工作仅指学生的思想政治教育工作，也就是德育工作；也有学者认为学生工作主体是对学生日常事务的管理和服务。而这些都是从狭义的方面来定义学生工作，尤其是把学生工作与德育工作等同起来，大大缩小了学生工作所包括的内容。随着高校学生工作的日趋复杂化、多样化，传统的德育工作已不能代替或等同于学生工作的概念。

从广义上来看，高校学生工作是指高校为学生健康成长服务提供的所有直接和间接的工作总和；而从狭义上看，高校学生工作则是指与教学工作、科研工作相平行的，以学生的思想政治教育、综合素质培养、成长发展指导、学生事务管理为主要内容的学校工作。从我国实际出发，高校学生工作有必要从以下三点来把握：一是从宏观层面看，学生工作就是为实现"培养什么人""怎么培养人""为谁培养人"各要素的综合；二是从中观层面看，学生工作是对学生进行政治指导、思想教育、心理维护、学业指导和事务管理等工作；三是从微观层面看，学生工作即院系或学生工作队伍所从事的各项日常工作。

高校学生工作的主要特征是：① 专业化：包括学生工作的学科化、学生工作在高等教育中的特殊地位和保障机制、学生工作队伍的专业素质；② 职业化：学生工作已经成为学工队伍所从事的职业，即高校学生工作者被确认为一个有所作为、社会认同、终身可从事的职业，并具有相应的职业制度保障；③ 系统化：主要表现为工作内容的完整性和全面性；④ 全员化：即高校全体教职工，无论是否专职从事学生工作，均有育人职责，正式或者非正式地承担着学生工作，负责教育引导学生，促进学生成长发展；⑤ 全程化：在新生入学起就着手实施学生工作，贯穿学生在校期间的全过程、全方位，直至学生毕业。

### 1.1.2　高校学生工作的主要目标

习近平总书记在全国高校思想政治工作会议中强调："我国高等教育肩负着培养德、智、体、美全面发展的社会主义事业建设者和接班人的重大任务，必须坚持正确的政治方向。高校立身之本在于立德树人。只有培养出一流人才的高校，才能够成为世界一流大学。办好我国高校，办出世界一流大学，必须牢牢抓住全面提高人才培养能力这个核心点，并以此来带动高校其他工作。"

高校学生工作的目标要与教育规律、社会发展规律以及高校人才培养目标相适应。因此新时期下的高校学生工作的目标是：以党的教育方针为指针，以中国特色社会主义思想为指导，树立正确的人才观，以维护校园稳定、保障学生安全为前提，以教育、管理、服务紧密结合为手段和根本途径，以加强素质教育、促进学生全面发展为宗旨，以高起点、具有现实可行性为基本要求，以培养学生创新精神和实践能力为重点，以身心健康教育为保障，以社会对人才的认可程度为评价标准，努力培养综合素质高、能力强、与社会接轨的合格的高级管理型、应用型人才和研究型、开拓型人才。

## 1.2 高校学生工作的重要性

素质教育下的高校学生工作既面临着考验,又存在着前所未有的机遇。特别是我国教育改革进入深化阶段,教育行为和教育模式正在发生着深刻的变革,在这个教育转型的特殊历史时期,高校学生工作的地位显得尤为重要。它关系到一所学校培养人才的质量,甚至影响到学校的社会知名度和发展建设,担负着大学生德智体美等各方面全面发展及健康成长的重任,关系到党的教育政策全面贯彻落实的大计,关系到全民族素质的提高程度和实际效果。

### 1.2.1 学生工作对提高高校人才培养质量有重大作用

社会主义高等教育要紧紧围绕祖国和人民的需要,紧密结合社会的发展规律,发挥教育服务社会的职能,其主要任务就是培养合格的人才。在"多出人才、出好人才"的工作中,学生工作起了决定性的作用。它与高等学校教学、科研、后勤等重要工作具有同等重要的地位。在学校思想政治教育、管理及服务育人上是其他任何形式的工作所无法比拟和替代的。教学、科研等工作要解决学生知识掌握程度的问题;学生工作则要解决学生学习的主动性、行为的方向性,内化为其优良的人格品质的问题;后勤等其他工作则是为教育、教学、科研等中心性工作提供保障,为师生学习和工作创造良好的环境,但如果离开学生工作,则会出现"保"而不"障"局面,正常的校园秩序也必然受到影响。学生工作取得突出成绩,必然促进其他各项工作的发展,从而形成优势补充、良性循环,这样才会生产出合格的"人才产品"。由于高校学生工作在提高人才培养质量中的地位特殊,不容忽视,不可替代,因而其对于提高人才培养质量的重大作用显而易见。

### 1.2.2 学生工作直接服务和服从于党和国家赋予高校的任务和使命

高校学生工作的主要目的是促进大学生全面发展,引导他们最终成长为社会主义事业的合格建设者和可靠接班人。特别是在国际敌对势力与我国争夺下一代的斗争更加尖锐复杂,以及我国市场经济条件下社会经济成分、组织形式、就业方式、利益关系和分配方式日益多元化,人们思想活动的独立性、选择性、多变性和差异性日益增强的大环境下,高校学生工作对于促进大学生树立正确的理想信念、端正价值取向、提升综合素质具有重大现实意义。我国高校教育工作的根本目的是实现大学生成才发展,确保大学生政治立场坚定、思想道德良好、专业知识扎实、综合素质过硬,使他们成为德才兼备、符合社会需要的高素质人才,并最终为社会、国家和人民服务。

### 1.2.3　学生工作将教育、管理和服务有机结合起来

高校大学生除了认真学习专业知识外,还需要提升自身的多方面素质和能力。当前,高校学生工作更加切合学生的实际需求,积极创造条件为学生成才发展服务。一是将学生的课内学习和课外活动相结合,采取主题教育、文娱活动、社会实践等多种形式,大力丰富学生的课余文化生活,提升学生的思想认识水平;二是将教育引导与严格管理相结合,在加强思想引导的同时严格管理,引导学生自觉遵守国家法律和校纪校规,帮助学生树立自律意识,提升自我管理能力;三是将学生思想教育与解决学生实际问题相结合,积极妥善解决学生在经济、心理、交友等方面存在的实际问题,使学生工作贴近学生、贴近生活、贴近实际,进一步夯实了高校教育工作的基础。

### 1.2.4　学生工作的渗透性保证了高校教育的实效性

学生工作的渗透使高校教育"春风化雨,润物无声"地进入学生心中,达到内化于心、外化于行的目的,保证了高校教育的实效性。学生工作注重渗透和影响,通过营造浓厚的工作氛围,注入人文关怀精神,诱导学生审视自我,强化学生的自我意识,激发学生追求成才发展的积极性和主动性,使学生在加强专业学习的同时不断完善自我,提升自身素质,使学生自觉理解、认同、接受、外化学校施加的正面影响,实现知识、理念和技能的有机统一,全面提升学生的综合素质和能力。因此,高校从学生成才发展的角度开展深入细致的学生工作,强化学生综合能力,这是教学工作的短板,也是学生工作存在和发展的基础。

## 1.3　当前高校学生工作面临的挑战

当前,中国经济新常态、政治民主化、社会信息化等宏观改革图景,给我国的高等教育发展带来了挑战和机遇。与此同时,传统的高校学生工作模式也受到了冲击,使得高校学生工作的难度进一步增大。如何尽快适应新时期的需要,培养德、智、体、美全面发展的社会主义事业建设者和接班人,已经成为高校学生工作面临的重要挑战。当前高校学生工作面临的挑战如下:

### 1.3.1　缺少自身特色的精神引领

精神文化是一所高校的基因、专业的基因,是大学赖以生存和发展的精神支

柱，它决定着一所高校、一个学院的生命力和发展方向，也决定着不同高校、不同专业学生的不同气质。因此在实际的高校学生工作中，除大力弘扬一所大学的精神文化之外，不同学院、不同专业也应该凝练和总结符合自身专业特色的精神标签，这是一个学院学生工作整体面貌、专业特色以及凝聚力、感召力和生命力的体现，可以进一步丰富和充实一所大学的精神体系。如果高校学生工作缺少精神文化的引领，学生工作将无法做好学生群体的统战和引导。然而当前高校各院系级学生工作的精神文化主要以校情校史为主体，缺少凝练和挖掘来自学院的历史和符合专业特色的精神文化，很难引起青年学子的"共鸣"，较难培养标记专业基因的优秀人才，也很难将各院系级学生工作的特色最大限度地发挥。因此如何挖掘和培育各高校、各院系级学生工作独特的精神标签，是当前高校学生工作面临的挑战之一。

### 1.3.2　信息革命的浪潮带来新挑战

信息化的迅速发展，对大学生的学习、生活乃至思想观念产生着广泛和深刻的影响。一方面，信息革命为高校学生工作提供了新的阵地和领域，对加强和改进高校学生思想政治工作带来了新的机遇；另一方面，信息革命也给传统学生工作带来了极大的冲击。首先，网络信息的快捷性、丰富性和开放性特点，使得从学校获取知识的权威性受到怀疑。在网络普及的社会条件下，大学生能够借助网络比以往任何时候都更快捷地获取信息，而思想政治工作部门和有关干部教师在获取信息的渠道、时间、数量上已明显不占优势。其次，网络的虚拟性、隐蔽性使得网络成为有害信息的滋生地和传播地。一部分人利用信息技术参与社会政治，一些虚假、不健康甚至反动的信息污染了学生思想教育的环境，使得大学生难以判别和抵御，有的上当受骗，还有的沉溺于网上虚拟世界不能自拔，带来一些负面的影响。最后，信息化技术带来了更加高效和便捷的体验，这促使传统学生工作必须尽快地改变工作模式和格局，结合信息化技术手段，建立便捷、精准的信息化办公服务，更好地吸引和服务学生。

### 1.3.3　基础性学生工作模式落后

高校学生工作是一个烦琐而又复杂的工程，涵盖了学生人才培养的全方位工作。随着高校教育的快速发展，传统高校基础性的学生工作模式逐渐落后，阻碍了学生工作的改革发展。首先，当前各高校工作理念落后，以"管理"为主，弱化了服务和教育的工作主题，与学生实际需求和工作需要不相适应，很多工作得不到学生的喜爱和支持；其次，当前高校学生工作机制体制落后，基层制度不合理，工作体制缺乏规范性、系统性和科学性，经常产生因人因时因事不同而有不同的学生工作办法；最后，当前高校普遍存在着学生工作机构设置太繁杂、部门机构重叠、职能交叉、学生工作人员数量不足而且人员专业结构单一、工作文化培育不足等问题，导致目前的高校学生工作队伍满足不了学生管理工作的需求，学生工作的目标无法实现。

### 1.3.4　学生基层组织建设力度不足

学生基层组织是高校一切学生工作的基础和战斗堡垒。然而在当前高校各项学生工作中，学生基层组织建设却有弱化的趋势，表现为班级团支部等基层组织工作弱化、基层组织机构建设不合理、学生干部培养力度不足、工作缺乏创新性等，不能把基层组织团结凝聚青年学子的作用充分发挥出来，有的工作只是停留在表面上，没有深入实际，不能切实解决广大学生思想深处的困惑和问题。长此以往，容易滋生高校学生工作形式主义作风，致使高校基层组织基础更加薄弱，直接影响高校对学生群体的组织、引导和管理力度。

### 1.3.5　思想政治教育面临新挑战

随着社会主义市场经济的深入发展，我国社会经济成分、组织形式、就业方式、利益关系和分配方式日益多样化，信息层级也更加多元化，使大学生思想政治教育既面临有利条件，也面临严峻挑战。一方面有利于大学生树立自强意识、创新意识、成才意识、创业意识，但另一方面也带了不容忽视的负面影响。

国际国内形势的深刻变化，导致国际敌对势力与我们争夺下一代的斗争更加尖锐复杂，他们借助强大的技术支撑推出各种言论和思潮，争夺着新的青年一代。大学生面临着大量西方文化思潮和价值观念的冲击，某些腐朽没落的生活方式对大学生的影响不可低估。一些大学生不同程度地存在政治信仰迷茫、理想信念模糊、价值取向扭曲、诚信意识淡薄、社会责任感缺乏、艰苦奋斗精神淡化、团结协作观念较差、心理素质欠佳等问题。面对新形势、新情况、新挑战，大学生思想政治教育工作还不够适应，存在不少薄弱环节，如何加强和改进大学生思想政治教育是一项极为紧迫的重要任务。

### 1.3.6　创新人才培养工作带来的挑战

当前国际竞争主要是综合国力的竞争，是科技和教育的竞争，归根到底是人才的竞争。高校作为人才培养的主力军，担负着为国家培养高素质创新人才的历史使命，而高校学生工作是学校人才培养的重要阵地，对提高人才培养水平有着重要的作用。面对国家对创新人才的紧迫要求，如何发挥高校学生工作在学风培育、科创引导、奖励资助、综合素质水平提高等课外人才培养工作中的作用，并将各项工作融会贯通、相互协作，打造为贯穿大学生全生命周期、全方位、系统性的人才培养平台，已成为新时期高校学生工作改革与发展的重要课题。

## 1.4　高校院系级学生工作的重要内容

中国共产党第十八届中央委员会第三次全体会议发布的《中共中央关于全面深化改革若干重大问题的决定》，明确提出要深化教育领域综合改革，创新高校人才培养机制，这就对高校学生工作提出了更高的要求。因此，针对高校院系级学生工作的基本内涵及所要达到的目标，需按照"以学生为中心"的原则，以新的理念和新的定位来促进学生工作的科学发展，努力做好以下五个方面的重点内容。

### 1.4.1　探索学生工作信息化及新媒体

随着科技迅速发展，信息化已经成为当今时代发展的主流，而新媒体更是信息时代的宠儿。当前技术升级换代越来越快，高校的学生工作只有顺应时代的发展潮流、转变教育管理模式、推进学生工作的信息化建设、加快信息化发展步伐，才能抢占发展的先机，才能提高思想教育的主动性、适应性和时效性。

高校可以广泛利用信息技术和手段来为学生工作服务，可以把大部分事务性工作交由计算机来完成，从而把广大基层辅导员从烦琐的事务性工作中解放出来，提高工作的成效，集中精力做好大学生思想教育、心理辅导、成长激励等工作，提高教育水平和管理水平，实现管理的科学化，使高校学生工作走上现代化管理之路。此外，高校也可利用新媒体大力推进大学生思想教育进入网络，结合新媒体渠道，占领新媒体这一重要阵地，借助它宣传马克思列宁主义、国家方针政策，做好学生的思想引导、舆论引导，让新媒体能够更好地服务学生工作。

### 1.4.2　构建科学完善的学生工作机制

高校院系级学生工作是一个动态发展的体系，是一个具有明确政治导向，直接面对学生并深受外在影响的开放性复杂系统，而这就使得学生工作经常伴随着不确定性、多变性、随意性。为保证学生工作各项工作都能科学、高效地运转，不因人因时因事不同而有不同的学生工作办法，这就需要高校积极探索并构建与其相适应的学生工作机制，从而做到责任明确、制度规范、弹性调整、落实及时。

构建科学完善的高校学生工作机制主要包括以下几个方面：

① 科学设置学生工作机构和职能部门，明确学生工作的边界和范畴；

② 设置纵向一体化的学生工作领导体系，自上向下做好顶层设计，构建学生工作各部门之间的协同工作机制和工作规范，提高工作效率；

③ 建立规范化、系统化的学生工作制度，构建学生工作的基本规矩，制定对群体组织和管理的工作依据；

④ 建立结构合理、素质较高、热爱学生工作、工作能力强的多元化学生工作队伍，打造优秀的学生工作队伍文化。

### 1.4.3 做好学生党建和思想政治教育工作

思想政治教育是高校学生工作的核心任务，更是"育人为本，德育为先"教育思想的重要体现。习近平总书记在全国高校思想政治工作会议上强调"要坚持把立德树人作为中心环节，把思想政治工作贯穿教育教学全过程，实现全程育人、全方位育人，努力开创我国高等教育事业发展新局面"。加强和改进大学生思想政治教育工作是一项重大而紧迫的战略任务，对于推动社会主义现代化发展和高等教育改革发展、维护学校和社会稳定等方面发挥了重要作用。

高校学生党支部是高校的基层党组织，学生党员是大学生的先锋模范。充分发挥学生党员的先锋模范作用、切实加强基层党组织的制度和作风建设是加强高校学生思想政治教育工作的关键环节，是培养德才兼备高素质人才的重要保证。因此高校应该高度重视学生党建工作，使其成为高校思想政治教育、人才培养、正确舆论方向等各项工作的积极推动者。

做好学生党建和思想政治教育工作具体包括以下几方面内容：

① 高度重视学生党建工作，坚决落实党要管党、从严治党的工作思路，不断提升学生党组织的凝聚力、影响力和号召力，建立以学生党支部为核心、以党建为抓手的思想政治教育新格局，使学生党支部成为发挥学生思想政治教育主体作用的重要组织依托；

② 加强理想信念教育和思想引领工作，紧紧围绕"建设社会主义大学、培养社会主义合格建设者"的核心目标，进一步增强学生的理论认同、政治认同、情感认同，不断激发学生投入中华民族复兴的伟大事业中；

③ 巩固思想道德教育，大力加强道德教育和实践工作，大力加强社会主义核心价值观教育，把培育和弘扬社会主义核心价值观作为凝魂聚气、强基固本的基础工程，使社会主义核心价值观内化于心、外化于行，成为学生的价值追求和自觉行动；

④ 围绕新时期下党和国家发展的新方针、新政策、新形势，积极探索学生党建及思想政治教育工作的新形式、新方法、新载体，开展学生喜闻乐见、深受学生喜爱的创新性思政教育活动。

### 1.4.4 做好学生日常服务和组织管理工作

学生日常服务和组织管理工作是高校学生工作的主体之一。高校为了能够适应高等教育发展趋势与创新性人才的培养目标，将"一切为了学生，为了学生的一切，为了一切学生"作为学生工作的出发点，始终坚持"以学生健康成长成才为重点，以追求学生全面发展为目标"的服务理念，做好学生日常服务和组织管理工作，为学生提供全方位、多角度、高质量的服务。当前高校要围绕以下几个方面做好学生的组织管理和日常服务工作：

① 学生基层组织建设：指导学生群体的基层组织建设，加强学生干部队伍建设，开展百花齐放的学生活动，实现对学生群体的引导、培养和统战工作。

② 日常事务服务管理：做好学生日常事务管理工作，做好学生奖励评优和奖学金评审工作，做好新生入学教育、毕业生离校管理等工作，指导学生开展宿舍文化、班级文化建设，为学生日常事务提供基本咨询服务。

③ 学生资助帮扶工作：要建好对特殊困难学生的资助及帮扶工作体系，有效开展助、贷、勤、减、补工作。将解决学生实际困难与解决学生思想问题结合起来，在开展资助工作的同时加强学生教育引导工作，做到寓教于助，在实施资助的过程中锻炼提高学生的综合素质，帮助受助学生树立自强意识和感恩意识，从而积极回报社会。

④ 心理健康服务工作：扎实开展心理健康服务工作，要协助学校心理健康教育机构定期开展困难学生的筛查工作，并针对性地开展心理健康教育与咨询工作，对学生进行及时的心理排查和疏导，组织开展心理健康教育宣传活动，并及时参与处理有关突发事件，引导学生养成自尊自信、理性平和、积极向上的良好心态，增强学生克服困难、经受考验、承受挫折的能力，维护好校园安全和稳定。

学生的组织和管理工作是高校学生工作的主体之一，直接关系到学校安全稳定和正常秩序的建立；学生服务工作是高校学生工作的本质，是培养高素质人才、增强学生工作实效的现实需要。高校学生在知识水平提升的同时，也有成长发展、心灵沟通、爱与尊重等需求，学生工作就是要为学生的发展服务，做好学生的组织管理和日常服务工作，通过营造和谐美好的校园环境，让学生在良好的教育环境之下能够全面地、协调地可持续发展。

## 1.4.5 开展学生教育和培养工作

学生的组织管理和教育培养是高校学生工作的两个轮子，缺一不可。寓"教"于"管"，以"管"促"教"，"管""教"结合，互相促进，才能创造学生成长、成才的优良环境。教育培养是高校学生工作成功的保证，其核心应围绕以下几个方面进行。

① 完善学生学业指导体系：学风建设是高等学校永恒的主题，是高等学校实现培养目标的重要条件，是衡量办学水平的重要标志。高校应该建设好学生学业指导体系，引导学生正确认识和掌握大学的教学特点，掌握科学的学习方法，引导学生有计划地强化自身的专业知识水平，在学生群体中努力构建严谨、向上的优良学风氛围。

② 培养学生科技创新实践能力：科技创新教育是高校推进素质教育的重要举措，是培养学生创新精神和实践能力的重要载体，是学生自身发展的需要，也是高校教育发展的需要。高校应该大力加强学生科技创新创业工作，从各个途径、多个方面为学生搭建科技创新平台，全方位提高学生科技创新能力和专业实践能力。

③ 营造良好的学术氛围：学术氛围的浓郁程度对于提升学校的综合实力有着极大的促进作用，尤其对提升学校科研整体实力的作用更为突出。高校应加强对研究生的培养和管理，做好相关的学术引导，营造浓厚的学术氛围，形成良好的学术风气。

④ 培养学生的综合素质能力：高校应培养和建立学生素质培养体系，引导学生正确认识和定位自己、明确自身发展目标和素质发展需求，实现综合能力的全面发展。高校可营造良好的校园文化氛围，并合理配置社会实践、创新活动、文艺活动、社团活动等丰富多彩的校园文化活动，为学生综合素质发展提供良好的平台。

⑤ 加强学生职业生涯规划和就业指导工作：大学生职业生涯规划与指导，就是结合大学生自己的兴趣爱好、性格特征、专业特长、思想特点等，对其成长发展和就业择业进行规划与指导。做好职业生涯规划工作对于学生的成长成才至关重要。

## 1.5 北京理工大学软件学院学生工作体系概述

基于上述对高校学生工作的定义、目标、重要性及主要内容的深入研究，针对高校学生工作遇到的问题和挑战，软件学院学生工作办公室在学院党委领导下，结合学校"双一流"建设要求，紧密围绕"人才培养、文化认同、安全稳定"三个核心工作目标，结合自身专业特色，在不断思考和前行中，逐步探索出了具有软件学院自身特色的"1+1+1+4=1"的学生工作布局，即：以一个伟大的奋斗目标为鲜明旗帜，铸造一个软件学院精神为指引，打造一个软件定义的信息化平台为技术支持，并在"学生工作基础平台""基层组织建设平台""人才培养工作平台"及"思政党建工作平台"四个平台上努力深耕，最终构建一个科学长效、融合贯通、协同联动的学生工作体系。该工作体系最终目标为：一是遵循高校教育和学生发展的基本规律，为北京理工大学人才培养工作服务；二是打造具有北京理工大学软件学院独有的特色、标签和精神；三是打造长效规范的学生工作体系，可满足不同时期、不同发展阶段的工作要求，避免因人因时因事不同而有不同的学生工作情况。软件学院学生工作体系架构如图1-1所示。

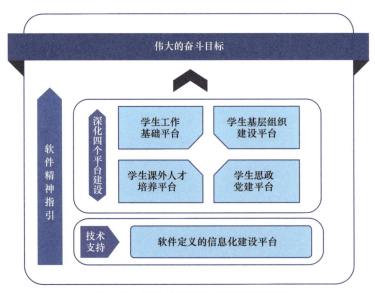

图 1-1　软件学院学生工作体系架构

软件学院通过"1+1+1+4=1"的工作布局，形成了组织严谨、制度规范、活力创新的学生工作新局面，探索和打造软件学院学生工作的思路、秩序、机制和风尚。

本书共分十个章节，详细介绍软件学院学生工作思路、特色和成果，图 1-2 为全书各章节的思维导图。第 1 章介绍新时期高校学生工作的时代意义和主要内容，通过阐述当前高校学生工作的工作内涵、工作目标和重要性，分析新形势下

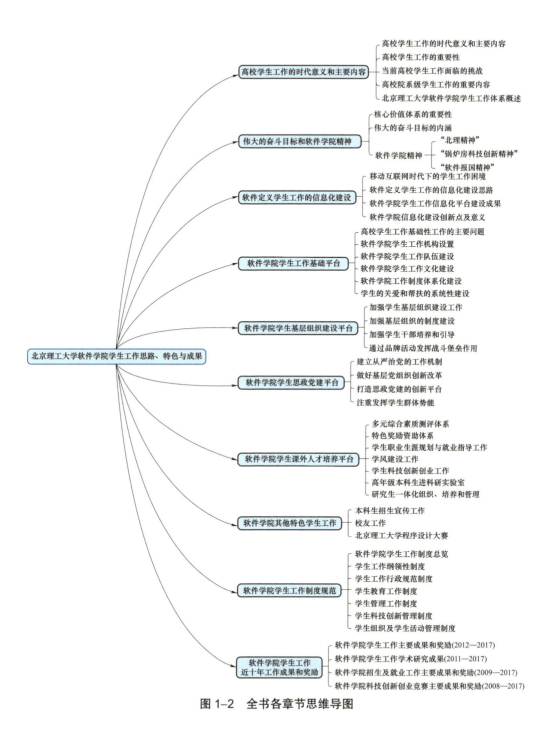

图1-2 全书各章节思维导图

高校学生工作面临的严峻挑战,从而探索和实践软件学院特色的学生工作格局。第 2 章则重点阐述了软件学院为国家培养优秀软件学子的奋斗目标和软件学院精神。第 3 章介绍了软件定义学生工作的信息化建设。第 4 章至第 7 章详细介绍软件学院四个融会贯通的学生工作平台，四个平台中"基础工作平台"是对学生工作人员、工作制度、工作文化、基础保障等各个方面进行统一规范和管理，为其他三个平台提供坚实的基础保障；"基层组织建设平台"是从多个角度和多个层次加强学生基层组织建设，实现对学生群体的稳定、引导和统战工作，为"人才培养平台"凝聚人心并提供基础堡垒；"思政党建平台"是以学生党建为工作抓手全面开展学生思想政治教育工作，为"人才培养平台"解决"培养什么人、为谁培养人、怎么培养人"这一根本问题并贯彻至"人才培养平台"全方位、全过程，为其提供内在精神动力；最后"人才培养平台"汇集了其他三个平台的优秀资源和基础保障，加入覆盖大学全生命周期的"一条龙式"的各项培养措施，为实现人才培养的伟大目标而不懈努力。通过夯实各个平台的基础性建设，发挥各个平台的特色作用，推进各个平台的融合贯通、资源共享，从而系统性、全面性、联动性构建具有软件学院特色的学生工作体系。第 8 章补充介绍了软件学院其他特色的学生工作。第 9 章则列出软件学院学生工作制度与规范。第 10 章列出了近十年来软件学院工作的成果和奖励。

# 第 2 章　伟大的奋斗目标和软件学院精神

伟大的奋斗目标和软件学院精神是软件学院学生工作体系的内在驱动力和软实力，更是软件学院学生工作的核心价值体系。一个国家、民族、社会在长期共同的认识和实践活动中，必然要形成一定的价值观念体系，而高校工作同样如此。价值体系具有明确的政治引领和价值导向，具有凝聚和整合各方力量、团结和组织队伍、动员和鼓舞人心的功能和作用，其不仅作用于学生工作体系的各个环节中，而且对每个学生、教职工的世界观、人生观、价值观都施加着深刻的影响。软件学院学生工作队伍一直以该价值体系为工作核心而团结奋进。图 2-1 为软件学院学生工作办公室成员合影。

图 2-1 北京理工大学软件学院学生工作办公室成员合影

## 2.1 核心价值体系的重要性

任何一个高校都存在多种多样的价值观念和价值取向，而与学生群体密切相关的学生工作亦是如此。要把一个学院全体学生和教师的意志和力量凝聚起来，必须有一套与教育发展及相关规章制度相适应并能形成广泛社会共识的核心价值体系。核心价值体系是一个工作体系的方向盘，是一个高校和学院工作的稳定器。如果没有核心价值体系，学生工作体系就失去了前进的方向，就会导致人心涣散、群体混乱。构建核心的价值体系，是巩固全体学生和教师团结奋斗的共同思想基础和道德基础的需要。

习近平总书记指出："人民有信仰，民族有希望，国家有力量。"这强调的是共同思想基础建设。共同的思想基础，是一个党、一个国家、一个民族赖以存在和发展的根本前提，也是一个学生工作体系的精神脊梁和生命之魂。没有共同的思想基础，党就要瓦解、国家就要分裂、民族就要解体。同样，如果高校学生工作没有共同的思想基础，学生工作将无法做好学生群体的统战和引领，各项工作就无法汇聚力量、举步维艰。因此一个学院的学生工作体系，要做好共同思想基础建设，增强"学院精神"，巩固"精神支柱"，形成"共同理想信念"。

## 2.2 伟大的奋斗目标的内涵

一个伟大的奋斗目标是工作体系的前进方向和旗帜。之所以把奋斗目标放在整个学生工作体系的第一位，是因为奋斗目标问题至关重要。奋斗目标就是旗帜，就是方向，方向错了，就会南辕北辙，人心涣散。对一个政党、一个国家来说，选择一个目标，就是树立了一面旗帜，确立了前进的根本方向，对于高校学生工作来说也是一样的。正如毛泽东所言："旗子立起来了，大家才有所指望，才知所趋赴。"

北京理工大学是党领导下的高校，是中国特色社会主义高校。作为中国共产党创办的第一所理工科大学，北京理工大学自诞生之日起即肩负军工报党、报国的责任与使命。"学术为基、育人为本、德育为先"，在架构整体的学生工作体系之前，我们首先要明确的是软件学院学生工作肩负的使命以及奋斗的目标，就是为国家培养具有伟大人生理想、胸怀祖国人民、立志为社会做出贡献、德才兼备的优秀软件学子。只有明确自己肩负的责任、奋斗的目标，我们才能不忘初心、牢记使命、永远奋斗，以永不懈怠的精神状态和一往无前的奋斗姿态，朝着这一伟大的目标奋勇前进。

## 2.3 软件学院精神

软件学院精神（见图 2-2）是工作体系的精神引领，是撬动伟大奋斗目标的强大杠杆。伟大的奋斗目标总是需要精神的支撑，没有振奋的精神、没有坚定的目标，是难以成就伟大的事业的。十几年来，软件学院学生工作和学生科技创新工作之所以能够坚持不懈、永葆生机，其中最主要的核心原因就是"不怕苦、不怕累、团队协作、创新求精、软件报国"的"锅炉房精神"这个软件学院传家宝的传承和激励。

图 2-2　软件学院精神

"人无精神难立，国无精神难强"。一个国家、一个民族、一份事业都要有自己的内在精神动力，否则就难挺起"脊梁"。软件学院精神其内涵包括三个层次：第一层是团结协作、同心同向的爱校爱院精神——"北理精神"；第二个层次是创新求精、攻坚克难的科研攻关精神——"锅炉房科技创新精神"；第三层是不忘初心、胸怀天下的爱国精神——"软件报国精神"。软件学院以此精神为内在驱动，引领全院师生自觉把思想统一到学院、学校发展事业中，激励其初心不变、艰苦奋斗，胸怀伟大的报国之心，践行不怕苦不怕累的科研攻关精神，和学院、学校同心同向，共同凝聚力量到伟大的奋斗目标中。

软件学院科技创新基地精神风貌如图 2-3 所示。

图 2-3　软件学院科技创新基地精神风貌

### 2.3.1　爱校精神——"北理精神"

北京理工大学创立于 1940 年，前身是延安自然科学院，是中国共产党创办的第一所理工科大学。北京理工大学自诞生之日起即肩负军工报党、报国的责任与使命，逐步发展壮大为"红色国防工程师的摇篮"。

"延安根，军工魂"是北京理工大学特有的文化基因。软件学院学生工作始终铭记党创办第一所理工科大学、新中国第一所国防科技院校的初心，紧密结合学校的办学历史和光荣传统，把延安精神和军工文化作为学院思想政治教育活生生的教材，系统实施延安精神和军工文化教育和培育，将"延安根、军工魂"的教育元素融入思政课堂和社会实践中，大力引导学生开展"寻延安根"和国防军工方面的品牌社会实践项目；将校史校情教育作为新生入学的"北理第一课"，在学院学生群体中着重传播延安精神和军工文化；在职业规划和就业指导中，将国防教育浸润心田，号召青年学子把青春和理想融入国防事业。例如，软件学院专门在本科生中成立"红色国防班"，将本科大一年级的国防生集中成立为一个自然班，并在日常工作培养中着重做好红色国防教育，力争将其培养成团结凝聚、铁骨铮铮的优秀北理国防生！

软件学院 2016 级红色国防班合影如图 2–4 所示。

图 2–4　软件学院 2016 级红色国防班合影

## 2.3.2　科研攻关精神——"锅炉房科技创新精神"

"锅炉房科技创新精神"是软件学院的精神传家宝。在 2007 年软件科技创新创业基地成立之初，师生在条件艰苦的锅炉房机房苦中作乐、刻苦钻研，工作在机房、睡在机房、吃在机房，历经艰难煎熬的基地学子终于不负众望，在国内外科技竞赛的擂台上摘金夺银,取得了突破性的优异成绩。那一年,基地涌现出来一大批优秀的本科科技创新骄子,他们学习成绩优异,全部保送了研究生;他们科技创新成果突出,大学期间共获137项科技创新奖项,以及200多项荣誉和奖学金;他们志存高远、科技报国,积极参加科技服务国庆六十周年阅兵、晚会的重大科研项目,并做出了重大的贡献;他们不畏权威、勇于拼搏,夺得了国际计算机博弈锦标赛金奖、全国"挑战杯"大学生课外学术科技作品竞赛一等奖、全国信息安全大赛一等奖、全国数学建模大赛一等奖、全美数学建模竞赛一等奖等重量级奖项。而在此之前,软件学院学生科技创新成绩几乎为零。正是师生在条件艰苦的锅炉房机房苦中作乐、刻苦钻研,在历经艰难煎熬之后不负众望,才创造了软件学院从无到有的科技创新辉煌成果!图2-5为2017年软件科技创新创业基地全体学生合影。

**图2-5　2017年软件科技创新创业基地全体学生合影**

"长时间熬夜搞科技创新,使我们总结出来了最高效率的熬夜经验,那就是23点到凌晨3点效率比较低,但是如果那时,睡了一觉起来,凌晨3点开始工作效率是更高的,思维也更活跃,所以有一段时间我们凌晨3点一起走出宿舍到建在'锅炉房'上的创新基地工作。"这是北理工软件学院2010届毕业生党员崔皓总结出来的"熬夜心得"。小小锅炉房机房给学生留下了青春最美好的回忆,在总结和回忆开展科技创新活动历程的时候,学生自发地总结出了软件学院"锅炉房科技创新精神"(以下简称"锅炉房精神")——"不怕苦、不怕累、团队协作、创新求精",希望以此传承和勉励基地的每一位学弟学妹勇攀科技高峰、再创辉煌!

一直以来,软件学院在学生中广泛弘扬"锅炉房精神",围绕"锅炉房精神"的文化内核,软件学院创新其宣传形式,不断丰富其文化内涵,如进行"锅炉房之歌"公开征稿,动员学生广泛参与其中;注重精神的愉悦和家的温暖,在日常工作中体察学生的需求和困难并予以关心和帮助,开展多种多样的文化活动丰富学生的业余生活,在学院科技创新中营造"家"的温暖氛围,如集体生日、基地"锅炉房杯"篮球赛、"科技创新之夜"文艺晚会、共同欢度佳节(见图2-6)等。"锅炉房精神"已经深深烙印在每一位软件学子心中,引导并鼓励着一届又一届创新基地学子艰苦奋斗、践行着学长们科研攻关的态度,成为软件学院学子不可磨灭的精神瑰宝和永恒的动力!

图 2-6 科技创新基地欢度中秋佳节

### 2.3.3 家国天下精神——"软件报国精神"

在软件科技创新创业基地的墙上,格外醒目地悬挂着四个大字"软件报国"。"软件报国精神"是多年来软件学院思想政治教育工作的核心推动力,也是软件学院精神的最高体现,更是对伟大奋斗目标——"为国家培养具有伟大人生理想、胸怀祖国人民、立志为社会做出贡献、德才兼备的优秀软件学子"的精神诠释。"软件报国"其内涵就是引导青年学子思考和寻找自己人生的奋斗目标和信仰,引导和鼓励其树立坚定的人生信仰、胸怀伟大的报国情怀,努力学习科学技术并掌握过硬专业本领,运用自己的专业所长投身于祖国和民族的建设事业中,为实现"中国梦"而努力奋斗。

首先,软件学院在弘扬和引导"北理精神"和"锅炉房精神"的过程中,不断将其凝练和升华为软件报国精神。如软件学院科技创新创业基地开展"我们共同拥有一个伟大而激动人心的理想"思想大讨论活动,让基地学生围绕"软件报国,科技推动社会发展""伟大人生理想"等主题开展积极的交流讨论,并最终形成思想汇报,从而培养同学们科技报国、胸怀天下、热爱祖国、热爱集体的意识,同时督促学生树立良好的人生观和价值观,促进大家更好地成长成才。

其次,软件学院将"软件报国精神"贯穿至学生思想政治教育的全方位、全过程,将其融入德育答辩、信仰讲坛、党课评比大赛、科技创新活动等各项学生工作之中,使其成为各项学生工作的精神灵魂。例如:软件学院针对本科 2016 级开展了主题为"我们共同拥有一个伟大而激动人心的梦想"德育开题系列活动(见图 2-7);针对本科 2017 级开展"我与祖国有个约定"德育开题系列活动,旨

图 2-7 北理工软件学院开展 2016 级本科德育开题系列活动

在通过德育开题，引导本科一年级学生敢于追梦、勤于圆梦、胸怀天下、软件报国，把个人梦想融入中国梦，把个人生涯融入社会发展。借助德育开题交流会，同学们纷纷表达自己"伟大"的梦想，"我要开发出中国人自己的操作系统""我想开发出中国人自己的游戏引擎，振兴祖国的游戏文化产业""我要成为高级信息安全工程师"，同学们每个人都有自己独特的梦想，却又殊途同归，回到那个激动人心的字眼："软件报国"！

现在"软件报国"这四个字已不仅仅是一个口号，而是深入一代又一代北理软件人血脉中的精神力量，在一届又一届优秀毕业生的经验分享中，都自发谈到"软件报国"精神对自己的启发与鞭策。"青年强则国强"，作为现代的大学生，软件学院希望每位学子都能把自己的热血青春融入舍身忘己的学习中，融入科技报国的洪流中，"软件报国精神"代代相传！

# 第 3 章 软件定义学生工作的信息化建设

高校信息化是高等学校现代化建设的最重要的基础设施之一，是衡量一个学校是否是现代型高校的必要条件。以移动互联网、大数据技术为核心驱动的信息化建设快速发展和大规模普及，正在重新定义和改变着人们传统的生活习惯和对世界的固有认知，这就给高校原有的学生工作格局带来新的挑战。作为软件学院的学生工作者，我们有着对信息化技术最专业的认知、最敏锐的洞察和得天独厚的技术优势。因此，在学校相关部门的支持下，软件学院高度重视并积极探索学生工作信息化建设，进行了长达五年的探索和积累，现已构建了较为先进的软件定义学生工作的信息化平台，并通过平台将各项工作彼此打通互融，为培育软件学院精神提供网络工作阵地，为构建软件学院特色的学生工作体系提供技术服务支持和数据交互桥梁。

## 3.1 移动互联网时代下的学生工作困境

青年，是引风气之先的社会力量，更是民族复兴的主力军。而青年学子是青年群体的中坚力量。作为青年学子发展的基本场域——高等院校，其学生工作以满足和保障好学生各种正当利益和诉求、服务好学生的成长成才和全面发展、有效引导和团结好广大青年学子为核心工作目标。然而，当前高校学生工作不管是源于内在模式的落后，还是由于外在"互联网+"影响的紧紧倒逼，都陷入被动而尴尬的局面，高校学生工作改革势在必行。

内在模式的落后。改革开放以来，在计划经济体制向市场经济体制转变的过程中，高校的体制机制改革步伐远远滞后于经济和社会发展的速度，无论是高校管理、人才培养还是学生服务方面，基本还在沿用传统的路径和模式，缺乏对青年学生现状、青年诉求和青年行为规律的认识、理解和尊重，从而导致在现有老思想、老套路工作方法的引导下，高校学生工作效率和质量大打折扣，甚至适得其反。

外在"互联网+"紧紧倒逼。以移动互联网技术为核心驱动的新媒体时代以超乎想象的速度和规模发展和普及，重新塑造和深刻改变着人们传统的生活工作方式以及对于世界的认知，给青年学生的教育和管理也带来了深远的影响。移动互联网时代的信息来源更加多元化，到达普及速度更加迅速，导致了传统主流思想受到各类网络舆论的持续冲刷。同时，固有的垂直式、组织动员式已被各类新媒体悄悄颠覆，青年行为趋向正从组织集聚型向信息集聚型过渡和演变，传统的教育引导方式亦被新兴移动应用所取代，微信、陌陌、饿了么等类型的移动手机app以更强的互动性、更符合人性诉求的吸引力占据着青年越来越多的时间。思想引领的内容、方式、载体均发生了深刻变化，传统的思想政治教育方式受到巨大冲击，为引导、培育青年学生树立正确思想观念带来了极大挑战。

值得欣喜的是，伴随着十九大全面深化改革战略部署的步伐，高等教育领域的改革发展也逐渐成为党和政府改革的重点，高校学生工作迎来了改革和创新的时代机遇。近几年来，党和政府相继出台多项围绕高校思想政治教育、共青团工作等围绕青年培养这一核心主线的政策指导。习近平总书记在全国高校思想政治工作会议上强调"思想政治工作从根本上说是做人的工作，必须围绕学生、关照学生、服务学生，不断提高学生思想水平、政治觉悟、道德品质、文化素养，让学生成为德才兼备、全面发展的人才"。共青团第十七次代表大会提出了建设全国电子团员证项目的规划，力求通过信息化手段汇集青年团员大数据信息、构建科学的团务管理平台和线上服务生态系统，进而实现以"提高团的吸引力和凝聚力，扩大团的有效覆盖面，把工作延伸到广大青年最需要的地方去，使团组织成为广大青年遇到困难时想得起、找得到、靠得住的力量"为核心要义的工作目标，谋求线上与线下相结合、管理与服务相结合的新工作模式。

## 3.2 软件定义学生工作的信息化建设思路

针对高校学生工作所面临的多重困局，我们必须秉要、执本、抓关键，寻找到与高校学生工作内在要求、时代诉求、学生特点和切身诉求三方一致的精准切入点，以实现"四两拨千斤"的破局效果。软件学院以科技创新为理念，以"服务校园、服务学生"为核心，以满足学生工作的业务特点和学生需求为出发点，依托自身所掌握的软件技术、通信技术、移动终端技术以及大数据科学技术，提出建设软件定义学生工作的信息化建设改革思路。通过信息化建设升级学生管理模式、探索新型高校思想政治教育的技术支持，扭转思政工作方式，提高行政办公效率，服务师生学习、工作和生活，从而打造专用于高校学生工作的移动互联网阵地。

### 3.2.1 软件定义学生工作的信息化平台内涵

我们正在进入一个软件定义的时代。过去互联网带来的变化已经深刻地改变了我们人类社会，颠覆了很多原有的行业，如传统唱片、邮政、交通出行、票务旅游等。同时，互联网也创造了新型的应用和经济模式，平台经济、共享经济、API 经济等各种新名词层出不穷。互联网的核心价值是连接，而软件正是实现互联网核心价值的重要技术。软件定义简单地讲就是使被软件定义的对象和构架成为灵活的、便于管理的、成本节约和快速可以实现的一种手段和技术。

通过软件定义的技术方式，将学生工作中涉及的行政工作、日常事务、校园社交等工作进行重新定义。从软件定义的视角看学生工作，就是按照学生工作不同的工作需求重新定义工作模式，一是以校园日常行政办公为切入点，通过软件重新定义学生工作各个环节，使其通过信息化平台规范运转和落实执行，不因人因事而有不同的处理办法；二是以全面服务学生成长成才为抓手，真心实意为学生谋福利；三是以高校思政工作阵地为建设目标，通过软件定义高校思政教育工作新模式，抢占校园文化阵地，为培育和弘扬软件学院精神构筑阵地；四是通过前三项用学生喜爱的形态和模式打造信息化平台为基础，鼓励学生个体或群体之间充分利用平台提供的开放性资源，自由发挥自己主观能动性开展各项活动，从而实现百花齐放、万众参与的移动网络生态圈。

### 3.2.2 以校园日常行政办公为切入点

在高校，辅导员工作制度是高校学生管理工作的基本制度，辅导员被定义为学生事务的全面管理者，是高校学生工作的主导者。因此，学生利益也必然与辅导员工作息息相关，涉及学生日常管理、评价、评奖、资助、就业、实习、推优、职业生涯发展等多个方面。然而，目前高校学生工作办公信息化建设非常落后，甚至没有信息化建设。学生的需求难以被满足，甚至由于数字鸿沟问题，导致了辅导员和学生之间出现了看起来不可调和的矛盾。如此长久，一方面，学生的个性被压制、需求被忽略、利益难保障，天然的对立情绪被逐步激化；另一方面，辅导员自身也经常陷入于琐碎事务旋涡之中，工作效率低下，难以兼顾自身成长和职业发展。

因此，软件学院着重建立以校园日常行政办公为切入点的移动网络阵地，为"学生—辅导员"提供高效移动办公服务。通过精准定位高校学生迫切的实际需求，归纳提炼学生工作队伍办公创新的工作模式，结合软件学院专业特色，设计和开发出符合时代诉求、开放、人性、便捷的移动办公应用，构筑与学生利益息息相关的移动网络工作阵地。移动办公阵地涵盖校园资讯的聚集、通知资讯的发布和精准推送、教务信息查询、各类学生事务办公及完整全面的校园生活服务等，全面整合与学生日常生活息息相关的需求，浓缩于网络平台便捷精短的操作，实现"学生—辅导员"校园办公"O2O"新方式，满足学生大学生活的需求，解放辅导员于事务旋涡之中。

### 3.2.3　以全方面服务学生成长成才为基础

作为信息化时代高校学生工作创新型工作载体，打造移动网络平台、实行信息化建设的基本宗旨在于切实满足学生需求，真心实意为学生谋福利。因此，在将学生工作办公迁移至移动网络阵地，切实提升传统工作效率和服务质量、实现吸引学生人气之后，软件学院将下一步改革目标锁定于全面服务好学生的成长成才。

一方面，模拟线下大学校园实体的关系、风俗和内容，打造新时代下中国大学校园新风俗、新气象、新潮流。通过在移动网络平台上提供丰富多元、务实贴心的校园学习、生活、社交应用，为学生提供时尚便捷、贴心人性的功能服务，诸如课程圈子、查找自习室、分享学习资料、线上发起活动、精彩社交互动、商业打折等，全面满足大学生的全方位需求。

另一方面，打造高校学生成长成才的好伴侣。融入时下最为潮流高效的"O2O"思维，汇集、整合政府、企业、校友等多方资源，为学生的个人职业生涯规划、职业发展提供切实的帮助扶持，实现包括找工作、找实习，经验指导、政府企业资助等在内的精准对接，为大学生构建真实、务实的成长成才沃土。通过整合上述精彩有趣和实用贴心的两项元素，将移动网络平台打造成为学生精彩校园生活的乐土和个人成长成才的沃土，从而使学生爱上、离不开新的学生工作形态和阵地。

### 3.2.4　以高校思政工作阵地为重点

在建立成功移动办公平台的基础上，充分发挥平台的思政工作阵地作用。一是发挥思想引领、舆论导向作用，培育软件学院的品牌新媒体平台。相比微博、知乎等商业平台，由高校搭建的移动网络工作平台在覆盖面、时机、手段的选取上更具可操作性，可以辅助高校对学生的思想观念进行正确引导。二是发挥舆情监控、辅助决策作用，通过大数据技术，能够对平台数据进行科学分析，为各级党、团组织提供科学、有效、及时的辅助决策支撑。三是再造校园文化，营造积极向上、奋发有为的网络环境。当前互联网已成为重要的媒体文化发源地，但由于缺乏良好的过滤、监管机制，大量虚假、消极甚至非法的言论冲击着广大青年的思想信念和价值判断，不利于青年健康成长。因此，创造积极向上的网络文化，弘扬和传播软件精神，再造大学校园新风俗将是平台建设的重要目标。

### 3.2.5 以百花齐放移动网络生态圈为目标

互联网之帝凯文·凯利在《失控：全人类的最终命运和结局》一书中阐述了"群体智能"的重要影响：在大自然中，蜂群和蚁群是典型的自然范例，个体所拥有的意识和能力是有限的，所传递的信息是简单的，但结群之后在某种"势"的驱动下，其所涌现出的智慧和能力则远超出个体的极限，这不是一个"2+2>4"的结果，而是一个"2+2=苹果"的超越。

不同于传统学生工作自上而下强推的工作模式，软件学院改革所打造的信息化平台从学生的内在诉求入手，用学生喜爱的形态和模式打造学生个体的用户习惯和行为方式，通过发挥这一努力培育起来的阵地以及用户个体行为习惯，在学生的人性、自我表现、成长成才等内在自然诉求的驱动下，在既定的规则范围内，学生个体或群体之间可以充分利用平台提供的开放性资源，自由发出自己的声音、发挥自己主观能动性、追逐自己的发展，从而实现百花齐放、万众参与的移动网络生态圈，实现新常态下的"万众创业"理想格局，实现生态圈的自我生长和不断提升。在这一全新的领域内运用学生容易接受的方式方法，在自然诉求的驱动下，更加新颖高效地展开青年学生思想政治教育、人才培养和学生管理等工作，实现更好地引导青年、团结青年、教育青年的目标。

## 3.3 软件学院学生工作信息化平台建设成果

软件学院依托专业优势，通过广泛征集需求和意见建议，根据所提出的学生工作建设思路和预期目标，依托北京理工大学大学生软件科技创新基地的移动政务研发团队的研发力量，研发了青年学生移动网络集群平台，具体表现为一套集校园办公、学习、交友、娱乐、生活、社会实践、就业实习为一体的，为高校师生提供全方位服务的校园网络移动应用平台——"圈圈校园"软件系统。该系统实现了高校师生的办公自动化，能够辅助高校学生工作者掌握青年学生的实时动态，为各级党、团组织的青年工作提供辅助决策，是软件学院实施学生工作信息化的突出成果。目前"圈圈校园"系统已经在全国31所高校开展了试点应用，包括北京理工大学、中央财经大学、北京科技大学等著名学府，用户量近十万，试点单位超过91%的学生使用过软件，周活跃率为34%，月度活跃率达71%，受到了广大师生的好评。

## 3.3.1 学生工作的统一办公平台

"圈圈校园"软件系统（见图3-1）建设了能够提升校园行政工作的工作水平和工作效率的统一移动办公平台，能够有效管理学生、动员学生、了解学生。该平台包括通知资讯系统、活动申报系统、奖学金管理系统、开证明系统、就业信息管理系统、请假系统、开学注册系统。目前软件学院学生工作办公室发布通知、校园资讯、新闻，学生申报活动、参与评奖评优、开证明、请假、开学注册等业务都可以通过平台在线处理，极大地提高了高校师生的行政办公效率。

图3-1 "圈圈校园"软件系统界面

**1. 资讯系统**

资讯系统，是一个供学生群体了解学校学院新闻、热门资讯的信息平台。辅导员可以发布学校、学院各职能部门的新闻和惠及学生学习生活的资讯消息，供学生群体了解身边的最新动态（见图3–2）。同时资讯系统根据教师和学生的校园生活需求，自动收集整合所在高校的校园网、教务处等各类校园站点资讯信息，供辅导员和学生订阅查看。资讯系统可分别通过圈圈校园app端和圈圈校园web端使用。

图 3–2　资讯发布功能

（1）web端资讯系统

为了便于辅导员对发布的资讯信息进行分门别类管理，方便学生对不同类别资讯进行筛选和订阅，辅导员可以按实际需求将资讯分类，设置如科技创新资讯、本科生教务资讯、研究生教务资讯、党建资讯、就业实习资讯、校友会资讯等资讯类别。通过类别管理功能，管理员可以进行信息类别的添加、删除或修改。辅导员可查看到所有的资讯信息发布记录（见图3–3），并可以对已发布的资讯进行再次编辑、删除等操作。

图 3–3　资讯查看功能

除辅导员自主创建的资讯类别外,资讯系统还提供校内各门户网站的新闻资讯抓取功能,例如抓取校园网、教务处网站、研究生院网站等网站的资讯。一经学生订阅,各职能部门网站资讯会实时同步到圈圈校园 web 端和 app 端供学生查看。辅导员可查看到所有的资讯信息发布记录,并可以对已发布的资讯进行再次编辑、删除等操作。

(2) app 端资讯系统(见图 3-4)

除了 web 端外,辅导员和学生还可通过 app 系统查看资讯信息。辅导员可在 app 端进行自主创建资讯类别、编辑资讯正文、筛选查看不同类别资讯、分享咨询通知等操作。同时,app 端也支持对资讯进行收藏、添加资讯进入日程提醒等功能。

图 3-4 app 端资讯系统

2. 通知系统

圈圈校园包含通知系统,辅导员可以通过本系统选择向所管辖的不同群体的学生用户发送文字通知或图文通知,学生可通过手机 app、手机短信、web 三种方式接收通知,辅导员能够一目了然地掌握已读和未读人员名单,实时把握消息传达情况。通知系统可分别通过圈圈校园 app 端和圈圈校园 web 端使用。

(1) web 端通知系统

为了便于辅导员对发布的通知信息进行分门别类管理,可以将通知类别大致划分为:学校事务通知、学院事务通知、奖助学金及补贴通知、缴费通知、学生工作通知、社会活动通知等。web 端推送通知功能如图 3-5 所示。

图 3–5  web 端推送通知功能

辅导员可通过切换"文字通知""图文通知"两个标签选择采用的通知形式。其中"文字通知"提供 250 字以内的简短通知通道,"图文通知"中提供了简单实用的类别选择、Word 文档一键导入、添加附件等功能。另外,通知系统提供了短信提醒功能,在对用户进行通知推送的同时,可选择是否发送短信对其进行特别提醒。辅导员可查看到所有通知的发布记录,并对已发布通知的阅读详情进行查看,根据需要可以对已发布的通知进行一键重新推送。

(2) app 端通知系统

在 app 端的通知系统内,辅导员可通过切换"文字通知""图文通知"两个标签选择希望采用的通知形式,"图文通知"中还提供了简单实用的富文本编辑功能。选择接收人功能中,分别提供了"学校通讯录""通信组""我的学生"三种类别的接收人选项。辅导员可以逐一选择希望进行通知的学生个体或对所管辖的机构整体进行通知。辅导员可查看到所有通知的发布记录,可查看详细的阅读情况,包括未读人员名单和已读人员名单,可对未读人员进行一键重新发送。app 推送通知界面如图 3–6 所示。

3. 智能数据申报系统

在各类校园事务中,辅导员总能遇到许多需要学生自主填写内容,并进行申报和评审的工作,比如:以团支部为单位的团日活动申请、学生会换届竞选、学院发放补助、国家奖学金申报的申请等,这类工作的特点是每次要求统计的个性化信息可能各不相同。

图 3-6　app 推送通知界面

通常辅导员需要发布通知后要求学生上交电子版或纸质版材料，并手动统计和整理材料，冗杂烦琐、费时费力。圈圈校园的智能数据申报系统可以根据业务需要自定义学生需要填写的内容，实现学生在线填写、辅导员批量审批、Excel导出、数据统计、二维码签到等各项功能，由此告别繁杂数据录入统计旋涡。智能数据申报系统可分别通过圈圈校园 web 端和圈圈校园 app 端使用。

（1）web 端智能数据申报系统

在 web 端智能数据申报系统内，辅导员可发起的申报评审包括奖学金和日常申报两个类别，辅导员可根据具体需要自行选择类别。申报系统在添加发布主题时特别设置了进程分步骤的导引图示，方便辅导员在编辑申报内容时随时查看进程。申报系统可以根据每次活动的特点来个性化设置需要学生填报的信息格式、信息呈现的排列顺序、申报参与人范围、审批人权限，并发送 app 推送及短信通知，灵活多变，高效便捷，极大程度地满足学生日常事务的信息申报的各项需求。

辅导员还可以查看申报详情、导出审批表、审批申请等。审核完毕后，可以单击"导出申报名单"，生成一个 Excel 文件并下载到本地，清楚呈现全体申报用户的详细信息和审批意见，全面掌握学生申报情况，便于统计。

web 发起申报界面如图 3-7 所示，智能申报系统申报统计界面如图 3-8 所示。

图 3-7 web 发起申报界面

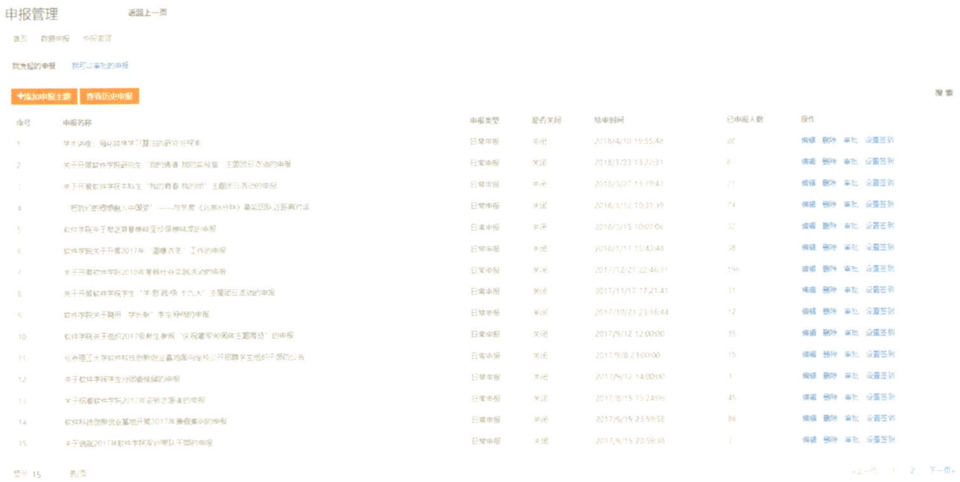

图 3-8 智能申报系统申报统计界面

（2）app 端智能数据申报系统（见图 3-9）

app 端为辅导员提供了简洁必要的格式编辑、查看详情、审批申请等功能，学生可通过 app 端或 web 端查看、填写申报。

4. 开证明系统

在日常学生工作事务中，辅导员经常需要为学生开具各类证明，如在读证明、无犯罪记录证明、获奖证明等，这类工作特点是各个证明都有固定的模板，需辅导员查询并填写学生的个人信息，实际操作起来较为烦琐费时。圈圈校园系统为

第 3 章　软件定义学生工作的信息化建设　｜　37

图 3-9　app 端智能数据申报系统

辅导员提供方便快捷的开证明系统，系统内置丰富实用的常用证明模板，同时辅导员可以根据实际工作需要自定义添加模板，满足绝大部分开证明业务工作的需求。开证明系统还包括学生在线申请、辅导员审批、在线打印证明等功能。开证明系统界面如图 3-10 所示。

图 3-10　开证明系统界面

5. 就业信息管理系统

当前，随着各高校毕业生人数的逐年递增，针对毕业生的就业信息管理与服务的工作日益重要。就业日常管理工作包括招聘信息发布、招聘信息查看、就业手续办理、就业信息统计以及为学生推荐招聘信息等，对辅导员来说工作量大且业务能力要求较高。圈圈校园针对辅导员的就业服务与管理工作的实际需求，设计一套就业信息管理系统，实现先进、贴心、便捷的就业服务与管理工作。就业信息管理系统可分别通过圈圈校园 web 端和圈圈校园 app 端使用。

（1）就业单位与招聘信息管理

就业信息管理系统为辅导员提供对就业单位管理的功能，辅导员可以动态添加、删除就业信息单位，方便日后发布该单位就业招聘信息、添加单位就业学生情况，有效建立就业单位的档案库。

就业单位管理功能如图 3-11 所示，发布就业信息功能如图 3-12 所示。

图 3-11 就业单位管理功能

图 3-12 发布就业信息功能

就业信息管理系统为辅导员提供招聘信息的在线发布功能，发布招聘要求时可自定义标签，方便日后与学生个性化信息和需求精准配对，实现就业招聘的精准推荐，学生可通过圈圈校园 app 端实时查看就业信息详情，如图 3-13 所示。

图 3-13　app 端就业信息查看

（2）就业手续办理及信息统计

就业信息管理系统实现就业手续的在线办理和流程化管理，详细记录了学生的就业详细信息，方便辅导员进行就业数据统计与分析，全面掌握学生就业历史数据。此外，系统还提供在线查询师兄师姐就业信息和分享、查询用人单位的真实评价等功能，为学生找工作提供参考和借鉴。就业信息登记功能如图 3-14 所示。

图 3-14　就业信息登记功能

## 6. 请假管理系统

学生请假管理是辅导员日常工作中最常见、最烦琐的事务，也是关系到校园安全稳定至关重要的基础性工作。针对实际工作中手续烦琐、统计不便捷的实际问题，圈圈校园设计一套请假管理系统，包括学生离校、活动请假的在线申请、审批、统计功能，可分别通过圈圈校园 web 端和圈圈校园 app 端使用。

学生可通过圈圈校园 web 端或 app 端向辅导员申请请假，只需填写详细请假信息，系统将自动导入学生个人信息并生成请假申请。随后辅导员可对所辖不同机构、不同申请状态的请假申请进行筛选，可批量批准或拒绝请假申请，快速便捷地完成整个请假申请及审批流程。同时，辅导员可查看所管辖各机构内不同状态下的请假申请的详细数据统计，帮助辅导员总览年级请假详情。请假管理界面如图 3-15 所示。

图 3-15 请假管理界面

## 7. 开学注册、签到系统

开学注册工作是高校每学期必做的常规性工作。传统开学注册工作中，辅导员需要一个一个了解学生的到校情况，既准确度不高，又费时费力。圈圈校园系统含有开学注册系统，学生的可通过 app 端随时填写注册信息并共享实时位置，辅导员通过系统统计查看年级学生注册情况，实时掌握开学注册工作进度。开学注册界面如图 3-16 所示。

签到同样也是辅导员在校事务中的一项常见工作，辅导员可使用圈圈校园签到系统随时随地自定义发起一项签到工作。学生可使用 app 端扫描二维码签到，优化传统签到流程，提升工作效率。另外系统提供了实时查看签到情况的功能，可以把所管辖班级年级的签到情况做到了如指掌。签到系统 app 端界面如图 3-17 所示。

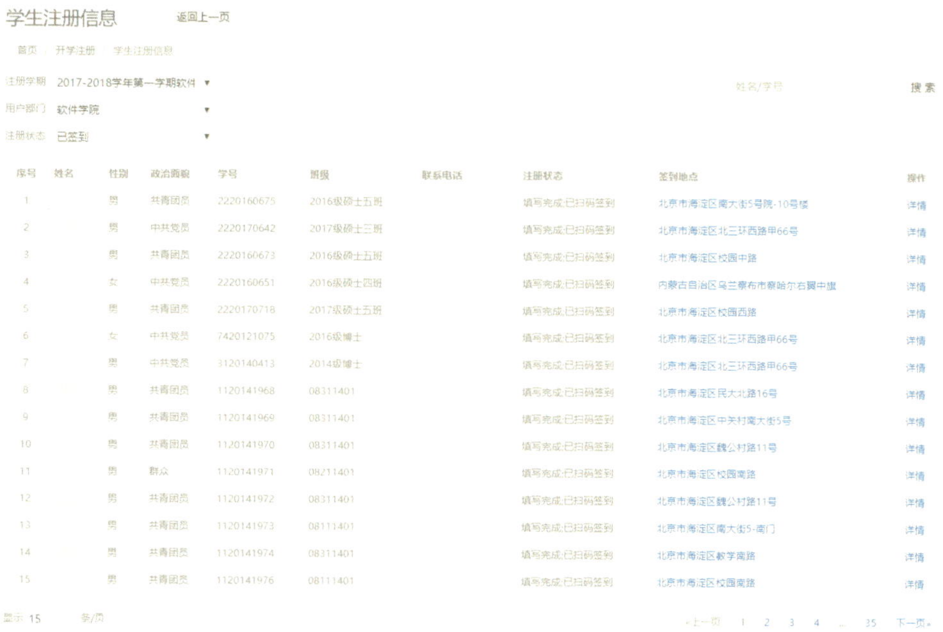

第 3 章 软件定义学生工作的信息化建设 | 41

图 3-16 开学注册界面

图 3-17 签到系统 app 端界面

## 3.3.2 青年学生的移动服务平台

圈圈校园系统设有校园移动终端应用，移动端应用功能包含学生管家、学生校务、校园社交等多个为青年学生提供服务的移动端平台，如图3-18所示。用户学生可通过使用该系统及时关注新闻、通知、校园资讯，查阅课程表、考试信息等教务信息，通过平台社交聊天功能与同学交流，创建自己大学校园的交友圈等，极大地便利了学生的校园生活。

图3-18 为青年学生提供全方位服务的移动平台

1. 学生管家

（1）查阅通知、资讯

学生可以通过手机app查阅相关通知、资讯，第一时间获取社团活动、学院新闻、日常事务、评奖评优等各类身边动态。

（2）信息提醒

无论活动、课程安排，还是辅导员的重要消息推送，圈圈校园都可以在第一时间将它们推送给学生，全方位的信息提醒、贴心智能的管家服务，让学生不再错过任何事项。

2. 日常校务工作

为方便青年学生的校园事务，圈圈校园将各项学校事务整合、浓缩于掌心移动app平台，学生可以指尖查阅新闻通知、评奖评优的申请申报、办理请假手续、开学注册、查阅课表等，一键操作，尽享移动快捷。

（1）评奖评优的申报系统

为使得学生评奖评优的申请申报工作更加便捷，圈圈校园包含有模式化的评奖评优系统，申请人只需要根据申请流程，根据提示填写相关信息，即可线上完成申请，方便快捷，如图 3-19 所示。学生在申报系统查看辅导员发布的申报信息，根据提示，填写相应的信息，单击提交即可完成申报。审批结果也会在第一时间以消息的方式发送到学生的圈圈校园客户端，使学生能及时知晓自己申请的审批结果。

图 3-19　评奖评优申报

（2）线上证明申请系统

同学们在校园生活中经常会遇到需要学校学院出具相关证明的情况，比如在读证明（见图 3-20）、户籍证明等，圈圈校园系统为学生提供线上证明申请系统，学生可以通过证明系统，足不出户即向辅导员提出开具证明的申请，并通过系统通知提醒辅导员查看申请。证明系统内部提供多种常用证明模板，若当前已有模板不能满足需求，可以线下向辅导员提出动态添加自定义模板的申请，以满足同学们不同情况下的需求。

（3）课程表功能

圈圈校园课程表为学生用户提供了方便快捷的教务导入、课程查看、上课提醒、课程分享、课堂交流等功能，在方便学生用户日常学习的同时，增加师生间的互动交流，活跃校园学习及生活氛围。

图 3-20  在读证明申请功能

学生可通过课程表功能一键导入教务系统课程，也可以自主创建添加个人的校外课程、私人课程和个性化的课程信息，比如瑜伽、英语辅导班、公务员考试培训等，系统自动将课程信息添加到个人事务及通知提醒功能中，方便学生随时随地查看课程安排。课程表功能界面如图 3-21 所示。

图 3-21  课程表功能界面

3. 校园社交

圈圈校园系统为青年学生打造校园线上社交平台，每个人都能找到属于自己的圈子。精彩纷呈的社团组织，为共同兴趣的青年学生提供了交流的机会，系统还设有课程圈、班级圈、活动圈等多种校园社交圈，形成青年学生拓宽眼界、增强人际交流的绝佳场所。

（1）校园活动

圈圈校园为各类社团及有共同兴趣爱好的同学们提供一个组织校园活动的移动平台。该系统包括参与活动、创建活动、活动圈子等功能，同时划分了校级活动、院系活动及个人活动等类别，让大家更全面地知悉校园活动详情，更加随心所欲地选择活动，与身边的朋友共同享受时尚校园生活，如图3-22所示。

图 3-22　圈圈校园活动功能

学生可以单击右下角的"进入圈子"，来加入该活动的圈圈群组聊天中。单击右上角的"更多"按钮，选择"分享"，可以将活动分享到微信、朋友圈等。选择"添加日程"，可以将活动添加到圈圈校园自带日程表中，时刻提醒，不错过重要活动。选择"告诉圈圈好友"，系统会自动打开通讯录，学生可以选择想要通知的好友，将活动分享给更多的同学。

（2）课程圈子

圈圈校园为青年学生设置精彩课程圈子（见图 3-23），学生可以查看某一课程都有哪些同学位列其中，单击同学的头像，就可以向其发送好友申请，结识志同道合的伙伴。同时，可以单击"进入圈子"进入该课程的讨论区，在圈子中，大家以群聊的形式发消息、发语音、发表情，共同分享心得体会、分享学习资料，互相交流学习。

图 3-23　课程圈子功能

### 3.3.3　辅助决策的学生大数据平台

圈圈校园系统设有统一的学生大数据平台，辅导员可以通过学生数据中心功能对学生的详细信息进行检索、数据统计和智能分析。学生大数据管理平台致力于成为辅导员业务办公的智能帮手，对于全面把握青年学生群体的动态和发展具有重要意义，为辅导员的决策制定提供了数据基础。

1. 学生数据查询和统计功能

学生大数据管理是圈圈校园为广大辅导员提供的一个开放、灵活的大数据平台，是辅导员日常业务办公的核心基础。数据中心内置了庞大的数据字段，其内容可涵盖学生工作业务数据（学籍、贫困等级、党团关系等）、学生联系数据（家庭信息、在校信息、应急联系信息等）、学生成绩数据（课程成绩、综合排名、品德测评、综合素质测评等）、学生经历数据（教育经历、兼职工作经历、社会实践经历、科研经历等）、证书资质数据（英语等级、计算机等级、获奖称号等）等学生在校学习生活的信息。学生数据中心统计如图3-24所示，学生数据中心搜索字段如图3-25所示。

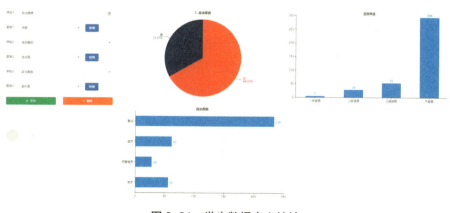

图3-24　学生数据中心统计

图3-25　学生数据中心搜索字段

2. 大数据辅助辅导员决策

（1）成绩分析，辅助学风建设工作

利用大数据分析，可以帮助辅导员了解学生的学习情况。通过圈圈校园签到，了解学生上课、培训的出勤情况。通过圈圈平台自动生成学生成绩的图表，帮助辅导员分析成绩，知晓每一位同学的不足和长处，有针对性地展开辅导，引导学生自主查漏补缺，还可以根据不同学生不同的特点进行优势互补，指导学生组成学习小组，通过小组学习的方式，提高学习效率和学习热情。

（2）活动分析，为生涯发展辅导提供参考

辅导员可以通过分析学生申报社团活动情况，掌握学生的兴趣爱好情况，鼓励积极向上的兴趣爱好，并引导学生将爱好发展为特长；对影响学生正常学习生活的兴趣爱好进行必要的劝导，让学生回归正常的学习生活。

另外，通过对学生兴趣爱好的分析，可以深度了解学生性格，并为其职业生涯的后续发展提供参考。通过大数据的分析，同时可以筛选出参加课外活动较少或长时间未参加课外活动的同学，并加强与这些同学的交流沟通，深入了解原因。针对性格内向、不合群、存在交往困难的学生进行有效的心理疏导，使其能更好地适应大学生活。

（3）大数据分析学生消费，为困难学生经济帮扶工作提供参考

辅导员可以将贫困生的信息录入系统，并通过数据分析，对不同贫困等级的贫困学生进行智能的分级，从贫困生的自身状况出发，通过科学、合理的扶贫计划，使扶贫工作更加人性化，更好地帮助贫困生满足学习、生活需求。

## 3.4 软件学院信息化建设创新点及意义

1. 开拓高校软件定义的学生工作新平台

当前，高校的学生工作处于一种随机分散的状态，就整个战线来说缺乏整体的规划和行动，缺乏对学生工作各项工作需求的整体调度、规范化定义和统筹考虑，在引导舆论、引领青年方面的作用还有待发挥，这与缺乏一个科技支撑平台有着至关重要的关系。通过软件学院的学生工作信息化建设平台，首先重新定义学生工作的工作模式，通过信息系统将校园各项日常事务规范化、流程化、便捷化，不会因人因事而有较大影响；其次是通过软件定义的模式将学生工作各项模块打通，实现彼此之间的数据交互和资源共享，使得学生工作更加灵活稳健；最后通过软件定义的方式重新定义高校学生工作的社交模式，鼓励学生个体或群体之间可以充分利用平台提供的开放性资源开展各项活动，为培育和弘扬软件学院

精神提供网络平台构筑阵地。

**2. 提高学生工作效率及质量**

传统的学生事务办公平台在新闻通知、信息管理、事务处理等方面发挥了一定的成效，但随着学生工作创新要求的不断提高，日常的工作管理需要更加科学化、规范化、制度化、节能化，更加切合当前社会的发展理念。这一集合了服务、管理和通信于一体的统一的信息化平台的建设，具有以下优势：第一，解放了学工骨干们的"双手"，让他们从事务性工作中解放出来，使其有时间思考、有精力探索、有能力创新。既能够在工作中锻炼提升自身能力，又能从工作中学习到完善自身的新知。第二，通过学生工作业务系统的应用，大幅提升学生工作的效率和质量，优化学生事务流程，精细化学生事务内容，使得学生工作由点到面井然有序进行，提升了教师与学生对事务性工作的总体满意度。第三，紧跟时代步伐，发挥所学特长开发科技应用符合当今时代学以致用的基本要求，是学生喜闻乐见的工作阵地，既能够为所在院系、所在学校做出贡献，又是展现自我、实现自我的重要表现。

**3. 打造大学校园的新风尚**

契合当今网络时代发展的新文化、新事物、新气象，以有创新、重实务的建设理念，开发青年学生易于接受、乐于使用的社交计算的移动网络平台是革新当代校园新风尚的重要尝试，是对低俗化的、过于沉闷的校园文化的更新和再造。软件定义的学生工作信息化平台，抓住当前网络发展的移动化趋势，将信息的获取、交流、分享、传播实现于指间，迎合了青年学生所追求的高效能办公、学习、娱乐、生活等需求。尤其是将科学技术的应用与青年学生社会化不同阶段成长需求相结合，有助于逐步实现青年学生追求自我选择、自我实现的高层需求。校园新风尚通过青年学生不断彰显的新风貌得以传播和再造。

# 第4章 软件学院学生工作基础平台

本书第 2 章、第 3 章分别详细阐述了软件学院学生工作系统中伟大的奋斗目标、软件学院精神以及软件定义的学生工作信息化建设平台。接下来第 4 章到第 7 章节将详细介绍四个融会贯通的学生工作平台，分别是："学生工作基础平台""学生基层组织建设平台""课外人才培养平台"及"学生思政党建平台"。本章将重点阐述软件学院"学生基础工作平台"的建设思路、措施及工作成果。

软件学院一直在努力探索和构建"学生基础工作平台"（见图 4-1），为其他三个平台提供夯实的基础保障和规范的工作架构，其核心内容包括：梳理和构建权责清晰的学生工作机构；打造多层次、多元化的专兼职学生干部队伍，充实学生工作力量；打造优秀的学生工作队伍文化，树立风清气正、能打硬仗的工作形象；建立系统化、体系化的学生工作制度，构建学生工作的基本规矩；做好学生关爱帮扶和基础保障，提高学生工作质量、提升学生工作温度。由此，构建起学生工作整体的力量、制度、文化和基础保障，形成科学有效的工作机制。

图 4-1 学生基础工作平台架构

## 4.1 高校学生工作基础性工作的主要问题

高校学生工作是一个烦琐而又复杂的系统工程，涵盖了学生人才培养的全方位工作，这就使得学生工作经常伴随着不确定性、多变性、随意性。而基础性学生工作是维护学生安全稳定、引导学生积极向上、保障各项工作规范有序开展的基本保障，对于构建学生工作体系有着重要的基础性作用。目前，高校学生工作基础性工作主要存在如下几点问题：

### 4.1.1 职权不清、工作队伍不强

学生工作队伍是高校学生工作的主要力量。然而，随着高校的办学规模不断扩大，高校各部门的内部机构越来越复杂，许多高校各级部门的学生工作普遍存在着机构设置层次繁杂、部门机构重叠、职能交叉、学生工作队伍单一化、人员安排不合理等问题，导致信息多重延误、人浮于事、工作效率低下的现象，造成人力和物力的不必要损耗，学生工作队伍不能发挥最大的工作战斗力。因此，在科学设置学生工作机构和职能部门的基础上，打造一支"高水平、高效率、作风正"的工作队伍，不仅是有效实现学生组织工作育人功能的需要，更是引领学生健康发展、实现学生安全稳定的需要。

### 4.1.2 工作文化弱化、缺乏凝聚力

工作文化建设是干部队伍战斗力的重要影响，也是对外形象的重要体现。然而现在部分高校对学工文化的培育力度不足，主要体现在两个方面：一方面缺少严格的规章制度和标准合理的考核办法对学生工作人员进行规范、考核，导致学生工作队伍中存在不少行为不端、工作散漫、责任心不强的人员，严重影响了学生工作队伍的对外形象；另一方面，由于学生工作压力大、工作责任重等原因，高校对学生工作队伍的关注主要集中于工作内容本身，缺少对辅导员长远职业发展的辅导及工作水平提升，导致学生工作队伍的工作能力提升慢、工作凝聚力不强，因此加强培育学生工作文化的力度至关重要。

### 4.1.3 缺乏体系化的工作制度建设

目前，部分高校现有学生工作制度存在着许多问题，例如制度不成体系、内容过于笼统、缺乏可操作性和长远性、职权不明确、奖惩不合理等问题，这就使得高校学生工作在实际工作中缺乏严谨的监督和管理，容易出现职权不清、工作流程不规范等问题。高校学生工作制度体系的建设是一项系统工程，完善先进的制度体系是学生工作的主体依托和重要载体。因此需要建立一套合理的、科学的、完善的管理制度去指导和监督，以确保学生工作顺利进行。

### 4.1.4 缺乏学生关爱和帮扶的系统性建设

针对困难学生开展关爱和帮扶是高校学生工作的重要基础性工作，是事关校园安全稳定、学生正常成长成才的重要基础性保障。学生工作中需要帮扶的学生群体是指具备家庭经济有困难、完成学业有困难、心理有障碍、生理有残

障、行为有失范记录等一项或多项实情的学生群体。学生关爱和帮扶工作是一项长期而艰苦的工作,是需要各级部门、多元师资力量投入,多角度、全方位、全过程的耐心排查和细心疏导,通过多种手段系统性地开展才能取得良好的育人效果。然而当前部分高校的学生关爱帮扶工作缺少针对性、长期性、全程育人的关爱帮扶工作体系,导致工作效果不尽如人意,为校园安全稳定工作埋下隐患。

## 4.2 软件学院学生工作机构设置

为了更清晰划分权责,明确各组织机构的工作职能,软件学院根据学院实际工作情况,在学院党委领导的带领下对学院学生工作的组织机构进行梳理和探索,建立学院学生工作的最高领导机构——软件学院学生工作组,对学生工作进行全面规划统筹,保障各项工作顺利进行。具体可见第9章9.2节之《软件学院学生工作领导小组工作办法》文件。

学生工作组下设三个院设机构(见图4-2),分别是学生工作办公室(与团委合署办公)、学生职业发展服务和指导中心、软件科技创新创业基地,并组建学生工作干部队伍选聘委员会、学生奖励资助评审委员会、学生职业发展服务和指导委员会、学生科技创新创业指导委员会四个业务委员会,形成对学生工作全面有效的组织保障和业务指导。

学生工作办公室、团委合署办公,主要负责学生党建与思想政治教育、学生工作队伍建设、学生日常事务管理、学生奖励资助、学业辅导、基层团建和学生组织建设、社会实践、文艺体育活动等工作。学生职业发展服务和指导中心主要负责学生专业学习引导和教育、职业生涯发展引导和教育、毕业生就业指导和服务、校友联络和服务。软件科技创新创业基地指导委员会主要负责学生课外科技创新创业活动的引导和动员、创新创业基地的组

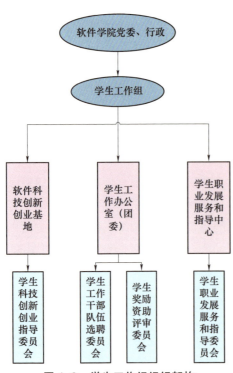

图4-2 学生工作组组织架构

织和管理、学生专业技术培训和教育、学生科技创新创业项目及团队管理、科技成果管理。

## 4.3 软件学院学生工作队伍建设

高校学生工作队伍是学生工作的重要基础和核心力量，构建一支科学合理、多元化、多层次的学生工作队伍，是推动高校学生工作健康发展、完成育人目标的必要手段。软件学院充分认识到工作队伍建设的重要性，在构建权责清晰的机构设置基础上，选聘优秀的专兼职学生干部，培养优秀的工作文化和氛围，为各项工作的执行提供坚实的力量。

专兼职干部队伍是学生工作的重要基础和核心力量。结合当前优秀学生保资积极性不高、A 系列辅导员进人困难等客观问题，软件学院积极谋划，一方面积极发现、培养和引导优秀学生干部留校或保资从事学生工作；另外一方面积极开源，谋求多方资源支持，在 B 系列工作人员、退休老教师、研究生双肩挑等方面补充和壮大干部队伍，最终设立由专职辅导员、兼职辅导员、返聘老教师和优秀研究生组成的"4+3+3+N"专兼职学生干部队伍（见图4-3），即 4 名正式编制的专职辅导员干部，3 名非事业编工作人员、3 名退休返聘老教师、若干名优秀研究生学生干部。

图 4-3　专兼职学生工作队伍

### 4.3.1　专职辅导员干部

专职辅导员（含事业编专职辅导员和非事业编工作人员）经验丰富、专业性较强、岗位固定，是学院学生工作的主力军。软件学院为保证学生工作的正常开展，保证为每个年级配置一名专职辅导员，负责该年级学生党建与思想政治教育、学生日常事务管理、学生奖励资助、学业辅导、基层团建和学生组织建设、社会实践、文艺体育活动等核心学生工作。

### 4.3.2　退休老教师

除专职辅导员之外，软件学院还积极争取多方资源，返聘了 3 名退休老教师，其中 1 名老教师负责学生党建工作，2 名老教师针对学习困难学生进行帮扶和引导。通过老教师以长者的深度和阅历去和学生谈话，对问题学生进行深度辅导，解除困难学生的困惑，帮助特殊学生树立信心，细致地解决其成长困惑。

### 4.3.3 研究生兼职辅导员

软件学院选拔了多名成绩优秀、能力突出、有一定学生工作经验且热爱学生工作的"双肩挑"研究生兼职辅导员，分别配合专兼职辅导员负责学生社团指导、学生就业实习管理、科技创新基地组织管理和学生思想引导等工作。

学院除了构建由专职辅导员、兼职辅导员、返聘老教师和优秀研究生组成的"4+3+2+N"专兼职学生干部队伍之外，还结合实际工作需求，充分发挥校友资源和同辈教育的优势，补充了 C 语言小导师、学长制导师、企业校友等多元力量的支持。

## 4.4 软件学院学生工作文化建设

工作文化建设是干部队伍战斗力的重要影响，也是对外形象的重要体现。软件学院从以下几个方面培育风清气正的工作文化，激发学生工作人员工作的积极性和主动性，建立了一支分工明确、互帮互助、高度负责、风清气正的专兼职学生工作干部队伍，有力地保障着各项学生工作的高效执行。

### 4.4.1 制定严格的规章制度

软件学院制定并严格落实《软件学院学生工作领导小组工作办法》《软件学院学生工作办公室工作人员考核及奖励办法》《软件学院学生工作办公室辅导员行为准则》《软件学院班主任考核管理办法》等规章制度（具体见第 9 章第 9.2 节），包括对学生工作队伍、研究生导师和班主任工作职责、工作内容和行为准则进行规范，构建严格的工作规矩，培养优秀的工作文化。

### 4.4.2 构建严谨的工作规范

为进一步促进学生工作者队伍建设，规范学生工作者日常行为，构建严谨、科学的工作规范，软件学院制定《软件学院学生工作办公室辅导员行为准则》《软件学院学生工作办公室签章管理办法》《软件学院学生工作办公室重要事务请示制度》《软件学院学生工作办公室上级公文处理办法》《软件学院学生工作办公室财务报销管理办法》等规章制度（具体见第 9 章第 9.2 节、9.3 节），严格规定了日常工作中行政工作规范和工作人员行为准则，将学生工作的行政管理完全规范化和精细化，为学生工作人员提供规范的制度模板、实用的工具表单、标准的工作流程，加强学生工作规范化、制度化建设。

除此之外，软件学院还实行“每周一会、每月一报”的学生工作制度。学生工作办公室每周召开一次办公会汇报本周的工作进度，学生工作办公室每月制作一份学生工作简报（见图 4–4），总结本月学生工作的成果。软件学院学生工作者通过每周一汇报、每月一总结的工作形式，不仅形成了自觉、严谨的工作习惯，更在总结中积累经验，掌握学生工作规律。

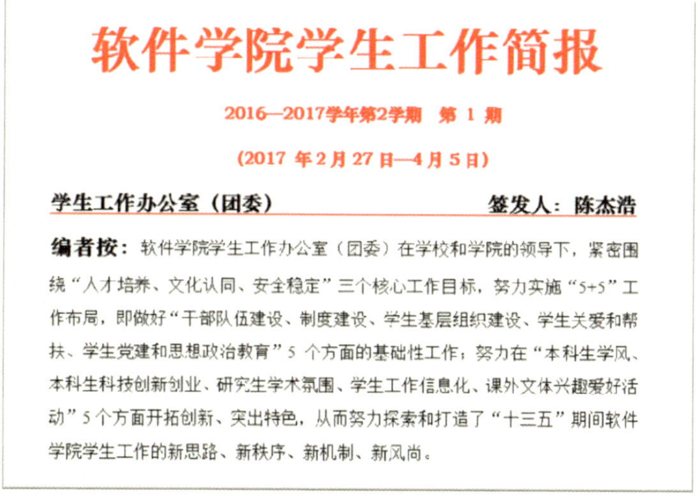

软件学院学生工作简报

2016—2017学年第2学期　第 1 期

（2017 年 2 月 27 日—4 月 5 日）

学生工作办公室（团委）　　签发人：陈杰浩

**编者按：**软件学院学生工作办公室（团委）在学校和学院的领导下，紧密围绕“人才培养、文化认同、安全稳定”三个核心工作目标，努力实施“5+5”工作布局，即做好“干部队伍建设、制度建设、学生基层组织建设、学生关爱和帮扶、学生党建和思想政治教育”5 个方面的基础性工作；努力在“本科生学风、本科生科技创新创业、研究生学术氛围、学生工作信息化、课外文体兴趣爱好活动”5 个方面开拓创新、突出特色，从而努力探索和打造了“十三五”期间软件学院学生工作的新思路、新秩序、新机制、新风尚。

图 4–4　软件学院学生工作简报

## 4.4.3　开展标准化考核工作

根据《软件学院班主任考核管理办法》（见第 9 章第 9.2.2 节），软件学院每学期对班主任及研究生导师进行标准化考核，考核包括班主任和研究生导师自评、学生评分、辅导员打分、主管领导评分等环节。学院对考核结果优异者进行表彰奖励，对考核结果欠佳者则进行诫勉谈话，从而形成严谨有效的工作闭环，营造积极向上的工作氛围。

为建立科学有效的学生工作办公室工作人员考核评价和激励机制，软件学院每学期进行辅导员考核工作，包括辅导员自我评价、学生评分、同事互评、主管领导评分、辅导员述职报告等环节。述职会上（见图4-5），辅导员们依次对各自的工作进行了系统梳理，从党建和思想政治教育、学风建设和学业帮扶、学生科技创新活动和学术氛围、学生文体和兴趣活动、招生和就业、安全和稳定等方面分享各自工作中的感悟和心得，并对工作中存在的不足进行了反思。辅导员考核是提升学生工作制度化、规范化的重要举措，对不断完善辅导员评价和激励机制具有积极意义。

图4-5 辅导员学期考核述职工作会

## 4.5 软件学院工作制度体系化建设

学生工作制度体系建设是对学生群体组织、管理的工作依据和基础，是确保完成学校人才培养任务的必要工具，是学生工作人员及所有学生都需要共同遵守的办事规程和行动准则，它对学生工作具有指导性、约束性、鞭策性和激励性。合理完善、科学系统的制度规范体系才能发挥管理制度的效力，才能充分体现制度的有效性，从而为整体学生工作提供基础性的保障。

软件学院一直以来高度重视学生工作制度化建设，围绕"提升行政管理水平、提升学生服务质量、构建良性闭环的管理和引导机制"的核心目的，从"学生工作纲领性制度""学生工作行政规范制度""学生教育工作制度""学生管理工作制度""学生科技创新管理制度""学生组织及学生活动管理制度"六个方面建立规范，形成有章可循、按章办事、规范高效的工作机制，打造新时期软件学院学生工作的新秩序、新规范（见图 4-6）。

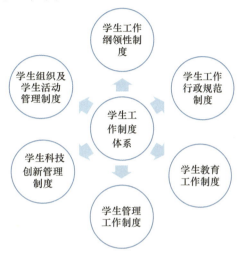

图 4-6　软件学院学生工作制度体系架构图

表 4-1 为软件学院近年来制定的学生工作制度总汇。

表 4-1　软件学院学生工作制度列表

| 学生工作纲领性制度 | 《软件学院学生工作领导小组工作办法》 |
|---|---|
| | 《软件学院班主任考核管理办法》 |
| | 《软件学院学生工作办公室辅导员行为准则》 |
| | 《软件学院学生工作办公室工作人员考核及奖励办法》 |
| 学生工作行政规范制度 | 《软件学院学生工作办公室签章管理办法》 |
| | 《软件学院学生工作办公室重要事务请示制度》 |
| | 《软件学院学生工作办公室上级公文处理办法》 |
| | 《软件学院学生工作办公室财务报销管理办法》 |
| | 《软件学院学生工作办公室固定资产管理办法》 |
| | 《软件学院学生工作办公室对外宣传工作规范办法》 |
| | 《软件学院关于进一步加强招生宣传工作的管理办法》 |

续表

| 类别 | 制度 |
|---|---|
| 学生教育工作制度 | 《软件学院本科生综合素质测评实施办法》<br>《软件学院研究生综合素质测评实施办法》<br>《软件学院学生德育鉴定工作规范》<br>《软件学院加强本科学生学风建设工作办法》<br>《软件学院学生学业警示和帮扶工作办法》<br>《软件学院学长制导师的相关规定》 |
| 学生管理工作制度 | 《软件学院学生请假管理办法》<br>《软件学院学生事务通知规范办法》<br>《软件学院学生外出实习管理规定》<br>《软件学院学生群体安全稳定工作办法》<br>《软件学院学生宿舍管理办法》<br>《软件学院学生勤工助学管理办法》<br>《软件学院调研学生和校友意见工作办法》<br>《软件学院学生党建工作规范办法》<br>《软件学院加强研究生思想政治教育和安全稳定管理的规范》 |
| 学生科技创新管理制度 | 《软件学院学生课外科技实践活动章程》<br>《软件学院科技创新基地管理条例》<br>《软件学院科技创新基地成员管理条例》<br>《软件学院科技创新基地学生干部管理条例》<br>《软件学院高年级本科生进科研实验室的工作办法》<br>《软件学院大学生软件科技创新创业基地指导教师招聘及工作办法》<br>《软件学院学生重大科技创新成果奖励办法》 |
| 学生组织及学生活动管理制度 | 《软件学院学生组织财务报销规定》<br>《软件学院学生组织及学生活动管理办法》<br>《软件学院学生兴趣爱好社团成立办法》<br>《软件学院学生兴趣爱好社团管理条例》 |

## 4.6　学生的关爱和帮扶的系统性建设

学生关爱和帮扶工作是高校安全稳定工作中至关重要的环节。高校将家庭经济困难、学业存在困难、行为有失范记录、存在心理问题和身体突发严重问题的学生统称为"五困"特殊群体，这也是高校重点关心和帮扶的工作对象。目前高校普遍存在着学生自残、伤害他人、荒废学业、心理抑郁焦虑等现象，给高校安全稳定工作带来了巨大的挑战。因此，认真开展学生关爱和帮扶工作，不仅关系着学生的自我成长和健康发展，还关系着校园安全和稳定。软件学院高度重视此项工作，力求创建"零事件、零投诉、零上访"的校园环境，为学院开展各项工作提供安全保障。

### 4.6.1　建立安全稳定的基本工作制度

为严格做好学生安全稳定工作，软件学院制定了一套比较完整的工作制度，例如：《软件学院学生请假管理办法》《软件学院学生外出实习管理规定》《软件学院学生群体安全稳定工作办法》《软件学院学生宿舍管理办法》等（见第 9 章第 9.5.1、9.5.3、9.5.4、9.5.5 节），通过一系列管理制度和办法，对学生从请假、外出实习、群体活动、宿舍等各个层面上进行严格把控，为学生安全稳定工作打下制度基础保障。

### 4.6.2　全方位排查"五困"学生

根据《软件学院本科生综合素质测评实施办法》，每学期初，学院各班级都会开展由班主任、辅导员、退休老教师、学院领导等参加的综合测评答辩会（见图 4-7）。通过学生综合测评答辩中汇报的状况及师生交流，学生工作办公室及时掌握学生的思想动态。每个月，辅导员、班主任、班团干部、党员骨干、宿舍长通过日常接触，定点定期拉网式排查特殊学生，根据排查情况形成详细的"五困"学生台账表格，并对"五困"学生进行重点帮扶和关注。学院领导、辅导员、班主任、退休老教师重点对"五困"学生开展有针对性的辅导和谈话，对部分情况较为严重的学生推进深度辅导工作，重视学生发展诉求，解决学生困惑，帮助学生树立信心。

### 4.6.3　对学业困难学生的预警和帮扶工作

每学期初始，软件学院根据《软件学院学生学业预警和帮扶工作办法》的文件要求，全面统计分析各年级学生的课业成绩，筛查出挂科严重或情况特殊的学生。随后，学院安排辅导员一对一与问题学生的家长联系沟通，并严格按照学校规定下发《学业警示通知书》（见图4-8），使家长尽早知晓和掌握学生的在校表现，与家长协同配合、共同监督，引导学生顺利完成学业。此外，学院根据《软件学院加强本科学生学风建设工作办法》（具体见第9章第9.4.4节），鼓励保研志愿服务队、班级骨干、学生党支部针对挂科严重的学生开展课程答疑、课内串讲、集体自习等学业帮扶活动，帮助学生改善和提高学业，增强其自信心和意志力。

图 4-7　软件学院开展综合测评答辩会

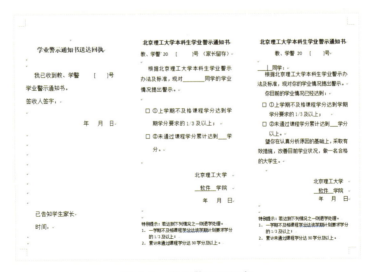

图 4-8　学业警示通知书

## 4.6.4 对经济困难学生的关爱和帮扶工作

为了增强对学生的帮扶力度，帮助贫困学生在一定程度上解决经济问题，软件学院结合贫困学生的实际情况，每学期初面向全院学生招聘学生秘书，以勤工助学的方式对贫困学生进行关爱帮扶。勤工俭学使贫困学生利用课余时间，通过自己的努力解决生活中的经济困难。正所谓，"授人以鱼，不如授人以渔"。相比较直接地给予贫困学生经济资助而言，勤工助学不仅能使贫困学生得到一定的经济资助，有效地帮助他们渡过生活难关，顺利完成学业，而且对他们在能力培养、社会锻炼等方面都有一定的帮助。为保证勤工助学工作规范化、流程化，学院制定《软件学院学生勤工助学管理办法》（具体见第9章第9.5.6节），学生通过自主申报方式报名，经各岗位教师面试、试用通过后公示上岗，并定期向学生工作办公室进行工作反馈。

同时，学院还设立"温暖冬日"等专项爱心助学金，平均每年为50多名经济困难学生或家庭突发变故学生送去温暖，每年资助金额达7万余元。学院还及时对家庭发生重大变故或突发事件的学生给予经济上的帮助和心理上的安抚，帮助学生渡过难关、专心学业。2014级某位新疆籍少数民族学生的父亲因心血管疾病到北京做手术，该生家庭较为困难，学生家庭因治疗欠下大量债务，致使本就不宽裕的家庭生活陷入困境。学院领导、辅导员和班主任了解情况后积极探望学生家长并在学院发起了捐款活动，帮助该生家庭渡过难关。2016级某位同学，因头晕倒地而颅内出血，了解到情况后，学院领导、辅导员迅速护送该生到专业医院进行诊疗，并安排各位辅导员轮流看护。在了解到该生家庭经济困难后，学院领导、学院老师慷慨解囊，为该生垫付诊疗费，并在该生痊愈出院后给予该生经济支持。软件学院温暖冬日座谈会如图4-9所示。

**图4-9 软件学院温暖冬日座谈会**

# 第 5 章 软件学院学生基层组织建设平台

学生基层组织是对学生进行组织管理的最小基本单位，是学生活动开展的重要载体，是统战工作的重要桥梁，是学生工作的重要堡垒。良好的学生基层组织建设是学院各项工作顺利开展的基础力量。软件学院高度重视"学生基层组织平台"建设，通过"纵向+横向"的组织形式构建学生群体的基层组织建设、大力加强学生干部队伍建设、建立百花齐放的学生文体活动平台，并辅之校友资源进行反哺，从而实现对学生群体的引导、培养和统战工作。

## 5.1 加强学生基层组织建设工作

为了发挥学生基层组织战斗堡垒作用、牢牢掌握好学生群体的动向，提升对学生群体的动员力，稳步提升对学生群体的组织和管理水平，软件学院对学生基层组织采取"纵向+横向"交叉组织架构。"纵向组织"（见图5-1）指的是各个自然班、宿舍、党支部，由行政划分组成的各个集体；"横向组织"（见图5-2）则指的是由学生会、学生分团委、党建办公室、研究生会、学生兴趣爱好社团、学生创新实验室，以及学生自发组织所形成的学生群体，其学生成员来源于各个纵向组织。

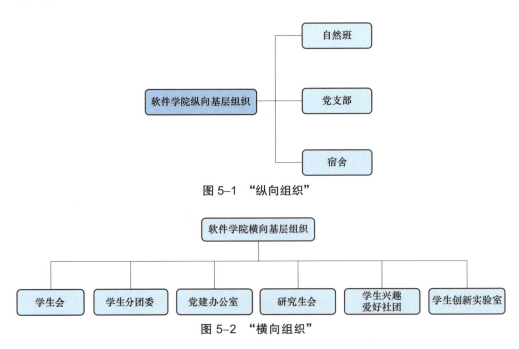

图5-1 "纵向组织"

图5-2 "横向组织"

通过对纵向组织的行政要求和考核，掌握学生群体日常学习、生活、思想变化情况；通过横向组织的组织动员和鼓励，带动和鼓励学生参与各项丰富多彩的社团活动、科技创新实践、兴趣爱好活动。通过辅导员主管纵向、横向组织各项工作，掌握对学生引导、组织和管理的抓手，牢牢掌握学生群体的基本动态。

## 5.2 加强基层组织的制度建设

为进一步促进学生组织建设，规范学生组织日常管理，构建严谨、科学的工作规范，软件学院制定《软件学院学生组织财务报销规定》《软件学院学生组织及学生活动管理办法》（具体见第 9 章第 9.7.1、9.7.2 节），严格规定了学生组织及其学生干部的行为准则、学生活动开展规范、学生组织财务报销规范。同时，学院还针对各学生组织的工作性质、工作内容制定了不同的规章制度（见表 5–1），如针对学生兴趣爱好社团制定了《软件学院学生兴趣爱好社团成立办法》《软件学院学生兴趣爱好社团管理条例》（具体见第 9 章第 9.7.3、9.7.4 节），针对学生科技创新基地制定了《软件学院科技创新基地管理条例》等制度（具体见第 9 章第 9.6.2 节），通过这些制度规范严格把关各学生组织的工作流程，培养学生干部工作的严谨性和主动性，建立了一支分工明确、高度负责、积极主动的学生干部队伍，有力地保障了各学生组织的有序高效运行。

表 5–1 软件学院学生组织、学生活动及科技创新管理制度

| 类别 | 制度名称 |
| --- | --- |
| 学生组织及学生活动管理制度 | 《软件学院学生组织财务报销规定》 |
| | 《软件学院学生组织及学生活动管理办法》 |
| | 《软件学院学生兴趣爱好社团成立办法》 |
| | 《软件学院学生兴趣爱好社团管理条例》 |
| 学生科技创新管理制度 | 《软件学院学生课外科技实践活动章程》 |
| | 《软件学院科技创新基地管理条例》 |
| | 《软件学院科技创新基地成员管理条例》 |
| | 《软件学院科技创新基地学生干部管理条例》 |
| | 《软件学院高年级本科生进科研实验室的工作办法》 |
| | 《软件学院大学生科技创新创业基地指导教师招聘及工作办法》 |
| | 《软件学院学生重大科技创新成果奖励办法》 |

## 5.3 加强学生干部培养和引导

高校学生干部是学生群体推选出的优秀学生代表,是联系教师和学生之间的重要桥梁,是加强学生组织与管理的重要力量。学生干部(见图 5-3)是学生信服的对象,他们既是被教育者,也是学生群体的组织者和管理者。学院通过以下几个方面加强对学生干部的培养和引导:

图 5-3　软件学院学生会干部合影

### 5.3.1　做好学生干部的选拔和培养工作

学生干部的选拔是培养高素质学生干部队伍的重要前提条件。为了建立一支勤政、有信仰、高效务实的学生干部队伍,软件学院遵循"民主推荐、组织考核"的程序,坚持才德兼优、宁缺毋滥的用人原则,选拔思想端正、认真负责、敢于担当、能成事业的优秀学子为基层主要负责干部,树立正确的用人风向标。

学生干部队伍的培养引导工作直接影响到学生工作的实际效果。软件学院高度重视学生干部的培养引导工作,通过学生干部动员会、青年团校、工作例会、校友交流会等方式(见图 5-4),加强对学生干部的引导和培养,使得学生干部了解和接受学院的工作思路和方针政策,提升学生干部的政治素质和工作能力,做好模范带头作用。

图 5-4　软件学院科技类社团干部培训大会

## 5.3.2　做好学生干部的考核和奖励工作

软件学院为加强对学生干部的考评监管力度，特制定《软件学院学生组织及学生活动管理规定》，对软件学院各级学生组织和学生干部进行明确的规范和管理，明确其工作职责、工作行为准则和工作规范。软件学院每学期对学生干部及学生组织进行考核，对表现优异的学生干部进行表彰奖励，树立优秀的学生干部榜样；对于不合格的学生干部进行监管，整顿学生干部队伍风气。

## 5.4　通过品牌活动发挥战斗堡垒作用

学生活动是凝聚学生基层组织、激发学生活力、统一学生思想的最有力的平台，也是学生可以发挥自己主观能动性、体现大学生青春活力的重要平台。软件学院依托学生基层组织建设活动平台和学生兴趣爱好活动平台这两个方面加强和凝聚基层组织建设工作。

### 5.4.1　依托学生基层组织建设活动平台

软件学院以人才培养为活动目的，通过横纵向基层组织去带动和组织学生群体开展相关活动和工作，纵向组织开展班团风采大赛、宿舍文化节、党支部活动、团日活动等活动；横向组织开展丰富多彩的科技创新、文体活动、志愿公益、兴趣爱好等活动，从而进一步加强基层组织的战斗堡垒。以下重点介绍几个软件学院特色活动。

#### 5.4.1.1 "我的青春·我的团"班团风采大赛

为充分发挥班级、团支部在学生成长成才中的凝聚、引导、服务作用，增强团员青年对团组织的认同感和归属感，培养自我服务意识，进一步激发团支部活力，引导广大青年学生在班团组织建设、学风建设、思想引领、科技创新、综合素质培养等方面开展卓有成效的工作并取得优异成绩，软件学院每年都会开展"我的青春·我的团"班团风采大赛。

此次大赛具有很多软件学院的特色，比如大众评审投票系统和计票统计系统都是学院科技创新创业实践基地自主设计研发而成，体现了软件学子追求卓越的科研态度与高超的技术和独特的创新能力。比赛期间各个班级先后上台展示在班团建设、学风建设、正能量思想引领、科技创新、社团文体活动等方面所开展工作与取得成绩，通过视频展示、PPT 汇报、班级成员文艺展示与现场互动等环节进行逐一展示，如图 5–5 所示。

图 5–5 "我的青春·我的团"班团风采大赛

各班级的展示都独具特色，有的班级通过视频展示风采，视频内容诙谐幽默，展示了班级同学们良好的精神风貌；有的班级朗诵一篇写给本班每位同学的文章，将班级每一个方面比作一幅画卷，水墨画、油画、山水画、浮雕壁画这些优美的画卷一幅幅接连不断地映入眼帘，大学四年的点点滴滴和即将分离的伤感与不舍，让台下的评委老师和同学都感动得流出了眼泪；有的班级为大家献上了一曲由学院学生谱曲填词的《四年》，体现了班级同学对学院班级的热爱以及毕业分离的不舍，给大家都留下了非常深刻的印象。每个班级的展示都充满了特色与真情，将现场的评委和老师带回到了自己的大学时代，又看到了当年自己团支部的每位同学以及当时师兄师姐师弟师妹拼搏进取的场景。班团风采大赛不仅仅是比赛，更是对班级同学们辛勤付出的肯定与激励，通过班团风采的展示，进一步加强了学生们的凝聚力，推进了学生基层班团组织建设，如图 5-6 所示。

图 5-6 "我的青春·我的团"班团风采大赛

#### 5.4.1.2 主题团日活动

为进一步加强软件学院学生基层组织建设，增强学生的凝聚力，激发学生的科研活力，软件学院开展以"我的青春我的实验室"为主题的研究生团日活动和"我的青春·我的团"本科生团日活动。"我的青春我的实验室"研究生团日活动以软件学院各个研究所为单位，以实验室和学生导师为媒介，以实验室老师、研究生共同组织和参与的形式开展活动。活动旨在促进学院各实验室师生之间的交流与合作,有利于进一步增强各个实验室师生之间的情谊,在一定程度上提高软件学院的科研软实力。"我的青春·我的团"本科生团日活动,以横向团支部为单位开展,带领团支部同学自主设计丰富多彩的集体活动,让集体活动的模式带动强化团支部基层组织建设,激发组织活力,提升凝聚力。

1. 调动各方力量,环环相扣全情参与

软件学院主题团日活动从筹备动员到具体实施的过程中,都充分发挥了学院强有力的组织动员和全方位的引领指导作用,以基层团支部作为核心发力点,齐心聚力,协同配合打造团日活动,如图5-7所示。

图 5-7 软件学院团日活动

首先,强有力的组织由学院领导、专职团干、辅导员、班主任、班级团干部等多方力量组成,辅之以每个班级团支部每人50元的活动经费支持;其次,在活动的开展过程中施以全方位的引导，形成协同高效的工作闭环，由辅导员牵头召开班长团支书例会，传达本次团日活动的主题及具体策划安排，号召各团组织协调好支部内资源，做好分工，各司其职，创新手段。各支部将策划好的团日活动经由软件学院办公平台申报立项，在确保活动方案的安全性和可行性、活动内容积极健康的基础上，待辅导员审核通过后开展实施。各专职团干在活动期间时刻关注，紧密追踪，亲自指导和参与各团支部的活动，同时以"老师鼓舞同学，同学带动同学"的形式鼓励全员参与，尤其针对个别班级困难生、出寝困难户、不善处理人际关系的同学，鼓励他们积极融入班级团组织大家庭中。在活动结束后要求各团支部以活动纪实的总结形式回顾本次活动内容和精神，在回顾中增强班级团组织凝聚力和向心力、增进同学间的友好交流、再一次升华个人体验。

2. 创新手段形式，开展多样化团日活动

团日活动充分激发了学生们的活力创意，各班团支部自主选择活动地点，设计了丰富多样的活动方式，如图 5-8 所示。有的班级团支部以锻炼学生坚忍不拔的品质为出发点，开展百望山爬山的团日活动，借此机会带领同学们呼吸大自然的新鲜空气，亲近大自然。有的班级团支部以培养团组织协同合作、组织成员共同奋进的精神为目标，赴奥林匹克森林公园、上庄水库等地开展形式多样的素质拓展运动。其中定向越野、蛟龙出海、解手链、大风吹等素质拓展运动深受同学们喜爱，不仅强化了同学之间友好交流的氛围，还锻炼了各个团队组织协调、协同合作的能力，对提升个人身体素质和心理素质起到了积极的作用。有的团支部以强化学生身体素质、增加学生体育锻炼为目的，到紫竹院公园、玉渊潭公园等

图 5-8　软件学院团日活动

地方开展趣味运动会。各班级团支部活动形式丰富多样，深刻贯彻落实本次团日活动倡导同学们"走下网络、走出宿舍、走向大自然"的宗旨，在精彩的活动中，促进每一位团支部成员健康成长，实现团支部发展的进一步壮大。

3. 注重基层团组织建设，发扬软件学院优良院风

"我的青春我的实验室""我的青春·我的团"团日活动在学生中取得了热烈的反响和效果。丰富多彩的团日活动受到学院领导的高度重视，成为加强学院基层团组织建设的重要举措。活动充分发挥了各级团干部的引领带头作用，鼓励青年团员不断开拓创新、提升综合素质，以充满凝聚力、有爱的团支部氛围促进学院积极向上、团结合作、崇尚科技、崇尚学习的学院风尚。

### 5.4.2 依托学生兴趣爱好社团活动平台

统战思路是实施学生引导的重要办法，是获得学生支持的重要措施。软件学院根据学生的特点和爱好，在学生群体中发动学生成立各种自己喜欢、有意义的兴趣爱好社团和民间组织，去带动一批志同道合的伙伴朋友一起玩、一起交流、一起活动，通过对这些兴趣爱好社团和民间组织的支持和引导，去鼓舞和引导学生群体，由此获得学生群体对工作的理解和支持，在学生群体中营造积极向上、和谐的氛围。

#### 5.4.2.1 高校学生兴趣爱好社团活动介绍

目前，高校学生社团文化的影响力愈发重大，正确认识高校学生兴趣爱好社团的意义、存在问题，积极探索新形势下高校学生兴趣爱好社团建设的新思路，加强高校学生兴趣爱好社团建设，深化高校学生兴趣爱好社团的育人功能，积极促进高校学生兴趣爱好社团的健康发展，对深入贯彻党的十九大精神，提高思想政治教育工作的实效性，培养"有理想、有本领、有担当"的青年一代，具有十分重要的意义。

高校学生兴趣爱好社团是指由高校学生依据兴趣爱好自愿组成，为实现成员共同意愿，按照其章程自主开展活动的群众性学生组织，一般分为思想政治类、学术科技类、创新创业类、文化体育类、志愿公益类、自律互助类及其他类等。高校学生社团的基本任务是：遵循和贯彻党的教育方针，坚持立德树人的基本导向，团结和凝聚广大同学，按照自愿、自主、自发原则，善用网络技术和新媒体，开展主题鲜明、健康有益、丰富多彩的线上和线下课外活动，繁荣校园文化，培养同学的社会责任感、创新精神和实践能力，提升同学综合素质，促进同学成长成才。高校学生兴趣爱好社团具有以下几个鲜明的特点：

① 组织结构松散。学生参加高校学生社团是依据自身兴趣爱好，自愿加入，

一旦发现该社团与自己的预期不太符合，退出也比较随意。社团更多是靠社员之间的感情来维系和约束，没有强制性的约束力。

② 成员流动频繁。学生大多是在大一的时候就加入社团，有的甚至同时加入多个社团，当时的决定具有一定的盲目性。入校一段时间后，学生对自身的需求和社团的情况有了较为清晰的了解，就可能会退出一些不适合自己的社团。

③ 活动灵活机动。在新形势下，大学生的需求和关注点随时可能变化，因此相应的社团活动开展也较为灵活机动，活动的时间、地点、规模、频率，都可能根据社员的需求随时做出调整。

④ 风格开放包容。新时代的大学生，朝气蓬勃、好学上进、视野宽广、开放自信，是可爱、可信、可为的一代。他们的高校学生社团，活动风格也更为开放包容。

近年来，高校学生社团的数量持续递增，规模日趋壮大，并且随着移动技术的发展和自媒体的兴起，高校学生社团得以突破空间的限制，跨院系、跨校际甚至跨国的活动屡见不鲜，辐射力和渗透力都得到了大幅加强，直接或间接参与各类学生社团的人数不断增加。如何更好地加强高校学生社团建设，成为高校思政工作者的一个重要命题。

#### 5.4.2.2 高校学生兴趣爱好社团存在的问题

各大高校在学生社团建设方面都做了许多有益的探索，使学生社团建设较之以往在整体上有了较大的提升，但仍存在一些薄弱环节。

**1. 活动安排自上而下，无法调动学生积极性**

高校学生社团本应是学生自主开展活动的组织，但是在实际工作中，许多相关部门将学生社团视为"按上级要求开展活动"的群体，经常"自上而下"给学生社团强制摊派各种活动，要求社团学生按照上级安排被动参加。这种做法违背了高校学生社团的初衷，忽视了学生的自主性，导致社团内民主氛围不浓，学生对社团的归属感、认同感不强，参与社团活动的积极性受到了抑制。

**2. 活动内容重复滞后，无法贴合学生的需求**

由于"自上而下"的社团活动安排忽视了学生的自身需求，这类社团活动往往形式化、表面化、重复化，缺乏新颖性和时效性，对青年大学生产生不了真正的吸引力，导致活动开展得虽然比较多，却很难形成精品系列。从社团活动的空间看，其活动场所主要集中在校园，对社会资源的利用相对不足，致使社团活动对大学生的社会化作用没有得到充分发挥。

**3. 活动监管浮于表面，无法长期追踪和激励**

高校学生社团的自发性使得许多社团都是由一个或几个骨干成员建立起来

的，不少社团在建立之初就比较松散，对社团的组织建设、活动管理、经费管理、干部选拔等重要内容没有做出明确的规定，致使社团工作不能做到有章可循，难以在社团内部真正实现规范化和制度化的管理。有的学生社团虽然在成立之初制定了相关的管理制度，但因缺乏有力的竞争机制、考核机制和激励机制，监管始终浮于表面，社团制度形同虚设，最终导致学生社团纪律涣散。

4. 社团基础保障不足，无法稳定开展工作

社团基础保障主要体现在财力、物力和人力（指导教师）上。当前，高校学生社团的各项政策还不够完善，无法给予社团相应的人力、物力、财力保障。高校学生社团普遍存在着指导老师不到位、活动场所有限、办公条件差、活动经费不足的现象。在指导教师方面，多数高校没有完善激励机制，导致指导教师专业性和积极性不高；在活动场地方面，学生社团与学生会、分团委等其他学生组织争夺活动场地的过程中，往往处于弱势地位，使得学生社团活动严重受限；在活动经费方面，高校学生社团活动费用主要来源于会员缴纳的会费或社会赞助，学校投入的经费极其有限，从而导致社团活动逐渐有商业化倾向，使社团活动的质量严重下降。

5. 社团政策相对缺失，无法形成完善的机制

社会管理受到社团成员尤其是社团骨干的个性影响。许多社团都是由一个或几个有突出贡献的核心人物建立起来的，这种现象使得社团在规范内部管理、约束社团骨干行为等方面意识不强。有的学生社团对本组织的宗旨、社团活动、社团财务、组织机构、社团成员权利义务、干部选拔作用等事项没有做出明确规定，致使社团工作不能做到有章可循，难以使社团内部管理真正实现规范化和制度化；有的学生社团在成立之初虽制定了相关的管理制度，但社团干部素质不高、自主管理和约束能力有限，令社团制度形同虚设，最终导致组织纪律涣散；有的社团缺乏良性的竞争机制、考核机制和激励机制，致使学生参与社团活动及管理的积极性受挫，不利于社团的建设和学生综合能力的培养。

这些问题的出现，归根到底是因为社团管理过程中缺乏体系化、制度化的举措。高校学生社团需要有体系化的管理思路，社团目标、社团组织、人员配置、管理制度、社团文化等方面相互联系、相互协调、相互制衡，才能够高质高效地运行。

### 5.4.2.3 "供给侧改革"思想的学生兴趣爱好社团思路

软件学院根据当前共青团工作改革思路，结合高校青年学生工作形势，积极推进青年学生活动"供给侧改革"，创新学生兴趣爱好社团建立和活动组织的机制，发挥学生的自主性、积极性，听取学生真正诉求，办学生真正喜欢的活动。

当前,"供给侧改革"已然成为社会生活中的热词。供给侧改革,就是从提高供给质量出发,用改革的办法推进结构调整,扩大有效供给,提高供给结构对需求变化的适应性和灵活性,更好地满足广大人民群众的需要。供给侧是相对于需求侧来说的,二者如同一枚硬币的两面,相辅相成。

过去的高校学生社团,一味"自上而下"地摊派活动,忽视了需求侧的主体性,忽视了学生的需求;而现如今,如果矫枉过正,过于迎合学生的需求,忽视了供给侧自身必须具备的引领力和影响力,教育效果同样会被削弱。高校学生社团作为高校思想政治教育的重要组成部分,其特殊性就要求思想政治教育的供给侧具有足够强大的引领力,向受教育者提供高级的"产品",培养受教育者对"产品"的需求。在思潮多元化、舆情复杂化的新形势下,要求我们也应有"供给侧改革"思维,将提高供给端的教育综合能力和贴合需求端的学生需求结合起来,切实加强高校学生社团建设。

#### 5.4.2.2.4 "供给侧改革"思想指导下的学生社团建设举措

1. 学生自发组建社团

软件学院积极推进青年学生活动"供给侧改革",创新学生兴趣爱好社团建立和活动组织的机制,鼓励学生根据自己兴趣爱好情况,联合志同道合的同学自主发起遵守相关规定、有积极意义和固定活动内容的社团组织,并且在学院经费支持或者企业经费赞助下自主带动和引导其他同学一同开展活动,逐步培养出遍地开花、学生积极主动发起、学生真正喜欢、学生乐意参加的学生兴趣爱好活动工作局面。软件学院学生兴趣爱好社团列表如表5–2所示。

表5–2 软件学院学生兴趣爱好社团列表

| 社团名称 | 活跃会员人数 | 校区 |
| --- | --- | --- |
| 美食社 | 12 | 中关村 |
| 足球社 | 10 | 中关村 |
| 棋牌社 | 6 | 中关村 |
| 音乐社 | 8 | 中关村 |
| 游泳社 | 9 | 中关村 |
| 骑行社 | 6 | 中关村 |
| 羽毛球社 | 22 | 中关村 |
| 篮球社 | 20 | 良乡 |
| 摄影社 | 10 | 良乡 |
| 文学社 | 9 | 良乡 |
| 排球社 | 16 | 良乡 |

**2. 建设完善监管体制**

（1）软件学院制定了体系化学生社团制度

软件学院通过制定体系化学生社团制度，推进学生社团管理的制度化、规范化，使得学生社团管理各环节有章可循。学院制定《软件学院学生兴趣爱好社团管理条例》《软件学院学生兴趣爱好社团成立办法》（具体见第9章第9.7.3、9.7.4节），在做好规章制度"废、改、立"工作，从管理、审批、财务、宣传等各个方面确定了完善的制度，细化学生社团宣传、奖惩、外出、突发事件处理等管理细则，并且要求各个学生社团制定自己的章程，实现自我服务、自我管理、自我教育。学生社团举办活动须遵守学校、学院和自身的相关规章制度，并按照相应的审批程序进行。

（2）软件学院加强学生社团干部的选拔和培养

学生社团联合会是学生社团的最高权力机构，依照本社团的章程行使职权，学生社团的学生干部严格按照章程规定，通过会员大会民主选举产生。同时，加强对社团学生干部的培训。学院以每年社团集中换届为契机，组织拟任社团负责人培训班，通过前辈讲座、骨干研讨、经验介绍、案例分析、素质拓展等形式培养社团干部。同时，学院积极完善社团交流机制，组建社团负责人交流群、举办社团负责人会议等，定期开展各项校内外社团交流活动，共同探讨社团运作和发展过程中出现的各类问题，共绘发展蓝图，共谋发展之道，培养了一批熟悉制度并且善于在实践中完善制度的学生干部，实现了社团的自我管理、自我教育、自我服务，更好地开展社团的各项活动。

（3）定期举办社团评比总结，建立长效监督机制

为了解决以往学生社团活动办完就完事，缺少总结的问题，软件学院定期举办学生社团评比总结，依据社团活动数量、活动质量和活动成绩等标准，对优秀社团和社团中的优秀社团干部，在年度学生表彰大会时予以表彰，并给予相应奖励；对表现不佳甚至造成不良影响的社团和社团干部，给予批评、警告。这些奖惩分明的举措，建立起了长效的监督管理机制，极大调动了学生社团的积极性，塑造了一批优秀学生社团，发挥了榜样示范带动效应，确保社团组织能够充分满足学生健康成长的各种需要。

**3. 加强各项政策支持**

（1）加大对学生社团的资金支持

活动资金匮乏是严重制约高校学生社团活动有效开展的最核心因素。为解决这个问题，软件学院划分了专项经费用于支持社团活动，实现专款专用，从而提高经费使用效率，保证各项社团活动的有效开展。学院还同时制定了专项社团资金管理

规定，并从资金上大力支持优秀的社团项目，鼓励和支持社团活动蓬勃发展。

（2）加强对学生社团师资支持

软件学院选聘在校专职教职工担任社团的指导老师，并积极邀请高校思想政治理论课教师、专业课教师、学生管理、服务部门以及与之相关的校外知名人士、优秀校友参与指导，提升对学生社团指导的理论水平和业务能力。指导教师的主要职责是指导学生社团制订工作计划，提出明确的目标、切实的措施和具体的活动规划，并具体指导社团开展内容健康、形式多样、主题鲜明的社团活动，对学生活动中存在的问题和不足及时给予纠正或指导，提出自己的合理建议。

（3）加大对学生社团的监管

软件学院学生社团采取指导教师与学生自治两级社团管理模式，通过指导教师对社团联合会、社团运行与活动的有效管理与指导，制定社团活动管理、财务审批等规章制度，保证各社团规范运行、健康发展。同时，由各社团自发委派代表组建社团联合会，对各社团的日常运行，包括场地租借、物资管理、经费使用、活动宣传与评奖评优等进行监督。在社团联合会领导下，各社团根据自身特点制定社团章程，使社团活动有章可依、有法可循。

4. 信息化技术注入新活力

软件学院圈圈校园系统建有社团组织大厅管理平台，可以为各类社团建立一个全开放的网络平台阵地，学生在这里可以申请建立社团、动态管理社团成员、建立健全社团组织机构、定期发布社团讯息、在线组织社团活动等，让同学们足不出户便可以了解社团最新动态、认识社团成员、报名社团活动、交流社团信息，让传统的校园社团模式融入移动互联网的血液，变得更加新鲜和灵活。通过完善学生社团数字媒体渠道，用最便捷的方式扩大社团活动的宣传覆盖面。

5.4.2.5　学生兴趣爱好社团建设工作成效显著

软件学院学生兴趣爱好社团工作开始于 2012 年，在校团委、学工处的领导和关怀下，工作开展五年来，取得了累累硕果。

1. 学生社团遍地开花，各类活动百花齐放

软件学院学生社团深入贯彻共青团员中央"走下网络，走出宿舍，走向操场"的要求，围绕北京理工大学"高远的理想、精深的学术、强健的体魄、恬美的心境"的育人目标，以学生自身兴趣爱好为根本出发点，紧密结合青年学生的实际需求和学校共青团的工作重点，精心打造特色社团活动。

近几年来，学院分别成立了篮球社、足球社、羽毛球社、乒乓球社、游泳社、骑行社、音乐社、美食社、棋牌社、摄影社、DV 协会等十几个社团，着力创建品牌社团活动集群。如以月度、季度为时间轴，举办软件学院"春酣社团活动季"

"毕业杯""基地杯""code 杯"等集中性社团活动,并在其他时间段多点开花,举办分散性的社团活动,引领社团活动精品化建设。学生社团活动类型多样,有体育类的周末羽毛球赛、春季乒乓球特锦赛、五人制足球赛;有文艺类的"品味花朝"音乐社、美食社活动;有休闲娱乐类的玉渊潭骑行、桌游活动等,各类活动百花齐放。软件学院乒乓球社如图 5-9 所示,软件学院兴趣爱好社团如图 5-10 所示。

图 5-9 软件学院乒乓球社

图 5-10 软件学院兴趣爱好社团

2. 活动组织上下结合，学生活力充分释放

学生社团建设的"供给侧改革"，既不否定需求侧的重要性，也非一味满足学生的各种需求，而是以思想政治教育的最终目的和学生现实需要为出发点，实现供给侧与需求侧的协调平衡和良性互动，实现学生社团建设的转型升级，达到提高思想政治教育水平和人才培养质量的目的。

在学校和学院的指导下，学生社团不断面向全院师生开展各类丰富多彩、喜闻乐见的社团活动（见图 5-11），使活动多样化、精品化、传承化，让更多同学以社团活动为平台展现自我风采，丰富自己的课余生活，提升综合素质，学生的活力得到了充分的释放，例如学生社团 DV 协会拍摄了北京理工大学第一部校园电影《北理之恋》（见图 5-12 和图 5-13），在北理工校园内引起了较大的反响。同时，学生社团在软件学院团委的大力支持下，不断扩大规模，使社团类型多元化、人员构成多样化，扩大学生社团在广大同学中的辐射力和影响力。社团活动年均学生观众约 1 000 人次，累计学生参与比例高达 75%以上。

图 5-11　软件学院草地音乐会

3. 学生社团架起桥梁，师生关系更加亲密

"供给侧改革"强调供给端和需求端的良性互动，"供给侧改革"思维指导下的高校学生社团，在老师和学生之间，架起了一座沟通的桥梁。老师通过学生社团向同学们提供"引领性"的供给、"精准性"的供给、"有效性"的供给；学生通过学生社团，向老师展示自己的真实的需求。

图 5-12 软件学院 DV 协会拍摄校园电影《北理之恋》

图 5-13 软件学院 DV 协会作品《北理之恋》

例如，在羽毛球社和乒乓球社举办的比赛中，经常会有老师们参加，师生一起切磋球艺（见图 5-14）；在"品味花朝"的美食社（见图 5-15）、音乐社活动中，师生一起制作和品尝美食，鉴赏音乐，谈笑风生。在这个过程中，双方增进了对彼此的了解，师生关系也变得更为亲密。

图 5-14　师生共打羽毛球

图 5-15　软件学院美食社活动

# 第 6 章 软件学院学生思政党建平台

习近平总书记在全国高校思想政治工作会议上强调,"高校思想政治工作关系高校培养什么样的人、如何培养人以及为谁培养人这个根本问题"。大学生们处于世界观、人生观、价值观正在形成和确定的重要阶段,学校思想政治教育工作是学生价值观形成的重要风向标。学生党支部是高校思想政治教育的重要载体和基层战斗堡垒,更是高校人才培养、正确舆论方向等各项工作的积极推动力。因此,必须以学生党建工作为思政教育工作的重要抓手,牢牢把握学生党建和思政教育这个核心驱动力,并以此来带动其他三个平台的蓬勃发展。

当前,世情、国情和党情都发生了深刻变化,面对从严治党新常态和教育新常态,高校学生党建面临着基层组织涣散、入党动机功利化、思想信仰教育弱化、党员先锋模范作用缺失等严重问题,严重影响高校人才培养质量。软件学院面对党建工作新形势、新情况、新问题,坚决落实党要管党、从严治党的工作思路,充分发挥学生党组织的战斗堡垒作用和先锋模范作用,将学生党建及思想政治教育工作作为一项战略性工作不断深入推进,结合实际工作摸索创新出一套由"机制、组织、平台、势能"四位一体的工作开展思路,围绕"建立从严治党的工作机制""做好基层党组织的创新改革""打造党建思政创新平台"和"注重发挥学生群体势能"四个方面不断探索和丰富实践内涵,统筹整合学生党建及思政教育各方面可以利用的资源和平台,发挥教育者与受教育者双方的主体能动性,创新性地开展学生党建及思想政治教育工作。软件学院学生思政党建平台如图6-1所示。

图6-1 软件学院学生思政党建平台

## 6.1 建立从严治党的工作机制

### 6.1.1 建立规范严谨的工作机制

创新举措离不开从严治党的制度建设保障。由于大学生流动性强、年龄小等客观因素,高校学生党建工作难以形成较好积累和规范,因此需要建立规范严谨的工作制度,使其规范化、精细化,为开展工作保驾护航。软件学院特制定《软件学院学生党建工作规范办法》(具体见第 9 章第 9.5.8 节),从青年学生推优入党、积极分子培养、预备党员发展、预备党员转正、党员教育和培养建立、党员的考核评比和追责等全流程的规范化管理和要求,从严发展党员,做好党员的教育培养和考核,从制度层面明确基层党组织和干部的职责和日常工作规范,加强基层组织建设,带领全体党员开展好工作。

此外,软件学院专门指定一名专职教师作为学生党建指导教师,配合组织员一起指导各学生支部在学期初制订工作计划和党建活动时间表,将工作责任落实到人,将时间细化到点。要求各项工作责任人带领支部主动完成、主动接受检查,一改被动落实、前追后补的工作状态,从而保障各项工作按规范、按节点稳步落实。

软件学院学生党建工作及责任清单见表 6–1。

表 6–1 软件学院学生党建工作及责任清单

| 工作类别 | 工作内容 | 开展时间 | 负责人 | 具体工作 |
| --- | --- | --- | --- | --- |
| 党员发展转正 | 积极分子考察培养 | 全年 | 支部书记 | 接收、审核入党申请书,为积极分子分配培养联系人 |
| | 发展计划工作 | 3月、9月 | 支部书记 | 征求同学、班主任、导师、辅导员意见,召开支部会议讨论发展计划名单 |
| | | | 组织委员 | 汇总发展对象信息,上报给组织员,组织填写《积极分子考察表》 |
| | | | 组织员 | 审核发展计划名单,汇总各支部名单给学院党建干事 |
| | | | 党建干事 | 二次审核发展计划名单,提交党委审批,并上报学校组织部备案 |
| | 党员发展工作 | 4月、11月 | 支部书记 | 征求同学、班主任、导师、辅导员意见,召开支部会议讨论拟发展名单 |
| | | | 组织委员 | 审核拟发展同志信息,组织填写《入党志愿书》,汇总各支部名单给学院党建干事 |
| | | | 组织员 | 组织政审,审核拟发展同志材料,公示拟发展同志信息 |
| | | | 党建干事 | 二次审核拟发展对象材料,提交党委审批,上报学校组织部备案 |
| | 党员转正 | 4月、11月 | 支部书记 | 征求同学、班主任、导师、辅导员意见,召开支部会议讨论转正结果 |
| | | | 组织委员 | 组织填写《入党志愿书》转正意见部分 |

续表

| 工作类别 | 工作内容 | 开展时间 | 负责人 | 具体工作 |
| --- | --- | --- | --- | --- |
| 党员发展转正 | 党员转正 | 4月、11月 | 组织员 | 审核拟转正同志材料，汇总各支部材料给学院党建干事 |
| | | | 党建干事 | 二次审核拟发展对象材料，提交党委审批，并上报学校组织部备案 |
| 支部日常工作 | 党费收缴 | 3月1日、6月1日、9月1日、12月1日 | 组织委员 | 按时收缴党费 |
| | | | 组织员 | 每季度第一天收缴各支部党费 |
| | | | 党建干事 | 汇总学院党费，上缴财务处 |
| | 三会一课 | 全年 | 支部书记 | 协调、安排好支部工作，纳入三会一课中，保证三会一课制度落实的同时保证支部的组织生活，避免空洞、冗长、冰冷，力求实际、高效、有温度 |
| | | | 宣传委员 | 制订理论学习计划，组织支部开展理论学习 |
| | | | 组织委员 | 填写支部工作手册 |
| | | | 党员 | 填写《先锋工程学习实践手册》 |
| | 党员信息网信息同步 | 6月、9月、3月 | 组织委员 | 支部有党员发展、转正、转入、转出等变动时，及时同步到党员信息网 |
| | 党组织关系转入转出 | 6月、9月、3月 | 组织委员 | 同时做好网上组织关系转出和纸质材料转出的工作 |
| 二级党校工作 | 传统理论党课 | 4月、10月 | 党建理论导师 | 制订授课计划、备课、授课、批阅作业、审核结业论文 |
| | | | 党建工作指导老师 | 协调教师、学员时间，协调授课场地，维持党课秩序，收集图、视、文资料，做好后期宣传 |
| | | | 支部书记 | 组织签到 |
| | | | 组织委员 | 填写支部工作手册 |
| | | | 党员 | 填写《先锋工程学习实践手册》 |

续表

| 工作类别 | 工作内容 | 开展时间 | 负责人 | 具体工作 |
|---|---|---|---|---|
| 二级党校工作 | 党课评比大赛 | 11月—次年4月 | 党建工作指导老师 | 组织开展党课评比大赛活动 |
| | | | 党建理论导师 | 审核、指导各支部党课讲稿 |
| | | | 支部书记 | 组织支部开展党课评比大赛 |
| 支部活动 | 学风建设 | 全年 | 宣传委员 | 组织理论学习、实践调研、总结讨论等 |
| | | | 支部书记 | 组织制订支部活动计划,保证计划按时落实 |
| | 实验室建设 | | 支部委员、党小组长 | 积极组织支部活动顺利开展 |
| | 其他活动 | | 党建工作指导老师 | 指导、协调各支部开展活动,审核党建经费预算 |
| 党建考核 | 民主生活会 | 6月、12月 | 党建工作指导老师 | 组织开展党建考核评优工作 |
| | 党支部书记抓党建述职 | | 党员 | 开展民主评议工作 |
| | 党建表彰大会 | | 支部书记 | 组织召开民主生活会,开展民主评议工作,总结支部工作,参加述职会议 |

## 6.1.2 大力加强党员干部队伍建设

软件学院狠抓党员干部队伍建设,塑正气、扬新风,对党员干部严审查、严要求。首先,选拔优秀的学生党员为基层学生党组织的主要负责干部,特别是党支部书记,将那些思想端正、敢担当、能担当、想干事、能干事的优秀党员选拔为基层主要负责干部,树立正确的用人风向标。在选拔过程中加大考察力度,分别征求和采纳辅导员、班主任、研究生导师、学生组织员以及班级学生骨干的意见,从学生日常表现、政治素养、综合能力等多个方面进行考察。其次,从制度上明确党员干部的职责和具体要求,加强对党员干部的培训教育、考评监管、考核奖励,培养一支思路清晰、目标坚定、能干事、想干事、干成事的干部队伍,做好党员干部队伍的培养和引导工作。最后，引导和组织党员干部积极开展相关党建理论和业务能力培训，积极提高学生党员骨干的业务能力和理论水平，为更好开展党建工作培养一流的学生干部。

### 6.1.3 加强对党建工作的领导监督

工作成效如何关键在于执行与落实。软件学院高度重视党建工作的组织领导及监督，对具体事务严格督促、狠抓落实。学院定期开展党支部工作例会，通过例会制度监督各基层党支部的工作开展情况，收集反馈各支部工作中遇到的共性问题，保证党建工作有布置、有检查、有规划、有总结。同时，为保证学生党员骨干有扎实的理论基础和工作能力，软件学院结合例会开展系列理论学习及培训工作，努力打造信念坚定、勤干务实、敢于担当、迎难而上的干部队伍。此外，通过支部书记例会，学院党委将对学生党建工作的重视扩散到各个基层党支部，使各个基层支部严肃认真地对待各项党建工作，真正成为严实坚固的战斗堡垒。软件学院 2017 年学生党支部书记例会的统计见表 6-2。

表 6-2 软件学院 2017 年学生党支部书记例会统计

| 序号 | 时间 | 地点 | 主题 |
| --- | --- | --- | --- |
| 1 | 2017 年 3 月 16 日 | 软件楼 102 会议室 | 学生党支部书记新学期工作部署会 |
| 2 | 2017 年 5 月 25 日 | 软件楼 208 会议室 | 研究生党支部改革工作中支部书记的工作职责 |
| 3 | 2017 年 6 月 15 日 | 软件楼 102 会议室 | 学生党支部书记学期工作总结、交流、学习、考核 |
| 4 | 2017 年 6 月 28 日 | 软件楼 208 会议室 | 二级党校建设中的支部工作 |
| 5 | 2017 年 9 月 2 日 | 软件楼 102 会议室 | 学习新版《党支部工作规范手册》 |
| 6 | 2017 年 9 月 20 日 | 软件楼 208 会议室 | 新学期工作支部工作交流、工作部署 |
| 7 | 2017 年 10 月 18 日 | 软件楼 102 会议室 | 观看十九大开幕式心得交流 |
| 8 | 2017 年 10 月 23 日 | 软件楼 102 会议室 | 党员发展工作培训、部署 |
| 9 | 2017 年 11 月 3 日 | 软件楼 102 会议室 | 学习落实十九大精神工作部署 |

## 6.1.4 全面落实党建考核机制

考核机制是检验高校党建工作落地的重要依托，科学合理有效的考核机制对于高校党建教育工作的顺利开展具有至关重要的作用。软件学院党委每学期开展一次对学生党支部、学生党员的考核工作，学院对党支部工作和党支书表现进行评分，各支部结合组织生活会开展民主评议党员工作，对党员表现进行量化考核。党员考核分数由党支书评分、党支部成员互评分数、辅导员评分三部分组成。根据考核结果，学院对表现良好的支部和党员进行表彰奖励，对表现较差的党支部和学生党员进行通报批评并责其限期改正，学院将跟踪其改正情况，形成从严治党的完整闭环。每年年底，软件学院开展学生党员考核工作及党支部书记工作述职会（见图6-2），平均每年考核党员130余人，党支部书记10余人，并且通过考核评选"十佳党员""优秀党支部书记"及"优秀党支部"。

图 6-2 软件学院开展党支部书记工作述职会

## 6.1.5 加强党建理论培训工作

以往的党建工作容易出现"重发展，轻培养"的问题，针对这种现象，为加强学生党员思想政治教育，更好地结合软件学院实际情况开展理论培训工作，软件学院成立了二级党校，以提升学生党员的理论素养和党性修养。二级党校由党委书记担任校长，共聘有1名专职讲师，3名党政领导作为兼职讲师，1名专职党建干事和1名专职辅导员负责党校协调工作。例如2017年，二级党校共集中理论培训875人次，组织290人次参加实践调研，如图6-3所示。在二级党校课程中，软件学院党委书记、院长为学生解读十九大精神（见表6-3），通过讲解习近平新时代中国特色社会主义思想的精神实质、丰富内涵、历史地位，使软件学子坚定了"软件报国"的初心和努力实现"两个一百年"的使命担当。

图 6-3　软件学院进行党建理论培训

表 6-3　2017 年软件学院二级党校理论培训情况

| 日期 | 主讲人 | 主讲人职务 | 主题 |
| --- | --- | --- | --- |
| 11 月 4 日 | 丁刚毅 | 软件学院院长 | 发心百年梦想，立志软件报国 |
| 11 月 11 日 | 李兆民 | 北京理工大学党建指导老师 | 习近平新时代中国特色社会主义思想 |
| 11 月 11 日 | 曲大成 | 软件学院党委书记 | 十九大主要内容及精神 |

## 6.2　做好基层党组织创新改革

党的基层组织建设是保持党的先进性、提高党的执政能力的重要基础，事关能否团结和带领全体党员积极向上开展工作。然而，以班级为单位设置研究生党支部和本科生党支部的设置方案不尽合理，无法满足研究生和本科生的实际需求，使党组织的工作活力和凝聚力大打折扣。基于上述背景，软件学院大力开展基层党组织的改革创新工作，分别于 2017 年、2018 年开展了研究生党支部改革和本科生党支部改革工作。

### 6.2.1 研究生党支部改革工作

#### 1. 改革背景

原软件学院研究生党支部以班级为单位划分，共有党支部 10 个、党员 92 人。其中研一党支部共 5 个，党员 37 人；研二党支部共 4 个，党员 45 人；博士党支部 1 个，共 10 人。然而由于研究生班级概念淡化，同一班级的党支部成员分属不同系、研究所及科研实验室，在时间安排和专业方向存在一定差异，导致党支部缺乏凝聚力，不利于党支部开展各项工作。因此，为改变党建基层组织建设弱化、理想信念不坚定以及研究生"重学术，轻思想"等现状，软件学院在已有的工作基础上深化、拓展、创新，谋划对研究生党支部进行全新的改革。

#### 2. 改革思路

改革思路是打破原有以班级为单位划分的组建方式，将博士党员、硕士党员以研究所为基本单位设立研究生党支部，并以研究所下各实验室设立党小组。党建改革工作启动后，经过制定工作方案、广泛意见征集、党员骨干选拔、交接党支部工作材料、召开支部成立大会、党员骨干培训等环节，建立起了新的组织框架。组织框架调整工作完成后，软件学院党委组织召开教工党支部、研究生党支部联席会议，引导研究生党支部与研究所教职工党支部进行"1+1"的对接和合作，实验室老师可以通过"教工党支部—学生党支部"的对接管理学生，学生也可以通过该对接机制反馈问题和需求，党支部成为师生关系的纽带。软件学院召开研究生党支部改革工作启动仪式如图 6-4 所示。

图 6-4　软件学院召开研究生党支部改革工作启动仪式

3. 改革举措

组织机构的调整只是整个研究生党支部改革的第一步，为了推动调整后的党组织在科研学术、思想引领、实验室建设中发挥作用，软件学院组织改革后的研究生党支部开展"我爱我的实验室"主题活动，由各学生党支部牵头开展一次思想讨论活动，邀请教职工党支部参加，以"1+1"的联合模式开展，动员广大积极分子、青年团员共同参与，围绕实验室学术氛围建设、实验室安全卫生建设、实验室集体凝聚力建设等展开讨论，然后梳理出为研究所及科研实验室发展的意见建议并落实行动。通过活动推动，营造了党员带头参与实验室建设的良好氛围。软件学院通过改革研究生党建工作，盘活了研究生思想政治教育、安全稳定、党建工作、人才培养、科研发展、学生管理服务等整盘棋，形成了"党建带动科研、科研深化党建"的研究生党建工作格局。

（1）思想大讨论活动

各研究生党支部牵头开展了一次"思想大讨论"活动（见图6-5），教工党支部热心指导，实验室广大同学积极参与，围绕实验室学术氛围建设、实验室安全卫生建设、实验室集体凝聚力建设等内容展开了热烈的讨论。经过大讨论，各支部梳理了关于研究所及科研实验室发展的意见建议，并制订了"实验室行动计划"。软件安全研究生党支部总结出了学术交流、爱心关怀、体育运动等多方面开展方案；软件理论研究生党支部制定了实验室学风建设的活动方案；数据科学研究生党支部针对实验室安全卫生问题制订了支部的行动计划；数字媒体研究生党支部总结出了装饰实验室、体育运动、同学友谊等多方面的活动开展方案。

图6-5 研究生党支部开展"思想大讨论"活动

此次思想大讨论活动使各研究生党支部梳理了实验室目前存在的问题，为接下来的活动提供了清晰的思路和踏实可行的计划，同时也加强了党支部成员间的交流，为之后活动的开展营造了轻松愉快的支部氛围。

（2）学术氛围建设活动

为了促进实验室科研氛围建设，数字媒体研究生党支部组织实验室同学参观清华博物馆的设计展（见图 6-6），开阔视野、开拓思路。在数字媒体作品制作中，党支部成员积极将党的发展历史、著名人物、经典故事等红色元素融入科研作品当中，一方面用党的文化提升科研作品水平，另一方面用科研作品宣传党的文化。

图 6-6　数字媒体党支部参观设计展

"一年之计在于春，一天之计在于晨"，针对实验室部分同学不能按照正常的教学时间在实验室学习的问题，软件理论研究生党支部开展了"阳光早餐活动"，为 9 点之前来实验室的同学提供早餐，鼓励大家早睡早起、健康作息。

（3）安全卫生建设活动

为了解决实验室卫生状况较差、安全隐患较多的问题，在数据科学研究所党支部的积极组织和推动下，数据科学研究所的各实验室陆续开展了实验室卫生大扫除工作，如图 6-7 所示。党员同志以身作则、尽职尽力、全心全意为同学服务。在卫生大扫除活动中，实验室老师积极参与，耐心讲解实验仪器对环境的要求、实验室安全消防要求，指导同学们消除各项安全隐患。党员们还自发制定了每周一次的卫生值日表，让干净、整洁的实验室环境一直保持下去。

图 6-7　数据科学研究所党支部开展了实验室卫生大扫除工作

活动中党员们充分发挥了先锋模范作用,在老师和同学中获得了良好的评价,提高了党支部在学生群体中的形象,密切了党组织和群众的关系。

（4）人文环境建设活动

夏天天气炎热,软件安全研究生党支部开展了"夏日解暑"活动,为实验室同学和老师送上了一份冰凉的西瓜和樱桃,忙碌的老师们和同学们暂时停下手中的任务,一边吃水果,一边就同学们的学习、科研、生活情况进行愉快的交流。

针对目前实验室内部环境比较单调的问题,软件安全研究生党支部对实验室环境进行温馨建设,为实验室购买绿色植物,与党支部成员们一起对实验室进行装饰,为环境单一的实验室增添生机。在日常紧张严肃的科研之余,数字媒体研究所党支部为支部同学准备了一个生日惊喜。大家在分享蛋糕的同时,畅谈自己的工作、学习、生活等不同方面的收获和感悟,同时也就下学期的工作计划畅所欲言,生日会充满了和谐、欢乐的气氛,如图 6-8 所示。

毕业季,数字媒体研究所党支部为实验室即将毕业的学长、学姐送上了一份精心准备的礼物:印有学校风景和实验室环境的定制版明信片以及实验室里每个小伙伴的祝福视频。学长、学姐们被党支部的活动深深感动,都纷纷表示实验室是他们永远的家,一定常回来看看。党支部在实验室人文环境建设方面的系列活动,增强了实验室同学们之间的感情,营造了相亲相爱、和谐愉快的实验室氛围。

"我爱我的实验室"活动使改革后的研究生党支部切实在科研学术、思想引领、实验室建设中发挥了一定作用,真正让实验室师生在活动中感受到实验室集体的温馨团结和党组织的先锋模范作用,软件学院研究生党支部改革工作已见成效,通过加强党支部促进实验室建设方面的探索,努力建设"科研型、服务型、创新型"党组织,实现"党建促进科研、科研深化党建"的重要意义。

图 6-8 数字媒体研究所党支部生日会活动

## 6.2.2 本科生党支部改革工作

### 1. 改革的背景

2017年,软件学院本科生中共有 50 名党员,其中正式党员人数 20 人,预备党员 30 人,积极分子 114 人;学院按照年级及专业方向共设立三个本科生党支部,分别是 2015 级本科党支部、2014 级软工数媒党支部、2014 级信息安全党支部。具体党支部及党员情况如表 6-4 所示。

表 6-4 改革前软件学院本科生党员情况

| 党支部 | 年级 | 正式党员 | 预备党员 | 党员总数 | 积极分子 |
| --- | --- | --- | --- | --- | --- |
| 2015 级本科党支部 | 大一 | 0 | 0 | 0 | 14 |
| | 大二 | 0 | 4 | 4 | 43 |
| | 大三 | 4 | 12 | 16 | 44 |
| 2014 级软工数媒党支部 | 大四 | 8 | 7 | 30 | 16 |
| 2014 级信息安全党支部 | | 8 | 7 | 30 | 16 |
| 合计 | | 20 | 30 | 50 | 110 |

软件学院高度重视本科生党建工作，大力谋划对本科生党建工作的全面改革设想，经过多轮调研、讨论，总结出了原本科生党支部的若干问题，也是阻挡本科生党建发展的关键瓶颈问题，具体如下：

第一，党员骨干力量分布不均，造成很多工作难以开展。比如良乡校区两个年级只有 4 个党员，无法有效地对周围学生进行引导和帮助，党组织在学生群体中的公信力、亲和力、影响力不够。大四年级 16 名正式党员只需培养 16 名积极分子，而大三年级 4 个正式党员需负责 3 个年级共 101 名积极分子联系培养和党员发展工作，实际开展的培养工作无法有效覆盖到所有积极分子，党员发展过程中培养联系人作用缺失。

第二，以年级为单位划分支部，与业务脱节，缺乏工作抓手。尽管学院已建立了成熟的"学长制导师"制度、"C 语言导师"制度、"科技创新基地传帮带"制度，但目前党组织设置与这些业务工作脱节，党支部在科技创新、学风建设、思想引领等本科生人才培养工作中发挥作用不够，没有对大学生成长起到良好的先锋模范和引领作用。

第三，缺乏有价值的工作载体，党建工作虚化，党支部凝聚力不强。由于第二点提到的党建工作与业务工作脱节的问题，使支部活动内容单一、枯燥乏味，再加上跨校区开展组织生活的交通和时间成本较高的原因，学生党员参与支部活动的兴趣较低。学生党员没有在周围同学的成长发展中起到突出的作用，缺乏存在感，进而缺乏对自身党员身份的价值认同。

2. 改革思路

基于以上存在的若干问题，学院组织辅导员、组织员、党建指导教师、学生党支部骨干进行讨论，集思广益，形成了以下改革思路：

第一，打通本科生年级限制，建立纵向的本科生党支部。根据学生党员的学术方向，成立软件理论本科党支部、软件安全本科党支部、数据科学本科党支部、数字媒体本科党支部四个纵向支部，各个党支部由高年级党员担任支部委员，充分利用高年级优秀党员资源，向下辐射，解决党员骨干力量分布不均的问题。

第二，以本科生核心业务为载体，以党建为抓手，将党建工作、学风建设、一年级工程、职业生涯发展、科技创新、社会实践、思政教育等业务构建成多维一体的工作格局。推动学生支部与科技创新实验室进行对接合作；选拔优秀党员担任低年级学长制导师、C 语言小讲师；以党支部为单位成立社会实践团队；由党支部牵头开展德育开题、德育中期检查、德育总结及每学期综合测评答辩等德育活动；通过党建工作与业务工作的结合，提高党支部在各项人才培养工作中的作用，锤炼支部凝聚力，提高学生党员的身份认同。

第三，将思想政治辅导员党组织关系迁入本科生党支部，为每个支部配备返聘老教师作为理论指导老师，一方面加强对学生支部在组织建设、理论学习等方面的指导；另一方面党支部也能更好地协助辅导员做好年级管理工作，推动党支部在学院纵向工作和年级横向事务方面同时发挥作用。

第四，推动本科党支部、研究生党支部、教工党支部的对接和合作。2017年学院进行了研究生党支部纵向改革，经过一年的推动和探索，改革已初见成效。在此基础上，建立"本—研—教"支部协同机制，结合"高年级本科生进实验室"工作，以党组织为纽带，打通人才输送渠道和人才成长通道，探索"本硕博贯通培养"人才培养机制。

通过以上四点，构建"五个1+N"（1个本科党支部+1个研究生党支部+1个教工党支部+1个思想政治辅导员+1个科技创新实验室+N个学长制导师）工作力量体系，搭建起学生支部开展生动实践的平台和协同机构，全面推动学生党建工作与学生核心业务的结合。

第五，落实全面从严治党，为改革工作保驾护航。要求辅导员切实参与到学生支部的"三会一课"和民主生活会中，必要时组织团支部书记、班长列席会议，保证各项活动规划同步、实施同步。辅导员参与组织生活情况列入辅导员考核内容。推行"一岗双责"学生党员考核机制，既要考核党员在组织建设中承担的工作情况，又要考核学生党员担任学长制导师、C语言培训讲师等方面的工作成绩。通过严格落实党内组织生活制度，完善党建考核和辅导员考核内容，以从严治党为抓手，保障改革工作达到预期效果。

3. 改革的方案

根据上述改革思路，软件学院根据学生党员的学术方向成立四个纵向支部：软件理论本科党支部、软件安全本科党支部、数据科学本科党支部、数字媒体本科党支部，每个支部编入一名本科辅导员或返聘老教师。

组织机构的调整只是整个本科生党支部改革的第一步，推动本科党支部在学长制导师工作、科技创新工作、学风建设工作、思想引领等本科生人才培养环节发挥作用，充分发挥党员的带头作用，努力把党支部建设成引领学生健康成长的坚定核心，软件学院组织改革后的本科生党支部开展"青春筑梦"主题活动。

（1）思想大讨论

党支部的党员骨干（含辅导员）带领积极分子、周围同学，围绕新时代的青年责任和历史使命、软件专业在实现两个一百年伟大奋斗中的作用、个人梦想与国家梦想之间的关系以及如何实现自己的梦想等话题开展讨论，反思自己的实际行动应做出哪些改进和提升，并根据思想大讨论内容总结出下一步支部引领周围学生成长的行动计划。思想大讨论与大一年级德育开题和大四年级德育答辩结合开展。

（2）"共同追梦"行动

党支部组织支部成员开展"共同追梦"行动，活动内容不限。例如组织"查课查寝"活动，帮助同学们用逐梦热情战胜惰性；组织低年级程序设计辅导，帮助学弟学妹打好专业基础；结合学长制导师工作，引导低年级营造热爱学习、追求卓越的良好班级氛围。党支部根据支部核心业务内容和学生群体的实际需求，组织开展多种多样的"共同追梦"行动，保证每个党员都参与到人才培养工作中。

## 6.3 打造思政党建的创新平台

结合近年来的工作探索和积累，围绕新时期下党和国家发展的新方针、新政策、新形势，软件学院大力打造学生党建及思政教育工作新思路、新办法，以"我来讲，我来听"党课评比大赛、"信仰讲坛"为重要载体和抓手，通过搭建新的平台载体开展融思想性、知识性、趣味性、服务性于一体的主题活动，有助于提升学生的参与热情，改变学生对于传统党建及思政教育活动的厌倦态度，带动学生以更加积极的面貌参与到其中，培育学院特色品牌活动。

### 6.3.1 "我来讲，我来听"党课评比大赛

高校党校是对入党积极分子培训和党员教育的重要阵地和锻炼熔炉，在培养学生党员和积极分子、宣传社会主义核心价值体系、引导大学生树立共产主义远大理想等方面具有十分重要的作用。然而，高校党校教育面临着新的形势和挑战，传统党校培训内容枯燥、形式单一，很难有效地培养学生学习的兴趣。面对新形势、新情况，如何就原有的党校培训进行改革和创新，利用学生喜闻乐见、容易接受的方式更好地开展党校培训，更进一步地提高当代大学生的政治素养，是基层学生党建工作中的一个重要课题。为了加强学生党支部基层组织建设，增强学生党员、入党积极分子的理论学习实效，创新党课培训形式，提高学生党课理论培训效果，自2012年10月起，软件学院每年开展"我来讲，我来听"学生党课评比大赛，采用"学生讲党课，讲给学生听"的创新方法改变传统党课培训的形式。活动迄今已举办六届，获得了师生们的一致好评。软件学院第六届党课评比大赛颁奖仪式如图6-9所示。

图 6-9　软件学院第六届党课评比大赛颁奖仪式

1. 大赛设计思路及目的

"我来讲，我来听"党课评比大赛是一种课堂之外的主动学习方式，调动学生的主观能动性，以学生来引导同辈群体，是对传统党课等思政理论学习方式的创新、延伸和拓展。传统的学生党课，主要是通过邀请高水平的理论专家，或者能够引领学生思想的先进模范，通过理论传授或者思想分享来提升学生党员和积极分子的思想认识水平，这样的模式能够取得一些成效，但是能否从青年学生思想深处来引发他们的思考，深入贴合学生的认知和心理诉求，则是当前摆在我们基层党组织和学生思想政治教育工作者面前亟待解决的命题。

学生是最了解自己和身边同学的人，如果能够依托学生的力量、充分调动学生的自主性和主观能动性，使之从接受思想教育的被动状态，变为参与教育过程的主动状态，由个体带动群体，则思想教育工作将事半功倍。正是基于如上的思考，软件学院创新党课模式，通过一场场精彩的"我来讲，我来听"党课评比大赛，为学院党课增加了一个全新的平台，引导青年学生，特别是学生党员和积极分子，通过自己的学习与表达，提升思想、交流论辩，激发软件学子们关心家事、国事、天下事的无限热情，并在思考中提升自身思想认识水平。学院着力突出学生在党课教育中主体性地位，是设计开展"我来讲，我来听"党课评比大赛的出发点和创新点。通过"学生讲党课，讲给学生听"最大限度地调动学生自觉参与到理论学习、积极分享给同伴的热情。

2. 大赛的主要措施

（1）建立工作队伍

软件学院专门成立了学生理论社团"新青年"，学生理论社团主要有两个职能，一是引导学生党员及学生入党积极分子坚定信念、坚持党的领导与社会主义道路，引导青年团员及其他普通同学树立正确的世界观、人生观、价值观，加强对党和国家的认同感与归属感；二是自主开展理论学习活动或研讨会，充分发挥大学生思维活跃、勇于探索和思考的特点，通过适当加强对学生理论社团的引导，不断提升学生理论社团的理论水平和政治素养，从而进一步提升思想政治教育队伍的工作水平，为思想政治教育工作开展提供有力的组织保障。

（2）设置有效机制

学生党课评比大赛每年举办一次，大赛选题紧密结合党和国家的最新形势政策，由参赛的各基层学生党支部围绕当下的时事政治热点自拟，学生党建工作办公室和学生理论社团从主题突出、内容翔实、对当代大学生有正面且深入的政治教育意义等角度，对各支部党课主题进行指导，引导学生进行深入思考。具体而言：

一是严格选拔。各学生党支部严格按照"三个一"落实党课学生讲师团的成立工作，即至少召开一次支部讨论会，讨论本支部的党课主题；至少组织一次支部调研（见图6-10），发动支部全体党员调查、收集、整理相关资料，形成党课演讲的主要内容，并根据党课内容设计演讲形式上的创新手段等；至少组织一次党支部内部审阅，在支部内进行党课演讲的选拔，通过支部内部轮流演讲的形式，挖掘党支部内部有潜力的撰稿人、资料收集人、主讲人、组织者等，最终完成党支部"党课学生讲师团"全体成员的组建。

二是创新形式。各支部要认真准备课件和讲稿，用青年的话语传达党的声音，引发青年人的共鸣，把党的大道理转化为青年学生明白的小道理。可以加入多种元素进行党课演讲，包括视频、图片、情景模拟、案例教学、对策研究、双向交流等途径，增强课堂培训的知识性、实践性、互动性和趣味性，提高学员在党课培训中的主人翁意识和参与度。

三是加强覆盖。大赛分为党支部内部选拔、年级初赛及学院决赛三个环节，各学生党支部首先通过内部演讲的形式进行选拔，成立"党课学生讲师团"，再由"党课学生讲师团"代表各支部参加年级初选，进而产生晋级决赛的代表队，在决赛前学院还将组织集中式汇报交流，学院相关教师听取汇报并进行相关专业指导，最终的决赛采取面向全校师生开放的模式进行，由软件学子为广大同学"上党课"。大赛力争通过层层选拔评选出优秀的精品党课，为广大青年学生进行党课培训，营造青年学子主动学习、共同进步的良好思想政治教育氛围。

第 6 章　软件学院学生思政党建平台　　103

图 6-10　学生党支部积极讨论调研

（3）加强宣传交流

大赛举办过程中，学院高度重视宣传与交流工作，通过在学院和学校范围内对大赛进行大力宣传，充分交流沟通，了解基层学生党支部的学习需求及对大赛的意见，听取各上级单位与兄弟院系相关老师对大赛的指导和建议，不断在活动实践中提高工作质量，完善赛事机制。

3. 大赛特色及创新点

（1）打造师生思想开放、平等交流的新舞台

当前，大学生思想教育等面临严峻的挑战，学生群体的不稳定因素不断增多。传统的说教式教育管理工作模式，重在堵而忽略了疏导，成效弱化。疏堵结合，软件学院通过"我来讲，我来听"党课评比大赛摆出问题，引导学生自己去解释和解决问题，重在引发学生思考，成为青年学生纵论国事、家事、天下事的"平台"。一方面，"我来讲，我来听"党课评比大赛具有极好的开放性，打破了原有思政教育班级、年级实施范围上的界限，将更多的青年学生囊聚其中，将交流讨论、思想碰撞中的火花汇聚成熊熊火焰。另一方面，这一平台还提升了思政教育资源的成效，论坛将党建指导教师、退休老教师、学生理论社团骨干等一批资源进行整合，形成更有力度的指导力量。"我来讲，我来听"党课评比大赛更利于思

政教育紧跟形势,社会主义核心价值观、两会动态,均能通过论坛较为及时地成为学生群体关注的热点。

(2) 建立深化思想政治教育的新机制

大学生的思想政治教育工作必须持之以恒,潜移默化,取得实效。"我来讲,我来听"党课评比大赛举办之初,就定为软件学院长期开展的品牌式专项思想政治教育活动,围绕取得实效,下了一番功夫。"我来讲,我来听"党课评比大赛分为以班级、党支部为单位的选拔赛、年级初赛及学院决赛三个环节,经过选拔赛成立"党课学生讲师团",再由年级初赛产生决赛代表队,决赛前学院还将组织集中式汇报交流,学院委派教师进行指导,最终举办开放式的决赛,形成一堂软件学子主讲的"大党课"。层层选拔的过程,不仅是思政教育全面覆盖、系统开展的过程,也是精品党课凝练的过程。

(3) 紧扣时代脉搏,激发学子内在热情

学生党课评比大赛始终坚持以提高大学生思想政治教育实效为目标,在党课内容上强调密切联系时政热点,围绕学习贯彻党的最新理论创新成果开展活动,同时也因地制宜,紧密结合学校思想政治教育工作的重点难点问题,提高党课培训效果的针对性。

"我来讲,我来听"党课评比大赛在内容上紧扣时代脉搏(见图6-11),第一届大赛以党的十八大的召开为契机,为深入贯彻党的十八大报告中"全面提高党

图6-11 大赛内容紧扣时代脉搏

的建设科学化水平"所提出的"抓好党性教育这个核心，学习党的历史，弘扬党的优良传统和作风"，旨在加强学生对党史、国情的认识，以科学的理论和先进的思想引领广大青年不断学习。第二届大赛以十八大和两会召开的新形势为背景，结合十八大报告中提出的"三观""三热爱"及"三个自信"等主题，结合习近平总书记在两会闭幕式讲话中对"中国梦"的阐述，引导青年学子通过学习牢固树立爱党、爱国、爱校意识，共同为"中国梦"和"北理梦"而学习奋斗。第三届大赛结合当时热点问题，提出了"实现中国梦""传递正能量""抵制网络谣言""反腐倡廉"等参考主题，并鼓励参赛支部以青年学生自身视角主动思考问题，表达观点。而到2017年的大赛则紧紧围绕着十九大报告中"习近平新时代中国特色社会主义思想""决胜全面建成小康社会"等党和国家提出的先进理论、重要会议精神及时事热点话题为党课大赛的主题。

每一届学生党课评比大赛都紧密结合时代形势，以非常明确而深刻的主题引导广大学生主动关心时政、主动学习党的理论知识、主动思考热点政治问题、主动表达观点，通过学习党史、了解国情，更加明确新形势下时代赋予青年学生的历史使命。这些宏大的主题以青年的话语来传达，对广大同学形成强烈的感召力，使得他们在参赛过程中，不断学习与强化党的理论知识，提高了思想政治素养，在学院乃至全校范围内掀起党课学习热潮，扩大了思想政治教育工作的受众范围，不断提高理论培训效果的时效性和针对性。

（4）理论与实践相结合，深化活动成效

传统的思政理论学习主要以理论知识等单向学习为主，缺少实践论证。"我来讲，我来听"党课评比大赛帮助学习者将理论学习主动地与社会实践调研相结合，各支实践队伍根据活动预设的或队伍自拟的主题进行社会调研，充分了解并深入探究调研主题的现状及社会影响，对调研的成果进行了思考、总结与梳理，进一步丰富和充实自己的党课内容，引导学生在实践中亲历学习和感悟，从而实现"理论指导实践，实践丰富理论"这一目的。

4. 活动成果

自2012年10月起，软件学院开展第一届"我来讲，我来听"的学生讲党课工作模式，截至目前论坛已成功举办了7届，累计有80多个党支部参与到比赛中，参与培训人数更是达到2 000多人次。大赛曾先后获得过北京市"首都高校学习宣传党的十八大精神优秀活动"、学校"信仰•青春•阳光"主题教育活动连续两年校级优秀项目（见图6-12），成果总结形成的《基于党课评比大赛的大学生思想政治教育创新研究》于核心期刊《学校党建与思想教育》上发表。

图 6-12　党课评比大赛所获荣誉证书

"我来讲，我来听"学生党课评比大赛规划完善，准备充分，在学院领导老师和广大学生的努力下，组织有序，运行成功，在调动学生主动学习、改革与创新党课培训途径、提高思想政治教育实效方面，具有良好的示范作用。大赛不仅在学院内部火热开展，并且通过公开进行决赛的方式在全校范围内形成影响，得到各级部门的大力支持。目前"我来讲，我来听"党课评比大赛已经成为软件学院青年学生思想交流、学习融通的品牌盛宴，作为全院青年学生思想学习的红色阵地和学生党建工作的特色工作载体，大赛不仅在全院范围内掀起了一番思想交流、碰撞的热潮，极大地调动了学生参加理论学习、投身党建活动的热情，各党支部还围绕该平台积极开展实践调研、志愿公益、讨论交流会等多种形式的党团活动。"我来讲，我来听"党课评比大赛在青年思想政治教育工作范畴内发挥了重要而深远的作用。

### 6.3.2 "信仰讲坛"活动

#### 1. "信仰讲坛"活动设计思路及目的

清清延河水，抚育你茁壮成长，悠悠岁月长，磨炼你意志如钢，团结勤奋，为祖国和平播撒希望，求实创新，为中华富强造就栋梁。秉承着北京理工大学的延安精神，软件学院一直以来高度重视学生的思想政治教育，创新方式方法，重视文化体系和机制的建设。2007 年，软件学院结合软件科技创新基地的开拓事业，成功凝练了"不怕苦、不怕累，团队协作、创新求精，软件报国"的"锅炉房科技创新精神"，并持续十年在软件学子之中传承和延续，取得了较大的教育意义，以及良好的人才培养效果。为适应新时期高校人才培养的新思路、新要求，学院谋划建立了"信仰讲坛"，通过邀请为国家和民族做出重大贡献的军工骄子、人民公仆、学术大家、行业翘楚等做出突出贡献的模范人物走进高校，为学生们做一场有关"信仰"的讲座。通过他们的伟大事迹和真心感悟，引导和鼓励新时期青年学生树立坚定的人生信仰、胸怀伟大的报国情怀、培养健全的人格修养，努力学习科学技术，投身祖国和民族的建设事业，为实现"中国梦"而努力奋斗！

2．"信仰讲坛"具体开展实例

截至 2017 年年底，软件"信仰讲坛"活动已成功举办了 6 期，共计 1 500 人次参加。活动先后邀请中科院最年轻的女研究员徐颖、全海深载人潜水器总设计师崔维成、"蛟龙号"载人潜水器声学系统主任设计师杨波、"蛟龙号"主驾驶唐嘉陵、战地记者焦翔、全国青联委员谢海山等有突出贡献的模范人物走进校园，为学生们开展关于"思想信仰、科技报国"的讲座论坛，引导软件学子坚定理想信念、胸怀祖国人民、努力实现软件报国！

2016 年 7 月 15 日，北京理工大学大学生软件科技创新创业基地举办了第一期信仰讲坛，邀请"蛟龙号"载人潜水器声学系统主任设计师杨波校友做题为"蛟龙号研制、应用及载人潜水器的未来"的专题讲座（见图 6-13）。讲座中，杨波老师深层次介绍了"蛟龙号"载人潜水器的原理及开发研制过程，并总结了目前"蛟龙号"潜水器所取得的成就以及对未来中国潜水前景的设想，希望未来同学们可将所学的软件知识亲身实践到"蛟龙号"潜水器中。

图 6-13 "蛟龙号"载人潜水器声学系统主任设计师杨波做专题报告

2017 年 3 月 24 日，北京理工大学软件学院在一层软件科技创新创业基地举办了第二期"信仰讲坛"，讲坛由上海海洋大学深渊科学研究中心的崔维成教授做题为《彩虹鱼挑战深渊的最新进展》的报告（见图 6-14）。崔教授首先向同学们介绍了深渊科学的含义以及对我国科研领域发展的重大意义，向同学们展示海底探测的实景照片和海底数据，然后鼓励同学专心致志搞科研，树立远大理想、肩负国家使命。

图 6-14　全海深载人潜水器总设计师崔维成在北理工"信仰讲坛"做报告

2017 年 6 月 11 日，北京理工大学软件学院在一层软件科技创新创业基地举办了第三期"信仰讲坛"，由战地记者焦翔做主题为"世界需要一座桥"的报告（见图 6-15）。焦翔用"一个工程、一段情谊"为题，向大家介绍了中国对孟加拉国的援助工程以及他见证的感人事件，使同学对中国的援外政策有了更清晰深刻的认识。随后，焦翔记者详细介绍利亚比撤侨事件，使同学们深深体会到祖国才是

图 6-15　战地记者焦翔为软件学子做报告

每个国人最强大的后盾。然后,他借自己的亲身经历鼓励北理工学子坚持信仰、努力前行,为祖国贡献自己的力量。

2017年7月26日,在北京理工大学大学生软件科技创新创业基地第四期"信仰讲坛",邀请中科院二代导航专项总体部徐颖研究员做题为"导航定位发展简史"的专题讲座(见图6-16)。徐颖讲述了人类导航技术从最早使用的地文导航,经过天文导航、地磁导航、无线电导航,发展到今天我们所使用的人造卫星导航这一段历史漫长发展的进程。结合海湾战争中卫星在精确制导中的成功应用,以及我国在捍卫国家主权、国家安全的实践中总结出的经验教训,徐颖指出"卫星导航定位系统是一把守护国门的金钥匙,自己家的这把金钥匙,一定要握在自己家的人的手中!"

图6-16　中科院二代导航专项总体部徐颖做专题讲座

为学习宣传贯彻党的十九大精神,培养学生的服务意识、担当意识、奉献意识,2017年11月5日,北京理工大学软件学院在软件楼一层软件科技创新创业基地举办了第五期信仰讲坛,由全国青联委员谢海山老师做主题为"志愿服务与个人成长"的报告(见图6-17)。谢老师就习近平总书记在党的十九大报告中指出的"推进志愿服务制度化,强化社会责任意识、规则意识、奉献意识"进行了解读,为同学们介绍了SOS儿童村项目以及关爱空巢老人的项目,号召同学们一起参与志愿服务活动,鼓励青年用行动服务国家、服务社会。

图 6-17　全国青联委员谢海山做志愿服务的报告

2017 年 11 月 14 日下午，党的十九大代表、"蛟龙号"主驾驶唐嘉陵同志走进北京理工大学，为老师、同学们带来《不忘初心，深海潜航》的主题报告（见图 6-18）。400 余名师生聆听了十九大代表的参会体验，感受了榜样力量，有助于大家更好地学习贯彻党的十九大精神。本次报告会旨在深入学习宣传贯彻党的十九大精神，把师生的思想统一到党的十九大精神上来，把力量凝聚到党的十九大确定的各项任务上来。聆听了十九大代表对党的十九大精神的传递以及他与"蛟龙号"深潜海底的故事，在座的同学都深受启迪，同学们纷纷表示要积极响应党的十九大的号召，努力学习科学文化知识，提升自己的综合素质，为建设海洋强国贡献自己的一份力量。

图 6-18　党的十九大代表、"蛟龙号"主驾驶唐嘉陵走进北理工

## 6.4　注重发挥学生群体势能

"道生之，德畜之，物形之，势成之。"所谓"势能"，就是既可以调动学生内

在积极性又可以推动整体向前的动力,而这份动力正是青年学子对国家的责任和担当。学生党建工作离不开"势能"的推动,即调动个体积极作用的灵魂和内在动力。激发学生势能的核心在于通过多种平台和举措来提升学生的热情和参与度,使党建工作在学生群体中更为有吸引力,进而充分发挥学生自身以点带面的辐射作用,传递思想意识和行为实践的正能量。

### 6.4.1 党建带动班团和科研实验室发展

软件学院通过为每个学生党支部和学生党员划分责任区,明确责任和要求,积极发挥学生党支部一线战斗堡垒作用,以学生党支部为轴心给班级建设出谋划策,以学生党员为引领带动同学参与班级活动。在 2017 年一年的时间里,学院获得北京市级荣誉 15 人次,校级荣誉 114 人次(见图 6-19)。其中,在北京市先进班集体评选中,学院 08111003 班获得北京市先进班集体称号;在北京市个人奖项的评选中,学院有 2 人获北京市优秀学生干部和北京市三好学生称号、12 人荣获优秀毕业生称号;在学校共青团"五四"评优校十佳团支部的评选中,学院 2011 级的团支部获得十佳称号;在学校优良学风班级评选中,学院有 3 个班级获得优秀学风班级称号、2 个班级获得优秀研究生班级称号、1 个班级获得先进班集体称号等。

图 6-19 软件学院学生党支部带动班团建设

软件科技创新创业基地党支部,通过不断完善组织建设、思想建设和文化建设,以"学长带学弟,党员一帮一"等方式带动集体进步。自 2008 年以来,基地共获得省部级以上科技竞赛奖励 2 305 人次，其中国际级 280 人次、国家级 1 836 人次、省部级 189 人次；学生在 EI、SCI 等核心期刊上发表了多篇高水平的学术论文。在这个过程中更是培养了大批思想品质过硬、科技创新能力突出的优秀人才，为高校的人才培养做出了贡献。

### 6.4.2　党群结对帮扶，先锋模范作用凸显

"要从根本上提高大学生的思想政治觉悟，侧重引导调动学生内在主体意识，充分调动学生党员积极性，在自我成才表率的基础上带动其他同学共同进步。"这是软件学院在学生党建工作的过程中始终坚持的理念，通过各种举措激发学生党员的先锋模范意识，以学生党员为头带动周围同学共同进步、共同提高，从而实现整个学生群体智能发展。

也正是基于这一理念，学院要求党员自身承诺并起到带头表率作用。学院组织学生党员结合成才表率标准，开展学生党员承诺践诺行动，每名学生党员在完成自我总结、查找自身不足的基础上，做出公开承诺，接受党员和群众监督，以实际行动创先争优、践行诺言。近年来，在奖学金评选中，国家奖学金、北方工业奖学金、金宝奖学金、徐特立奖学金和国睿奖学金等重大奖学金获得者中学生党员比例为 81.8%；在科技竞赛方面，我院学生党员获奖比例占全院获奖总数的比例为 71.2%；在"五四"评优、优秀研究生标兵、校级优秀学生标兵、校级优秀学生、校级优秀学生干部等评选中，我院学生党员占获奖者总数的比例为 73.8%。

此外，学生党员们不仅在自身的专业学习、科技创新、综合能力培养等方面表现优异，在社会实践、志愿服务、结对帮扶等工作中更起到了学生党员的先锋模范带头作用。学院成立以保研学生党员为核心的保研服务队以来，服务队的学生党员充分发挥保研学生学习上的优势，党群结对帮扶，为学院考研同学、学习困难同学、就业同学等进行服务和帮扶。2017 年考取国内外研究生的人数占全院人数的 48.9%，较 2016 年有大幅度提升；在帮扶学业有困难的同学中，取得了明显成效，学生挂科率较去年有大幅减低；在帮助毕业年级学生就业方面，组织就业同学交流会，保证毕业年级学生就业率高达 100%，签约率 95.6%。

### 6.4.3　发挥技术优势积极投身服务社会

除了发挥党支部及学生党员带头表率作用，服务同学、带动班团及科研实验室发展之外，软件学院积极引导大学生能够发挥专业优势、走出校园、服务

社会，并与校外社区党支部开展了"红色1+1"共建工作。其中，软件学院本科 2014 级党支部与房山区良乡镇拱辰街道邑尚佳苑社区党支部开展"红色 1+1"共建活动效果突出，于 2016 年获得北京高校红色"1+1"示范活动一等奖（见图 6-20）。

图 6-20　软件学院获 2016 年北京高校红色"1+1"示范活动一等奖

北京理工大学软件学院本科 2014 级软件工程党支部包括支部成员 23 人，其中正式党员 10 名，预备党员 13 名。支部成员学习刻苦，积极上进，获得国家奖学金、国家励志奖学金、迪文奖学金、人民奖学金等国家级、校级奖学金 30 余人次。同时支部成员积极参加科技竞赛，专业技术能力扎实，曾经获得 ACM 国际程序设计大赛金奖、全国大学生计算机博弈大赛冠军、全国大学生机器人大赛一等奖等国内外科技创新重量级奖项 20 余人次。

（1）挖掘工作需求，精准服务社区

共建活动初始，党支部成员从了解社区实情、社区工作的目的出发，多次与邑尚佳苑社区党支部开展共建座谈会（见图 6-21），了解社区居民的实际需求。通过调研发现，社区存在着居民信息管理工作冗杂的问题，社区有上千居民，居民信息管理依然靠着传统人工统计、纸质存档的方式，检索信息时需要翻阅大量卷宗，效率低下。在此情况下，党支部立刻行动，反复与社区沟通，深入挖掘需求，结合自身专业优势，主动请缨，提出了为社区开发一套"阳光邑尚社区居民信息管理系统"的设想，用于解决纸质存档造成的信息管理工作冗杂等问题，精确服务社区，得到了社区党支部的大力支持和欢迎。

图 6-21 支部成员与社区党支部书记沟通交流

（2）发扬"锅炉房精神"，高质做好服务

在实际的需求调研、设计开发过程中，年轻的学生党员同志遇到了很多的困难：第一次开发大型的应用软件，缺乏工程实践经验；社区实际需求零碎复杂，需要多方梳理和整合，并形成最终的软件需求；支部成员都是刚刚大二的学生，尚缺乏架构和建设应用型软件的经验，该如何保证系统的安全性和稳定性？最终使用用户都是一线的工作人员，对软件的用户体验要求较高，需要在 UI 和 UE 设计方面下足功夫；软件需要多次反复修改完善打磨。面对着多方面的困难，支部成员并没有退缩，而是迎难而上，党支部书记亲自带领党员同志，向学院的专业教授、科技创新基地的优秀学长请教学习，发扬北京理工大学软件学院"不怕苦不怕累、团队协作、创新求精、软件报国"的"锅炉房科技创新精神"（简称"锅炉房精神"），利用在周末和寒暑假时间，边学边做，在学院的创新基地一起熬夜（见图 6-22）、

图 6-22 支部成员连夜开发项目

一起攻关、专心研究、推敲细节，加班加点赶进度，累计投入 200 多人时，写了几万行代码，经过大家的不懈努力，软件终于设计和开发完毕。2016 年 8 月，该系统已经正式交付阳光邑尚社区试运行，并在社区进行了推广和应用，取得了良好的应用效果，得到了社区的高度好评。

（3）感悟共建内涵，凝练党建新思路

在共建活动中，社区安立霞书记在组织建设方面给了党支部很多指导，帮助这个年轻的党支部迅速成长。共建活动丰富了组织生活的内容，增强了党组织的战斗力、凝聚力和吸引力。"我经常思考如何把党建活动开展得比较接地气，而不是走过场、流于形式。红色'1+1'共建活动让大家发挥自己的专业特长，把专业知识与党建结合，大家觉得这些党建活动都是有意义的，虽然熬夜写代码很辛苦，但是大家想到自己的辛勤付出对方便社区工作有实实在在的价值，就充满了工作热情。"党支部书记姜天洋这样说道。

党支部发挥软件学科的专长，从移动互联网+政务的工作思路出发，计划开发一个社区服务 app，方便居民生活和社区党支部工作。比如，居民如果要申请低保，可以在 app 上查看低保申请条件及程序，下载相关表格；社区党支部调查居民信息时，可以直接在 app 上发起一个调查，而不用再去挨家逐户地敲门走访。

（4）共谋文艺汇演，加强基层建设

除为社区开发"阳光邑尚社区居民信息管理系统"之外，本科 2014 级软件工程党支部还与邑尚佳苑社区党支部开展了丰富多彩的文艺活动。2016 年 7 月 1 日，为了庆祝我党建党 95 周年，党支部在邑尚佳苑社区参与组织了一场文艺汇演（见图 6-23）。歌曲演唱、舞蹈表演、相声表演和

图 6-23 "七一"文艺汇演活动

党情党史知识有奖问答活动，节目形式丰富，现场观众屡屡喝彩。这次汇演旨在给社区居民普及我党知识，结合社区居民们喜闻乐见的形式，让他们对党有更深入的了解。

共建活动给党支部提供了践行"软件报国"的机会，党支部在实践中引导大家肩负责任，在服务基层、奉献社会中升华对党性的认知与理解。

# 第 7 章 软件学院学生课外人才培养平台

学生工作是学校人才培养的重要组成部分，对提高人才培养水平有着重要的作用，是学校人才培养的重要阵地。人才培养工作不是独立的、阶段性的工作，而是涵盖了学生全生命周期、全方位的系统性工作。软件学院通过大力开展学风建设工作、科技创新创业工作、综合素质测评、高年级本科生进科研实验室工作、研究生一体化组织培养工作等工作模块，并辅之职业生涯规划和特色奖励资助体系，从而构建了打通本硕博一体化延续性培养的人才培养平台。各个工作模块相互影响、资源共享、各司其职，共同打造了学院特色学生人才培养工作平台，如图 7-1 所示。

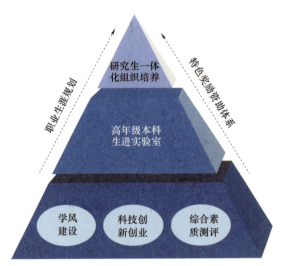

图 7-1　软件学院人才培养平台架构

## 7.1　多元综合素质测评体系

"实施素质教育就是全面贯彻党的教育方针，以提高国民素质为根本宗旨，以培养学生的创新精神和实践能力为重点，造就有理想、有道德、有文化、有纪律的德智体美等全面发展的社会主义建设者和接班人。"培养符合时代发展要求的高素质人才，全面推进素质教育，是我国高校发展的重中之重。作为人才培养的核心基地，高等院校建立切实有效的学生综合素质测评体系，对大学生进行各项素质层面定性与定量的全方位评价，是充分了解学生发展状况、实现全面推进素质教育的重要举措。

## 7.1.1 探索学生综合素质测评的具体路径

学生综合素质测评要解决的首要问题是确定标准来判定什么样的学生才是高素质的学生，进而要明确采取何种方式来推进素质测评使其更好地融入学生的大学生涯并发挥引导和教育作用。传统的综合素质测评存在几点弊端：首先，内容枯燥，单纯罗列德、智、体、美、劳各宏观方面标准而未考虑到学生的实际情况来考量学生的综合素质；其次，形式单一，以问卷测量或单独约谈的方式，方法过于模式化、单一化，未能调动学生的主观能动性参与其中。最后，测评间隔过长，缺乏长效机制，学生容易因惰性而累积过多自身问题却不能得到及时解决。软件学院吸取传统测评方式的经验教训，在充分考量本院特色与学生特点的基础之上，将综合素质测评的具体实施路径进一步精细化，发展形成一套具有软件学院特色的多元学生综合素质测评体系，力求全面客观准确地评价并指引每一位学生。

1. 构建完善测评模块体系

为有效引导学生专业成长成才方向，对学生德、识、才、学、体等方面的全方位表现进行定性与定量的综合考核，软件学院结合教育部《高等学校学生管理规定》和北京理工大学《德育答辩实施意见》相关规定，制定了《软件学院本科生综合素质测评实施办法》和《软件学院研究生综合素质测评实施办法》（具体见第 9 章第 9.4.1、第 9.4.2 节），具体围绕大学生全面发展的德育、智育、身心和能力等模块具体细化出五方面的测评内容：政治品质与集体观念、课外科技活动与兴趣学习、社会工作与社会实践、文体活动参与和培养，以及其他综合素质表现情况。每个方面设计了丰富的指标内涵，涉及学生生活学习成长的方方面面，一方面可以有效、客观、科学地反映学生的综合素质表现情况，另一方面各个指标标准也为学生提供了努力的方向和要求，具有指导意义。

2. 打造凝练素质测评流程

经过多年的探索实践，北理工软件学院总结历年来的组织经验，融合学生发展特点，不断打磨推敲学生综合素质测评的各个环节，现已形成极具特色的素质测评流程，包括前期测评动员、学生自我总结、素质拓展认证审批阶段、违纪扣分与奖励加分、班集体现场汇报答辩和打分、测评成绩公示和生成《学生思想政治品德鉴定表》七个阶段（见图 7-2），整个流程持续时间大概达半个月，各个阶段环环相扣，给予学生充分的时间进行自我认知梳理，同时可以与同辈及师长就此方面问题进行深度沟通交流。

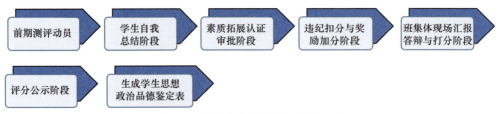

图 7–2　软件学院学生综合测评环节

① 前期测评动员：每学期初通过召开年级大会或班会的形式进行综合素质测评宣传动员，充分调动学生参与的积极性和热情。

② 学生自我总结阶段：分为两个层面，一是学生填写自我鉴定表梳理总结自己的各方面情况；二是素质拓展认证，即将每名学生上一学期中所参与的文体等综合素质表现活动情况导入软件系统进行认证申请，这一举措是由学生自我汇报所参与的素质拓展活动。

③ 素质拓展认证审批阶段：由各班班长、辅导员等将学生申报的素质拓展申请情况进行核实，驳回不符的申请，经过认证的方能作为后续加分依据，以此来对学生的自我总结汇报进行把关。

④ 违纪扣分与奖励加分阶段：对有违纪和通报批评的学生在测评中扣分，同时对参加竞赛、科研、德育等多方面素质活动中获得奖励或表现优异的同学进行加分，分数均导入测评软件办公系统备案。

⑤ 班集体现场汇报答辩与打分阶段：以班为单位展开综合素质测评汇报会，每位学生借助多媒体等多元方式进行汇报呈现，辅之以答辩互动为学生和导师提供交流平台，老师依据学生平时表现与答辩的情况进行打分。

⑥ 评分公示阶段：由辅导员对各部分打分数据进行汇总整理，形成最终分数，其中学生评委会打分占20%，班主任打分占25%，辅导员打分占35%，学院领导打分占20%，通过公示使学生了解自己各部分的得分成绩，使测评更加公开透明化。

⑦ 生成学生思想政治品德鉴定表：测评系统根据学生各部分得分自动生成汇总出每位同学的学生思想政治品德鉴定表。这样衔接紧密的流程设计力求客观、全面、公正地反映学生在各方面的综合素质表现，进而更充分地发挥综合素质测评对学生的引导教育作用。

此外，为了将综合素质测评的影响效用进一步融入学院院风建设，丰富学院文化，软件学院每学期开展一次综合素质测评，通过高密度、紧凑的测评全面督促学生系统地反思自我成长、科学地规划发展，使得学院学生形成各个阶段自我总结回顾的优良传统。

## 7.1.2 创新"学生综合素质测评"的有效手段

**1. 多维呈现舞台，全方位互动考评**

传统的学生综合素质测评方式重视设计一整套完备的衡量指标，对照各项评判指标来考核学生的方方面面，很多学校在评判指标体系上做了诸多探索，力求更加广泛到位地覆盖德育、知识、能力、身心等诸多模块。软件学院突破传统测评单向度的考核学生的方式，在他评的基础之上将学生自我测评的方面融合进来，打造全方位互动性的考评体系，更全面地反映学生成长过程中的成果和不足。自评与他评的有机结合渗透在整个综合素质测评流程的各个环节之中，学生是综合素质测评的主体，因此其自我评价是素质测评中的核心环节。

通过自我评价来充分调动学生的主观能动性，鼓励学生更加系统深刻地认识自我、提高自我。在前期的学生自我总结中，学生需要完成素质拓展认证和填写综合素质测评自我鉴定表两个部分，学生自我汇报在素质拓展方面所取得的成绩，并经由相关活动部门予以认证，两者共同构成对学生考评时加分的依据。同时，软件学院特别引入了测评汇报会的形式，为学生提供了多维的自我展示舞台，如图 7-3 所示。在汇报中，学生可采用 PPT、视频等多媒体表现形式对自己每

图 7-3 学生进行综合测评汇报展示

个学期的成长进行总结、规划和展望，汇报过后设置答辩环节使得导师可以有针对性地对每一位同学的报告呈现给出个性化的建议和指导。同时，在场同学通过聆听他人的成长历程汇报可以形成清晰的横向对比，营造相互借鉴学习、取长补短的良好氛围。

2. 信息化手段管理，灵活运用测评软件

软件学院综合素质测评的各个环节都贯穿着鲜明的软件特色，充分发挥信息化系统在学生工作中的管理作用，为学生综合素质测评定性和定量的有机结合提供了技术保障，如图7-4所示。测评伊始，学生登录圈圈校园软件系统更新个人信息、完成自我总结及综合素质拓展认证，测评系统将为每一位同学自动生成学生综合素质测评报告书；在测评汇报打分阶段，测评打分结果导入测评系统后，系统将自动计算出每个学生的本学期的综合素质测评成绩，并自动存入学生电子档案；学生毕业时，测评系统将结合所有学期的测评成绩为每一位同学自动生成学生综合素质测评报告书。软件学院一直致力于探索学生综合素质测评的科学化，力求客观、全面地反映学生在各个阶段的成长情况，信息化系统的应用进一步促进了关于学生的定性评价与定量评价的有机结合。同时，把综合素质测评过程融入办公自动化系统，一方面确保了测评定量指标计算的准确性和高效性，体现综合素质测评公平、公正、公开的原则，另一方面

图7-4　信息化管理手段辅助综合测评工作

系统累计统计学生各个学期的综合鉴定结果，在学生毕业时生成完整的针对学生整个大学生涯情况的学生综合素质测评报告书（见图7-5），实现了学生综合素质测评与学生档案的无缝连接。

**北京理工大学软件学院学生综合素质测评报告书**

| 评价阶段：在校期间 | | | | | 编号： | | | |
|---|---|---|---|---|---|---|---|---|
| 姓 名 | | 学 号 | | 性 别 | | 班 级 | | |
| 政治面貌 | | 在校住址 | | 民 族 | | 出生年月 | | |
| 联系电话 | | 家庭住址 | | | | | | |
| 综合测评分数历史记录 | | | | | | | | |
| 测评名称 | | 测评打分 | 奖励加分 | 违纪扣分 | 最终得分 | 年级平均值 | 年级排名 | 年级总人数 |
| 2017级研究生研一上综测 | | 89.95 | 0 | 0 | 89.95 | 87.6 | 31 | 134 |
| 总计 | | | | | 89.95 | 87.6 | 31 | 134 |
| 违纪记录 | 没有违纪记录 | | | | | | | |
| 奖励记录 | 没有奖励记录. | | | | | | | |
| 综合素质测评评语 | | | | | | | | |
| 经同学、老师、学院评定，同学（学号：　　　　　）在校期间，表现如下：该生政治品质过硬、有较强的集体观念，能够积极参加学校、学院、班级组织的各项集体活动；社会工作表现优异、成绩突出，积极地投身社会实践，并不断锻炼自我，提升才干；积极热情地参与各项文体活动，在活动中担当主要角色，积极提升文艺修养，在学生群体中起到带头作用；诚实守信，真诚待人，旨而有信遵守并维护学校的校规、校纪，维护社会公德，关心社会和他人，具有正确的荣辱观；能够积极参与学术活动，积极并认真完成导师交给的科研等任务，并在学术科研活动中取得优异成绩。<br><br>辅导员签字：　　　　年　月　日<br><br>主管学生工作副书记签字：<br>（加盖公章有效）<br>　　　　年　月　日 | | | | | | | | |

图7-5 学生综合素质测评报告书

3. 多方主体充分介入，合力打造素质测评

学生综合素质测评体系建构及过程实施涉及学生、班干部、辅导员、教师、学员领导等多方主体的充分介入和有效互动配合。学生综合素质测评的核心主体是学生自身，因此学生能否倾情投入地参与到测评中来，对自己的成长状况进行

认真客观的回顾和评价，直接关系到综合素质测评的实际质量和有效性。软件学院全面调动学院从领导层到学生层的各个相关主体，在综合素质测评的各个环节之中充分发挥相关主体的作用。其中，多元师资介入综合测评工作如图7-6所示。

图7-6　多元师资介入综合测评工作

在学生层面，以各个班集体为战斗堡垒，以学生干部和辅导员为领导核心，积极动员学生参与到综合素质测评中来，在辅导员、学生干部与同学的不断交流互动中引导学生以积极认真的心态来对待自身的总结和规划，同时汇报会等交流形式拓展了学生之间的交流了解，使得同学们在了解自己、了解他人的基础之上也进一步加强了集体的凝聚力。在领导层面，学生综合素质测评受到学院领导和老师的高度重视，在多方面给予全力支持鼓励，每年的测评老师们都积极参与其中以期获得对学生的深入了解并提供相关指导；同时学院方面根据每年综合素质测评开展的情况进行总结和反馈，精心打磨各个环节设计，力求不断完善整个测评体系及实施过程，使学生综合素质测评更加贴近学生特点，更具实践性和有效性。

### 7.1.3　评价"学生综合素质测评"的多元效用

学生综合素质测评是全面实施素质教育、积极发挥学生思想政治工作的教育和引导作用的重要举措，对于学生个人发展、学生工作、社会人才培养等诸多层面都起到重要影响作用。

1. 学生综合素质测评有利于导航学生全面发展

软件学院学生综合素质测评经过多年的完善积淀，现已形成系统的测评环节过程，每学期初开展一次，通过高密度的测评反馈促使学生在各个成长阶段都对自身的发展状况形成清晰的认识，如图 7-7 所示。学生综合素质测评考核的内容涵盖学生发展的德、识、才、学、体等多个方面，为学生树立了发展方向的标杆，引导学生在专业知识学习之余，更要关注综合素质的培养和发展，侧重培养全方位、高素质的复合型人才。综合素质测评通过对学生发展的各个方面进行自评与他评，一方面引导学生养成良好的自我反思习惯，以全面发展的各项指标为参照依据，总结自身发展成就，审视自身存在的不足，对自我发展成长的状况形成科学认识，进而有利于学生更加有针对性地为自己下一阶段的成长制定目标和规划；另一方面，软件学院引入测评汇报分享会的模式，为学生提供了关于自我成长历程的交流平台，通过聆听其他同学的成长经历分享，对照比较自身发展规划的不足，有利于促进学生之间的取长补短，互相学习，在学生中营造起"比、学、赶、帮、超"的成长氛围。科学完善的综合素质测评机制作为学生第二课堂形式的一种补充，充分发挥导向性功能，激发学生的主观能动性，引领带动学生的品德、知识、能力、素质方面的全方位和谐发展。

图 7-7 综合测评学生答辩展示

**2. 学生综合素质测评有利于学院有效把握学生发展动向**

学生综合素质测评是对学生素质全面发展的一种全面客观评价，为学生工作有的放矢地开展提供了客观依据参考。作为学生工作管理的重要手段之一，综合素质测评旨在追踪观测学生发展动态，从测评的反馈状况中找寻学生工作的切实着力点。通过每学期一次的学生综合素质测评，班主任、辅导员等学生工作者可以实时了解学生的思想品德、心理健康、学业发展、文体实践等多方面的表现，对学生发展状况具有科学高效的动态把握，进而根据历次素质测评报告所呈现的学生动态发展历程，为学生提供有针对性的指导帮助。通过学生的自我报告、汇报会上的自我分享呈现及最终的素质综合报告评定，学院可以对学生的发展情况形成全方位多角度的判断评价，在对各年级学生成长发展状况宏观把握的基础之上，更加细致地了解微观个体的发展情况，针对不同学生面临的不同问题，给予个性化的培养方案指导。定期规律地开展学生综合素质测评活动，有利于对重点学生重点问题给予特别关注，从而实施有效干预，使学生工作由被动变主动，及时发现问题，有效引导学生成长发展。

**3. 学生综合素质测评有利于为社会提供客观准确的人才判断**

软件学院定期展开的学生综合素质测评，有利于更加有效地为社会输送高素质人才。从人才培养方面，综合素质测评指标设定注意融合社会对于新时期人才的新要求，以此引导学生在大学生涯成长中不断完善提高自身综合素质，理性设定发展目标、规划未来发展方向，更加契合未来职场对于人才的需求标准。在人才输送方面，对学生进行全方位的评价判断，在学生毕业时会综合各个学期历次综合素质测评成绩评定生成完整的大学生涯综合素质测评，可以清晰地看到每个学生的整体发展历程。毕业时学院为每名学生提供的学生综合素质鉴定表内容全面，客观准确地衡量了学生整个成长过程中的德育、智育、能力、实践等全面素质发展水平，用人单位选择学生时可以依据综合素质测评所生成的丰富资料对学生进行更为准确、客观、全面的判断。综合素质测评体系所带动的学生的高素质全面发展进一步拓展了学校与社会之间的连接渠道，为社会输入更多符合时代发展需求的优质人才。

随着时代的发展和竞争的日益激烈，各行各业对于人才的需求呈现出多元化的趋势，一专多长的复合型人才备受青睐。高校实施学生综合素质测评，引导学生在重视专业知识汲取的基础之上，亦要重视培养自身多方面的素质能力，对于培养实现学生的全面发展意义深远。因此学生工作者需不断探索完善学生综合素质测评实施的有效科学路径，使之兼顾时代需求，贴合学生特点，为学生的大学成长生涯一路保驾护航。

## 7.2 特色奖励资助体系

高校人才培养工作不仅仅需要工作实践和工作平台，同时也需要奖励激励。学院的学生奖励资助体系不能仅仅是保障，同样也是精神引领，它的导向即代表着软件学院人才培养的引领方向。

围绕着软件学院精神，软件学院设立"锅炉房精神"学院奖学金体系（见图 7-8），其中包括：科研科创类奖学金、学风成果类奖学金、学生组织和学生干部类奖金、学生党建工作类奖金、爱心助学金 5 个学院级专项奖助学金，并制定相应的评审办法。各项奖学金的获得者将于每年的学风表彰大会和年终的表彰大学上进行表彰奖励，并通过多种渠道宣传榜样力量。"锅炉房精神"学院奖学金体系设置不仅是对国家和学校设立各类奖助学金的重要补充，更切合了学院的人才培养特色和学生个性化成长的需求。

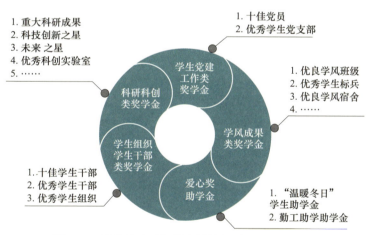

图 7-8 软件学院"锅炉房精神"学院奖学金体系

### 7.2.1 科研科创类奖学金

科研科创类奖学金体系主要是为表彰本科学生中科技创新成果优异、研究生中科研学术成果优秀，能够起到模范带头作用的先进学生，营造创先争优、积极向上的科研科创风气，培养求实创新、积极进取、热忱报国的软件学子（见图 7-9）。科研科创类奖学金具体内容及评选条件如下：

1. 软件科技创新之星

① 面向软件学院大三年级本科生。

② 学习成绩优异，曾获得过本科生奖学金，大学入学以来每学期综合测评成绩排名不低于年级前 25%，纯成绩排名不低于年级前 40%。

③ 积极参加科技创新活动，专业技术突出，按时参加基地集训并参与组织基地科技创新活动者优先考虑。

④ 承担低年级学生科技创新指导，参与基地各实验室集训授课者优先考虑。

⑤ 评选结果前 10 名的同学将被授予软件学院"软件科技创新之星"优秀本科生荣誉称号，获奖者每人 1 500 元奖励，并颁发荣誉证书。

2. 软件未来之星

① 面向软件学院大二年级本科生。

② 学习成绩优异，曾获得过"人民奖学金"，大学入学以来每学期综合测评成绩排名不低于前 20%，纯成绩排名不低于年级前 35%。

③ 积极参加科技创新活动，按时参加基地集训并完成培训任务，成绩优异者优先考虑。

④ 担任本科大一年级 C 语言小导师、C 语言培训课讲师，参与本科大一年级 C 语言辅导者优先考虑。

⑤ 评选结果前 10 名的同学将被授予软件学院"软件未来之星"优秀本科生荣誉称号，获奖者每人 1 000 元奖励，并颁发荣誉证书。

3. 软件科研之星

① 面向软件学院全体研究生。

② 学习成绩优异，曾获得过"学业奖学金"，研究生入学以来每学期综合测评成绩排名不低于前 40%，纯成绩排名不低于年级前 50%。

③ 积极参加科研活动，发表过高水平学术论文或参与重大科研项目者优先考虑。

④ 评选结果前 10 名的同学将被授予软件学院"软件科研之星"优秀研究生荣誉称号，获奖者每人 2 000 元奖励，并颁发荣誉证书。

4. 科技创新优秀团队

① 团队成员学习成绩优良，要求所有团队成员申请该奖项时入学以来所有不及格科目不超过两门，且已经补考通过。

② 团队成员凝聚力强，具有吃苦耐劳、攻坚克难的精神，在科技创新方面敢于争先，取得突出科技创新成绩或重大突破。

③ 团队成员参加软件科技创新创业基地组织的科技活动,在基地为低年级学生开展过科技创新培训或创新实践项目指导,并做出较大的贡献。

④ 团队在本学年获得过国家级、国际级竞赛项目一等奖及以上,且所获奖项在所有参赛队伍中排名前 5%,或获得国家发明专利(已授权),或在其他大学生科技创新实践活动中取得优异成绩。

⑤ 评选科技创新优秀团队,软件学院将授予其"科技创新优秀团队"荣誉称号,并给予 3 000 元奖励。

图 7-9　软件学院表彰优秀学子

## 7.2.2　学生组织和学生干部类奖学金

学生组织和学生干部类奖学金是表彰成果突出、表现优异的学生干部和学生组织,进一步加强软件学院基层组织建设,在学院全体学生组织和学生干部中树立典型、表彰先进,以点带面,发挥辐射功能,更好地规范、引导、提升软件学院学生组织及学生社团活动,提高学生干部的积极性,形成学生组织健康发展态势,繁荣校园文化,使学生活动的意义和效能最大化。学生组织和学生干部类奖学金具体内容及评选条件如下:

1. "优秀学生组织"参选条件

① 组织机制健全。参评组织人员分工明确,成员稳定,规章制度完善。组织规模适度,内部运行状况良好,凝聚力强,充分发挥了自我教育、自我管理功能。

② 工作理念清晰。参评组织能够紧密围绕学院人才培养目标，在学风建设、科技创新、学生工作、志愿服务、文体活动、实践创业等方面开展活动。

③ 活动内容丰富。组织活动主题鲜明，形式新颖健康，与学生生活联系紧密，为繁荣校园文化起到积极引导作用，在传递正能量方面取得一定成效。

④ 获得师生好评。活动参与面广、影响范围大，在校、院两级有一定影响力，活动认可度高，在广大师生中享有广泛好评。

⑤ 评审结果排名前 5 的学生组织将被授予"优秀学生组织"荣誉称号，并给予 2 000 元奖励。

2. "十佳学生干部"和"优秀学生干部"参选条件

① 具有坚定正确的政治方向，坚持党的基本路线，以邓小平理论、"三个代表"重要思想、科学发展观、习近平新时代中国特色社会主义思想为指导，深入贯彻执行十九大重要精神。

② 德才兼备，品学兼优，学习刻苦，成绩优秀，未曾出现不及格现象，综测排名在专业方向的 45%以上。

③ 积极参与各种社会实践活动，具有较强的工作能力，能创造性地开展各项工作，促进班级及学院文化建设方面取得过显著的工作成绩，能很好地协助班主任、辅导员、指导老师顺利开展工作。

④ 具有全心全意为同学服务的精神，工作作风正派，在同学中具有较高的威信。

⑤ 评审结果排名前 10 的学生干部，授予"十佳学生干部"荣誉称号及 1 500元奖励。评审结果未入前 10，但在日常工作依然表现优异的学生干部将授予"优秀学生干部"荣誉称号及 800 元奖励，名额不限，宁缺毋滥。

### 7.2.3 学风成果类奖学金

学风成果类奖学金主要表彰和奖励学业成绩突出的个人和学风氛围优良的集体，进一步推动软件学院学风建设，发扬学院学生创先争优的良好风尚，树立优秀青年榜样，以鼓励学生努力学习、崇尚学习，如图 7-10 所示。学风成果类奖学金具体内容及评选条件如下：

1. 优良学风班集体条件

① 软件学院本科二年级及以上的班级可以参评。

② 勤奋学习，参评学期班级全体挂科人数不超过班级人数 10%；在学习风气、团日活动等方面有突出表现。

③ 遵守纪律，班级有适合本班特点的学习、生活制度和公约；遵守校纪校规及学院的各项管理规定、无违纪现象。

图 7-10　软件学院学风表彰大会

2. 优良学风班集体特等奖条件

① 软件学院本科二年级及以上的班级可以参评。

② 勤奋学习，参评学期班级全体无挂科门次；在学习风气、团日活动等方面有突出表现。

③ 遵守纪律，班级有适合本班特点的学习、生活制度和公约；遵守校纪校规及学院的各项管理规定，无违纪现象。

3. 优良学风宿舍

① 全部宿舍成员参评学期学习成绩专业排名靠前，必修课及专业选修课无不及格现象。

② 宿舍成员在学科竞赛、科技创新、论文发表、专利发明、社会实践等方面有较好成绩。

③ 严格遵守学校学院各项管理规定，无违纪、旷课、迟到、早退、打游戏等情况发生。

④ 评选特设置优良学风宿舍特等奖，优良学风宿舍中有特别突出和优秀的，可申报优良学风宿舍特等奖。

4. 优秀学风督导员

① 参评学期本人无挂科记录，成绩综合排名达到专业前 50%；没有旷课、迟到、早退、打游戏通报等不良记录。

② 积极拥护学院学风建设，按照《北京理工大学学生手册》及《软件学院本科学生加强学风建设工作办法》等有关规定开展工作。

③ 协助辅导员进行查课、查寝，积极引导学生努力学习，为年级、班级学风建设做出积极贡献，获得同学们的一致认可，帮扶对象学习获得较大提升。

5. 优秀科技创新辅导员

① 积极配合科技创新基地工作，积极、努力、尽责尽职，能够为所带团队制定合理的整体规划，积极引导团队学生努力学习、积极参与科技创新活动、积极参加社会工作。

② 所负责团队成绩突出（从知识产权申报成功率，著作权产出，国际、国内高水平竞赛获奖成果等方面考量），或所负责团队创新性地开展科技创新相关活动。

6. 学习进步奖

① 软件学院本科二年级及以上的班级可以参评。

② 参评学期考试无不及格科目。

③ 学习勤奋刻苦，参评学期学习成绩提高名次为专业或年级人数的 20%及以上。

④ 未发生无故旷课、经常迟到早退的情况。

### 7.2.4 学生党建工作类奖学金

学生党建工作类奖学金主要表彰在党建工作中表现突出的党员、党支部书记及党支部，以进一步加强软件学院学生党支部基层组织建设，保持党员的先进性。学生党建工作类奖学金包括有"十佳党员""优秀党支部""优秀党支部书记"三项，分别授予奖金 500 元、1 500 元、1 000 元奖励，如图 7-11 所示。具体评审流程及评审标准详见《软件学院学生党建工作规范办法》（具体见第 9 章第 9.5.8 节）。

图 7-11　优秀党支部及优秀党支部书记表彰

## 7.2.5 爱心助学金

软件学院一直以来高度重视困难学生帮扶工作，尽最大努力关心和支持学生健康成长成才。除了学校社会捐助类奖助学金之外，学院还特设软件学院爱心助学金，帮助家庭困难学生解决相关生活困难。爱心助学金主要包括"温暖冬日"助学金和勤工助学类助学金。

1. "温暖冬日"助学金

"温暖冬日"助学金是软件学院为了帮助家庭困难学生解决相关生活困难，在寒冬来临之际特别向需要帮助的同学发放温暖补助，助学金面向对象主要是软件学院在参评学期内未获得各类奖、助学金（每学期的优秀学生奖学金除外）的家庭经济困难或家庭发生重大变故的学生。学院组织召开"温暖冬日"慰问座谈会，并向同学发每人 800 元的温暖补助。

2. 勤工助学类助学金

为了增强对学生的帮扶力度，帮助贫困学生在一定程度上解决经济问题，软件学院结合贫困学生实际情况，每学期初面向全院学生招聘学生秘书，以勤工助学的方式对贫困学生进行关爱帮扶。勤工俭学使贫困学生利用课余时间，通过自己的努力缓解生活中的经济困难，具体选聘及发放办法详见《软件学院学生勤工助学管理办法》（具体见第 9 章第 9.5.6 节）。

## 7.3 学生职业生涯规划与就业指导工作

大学生职业生涯规划与指导，就是结合大学生自己的兴趣爱好、性格特征、专业特长、思想特点等，对其成长发展和就业择业进行规划与指导，做好职业生涯规划工作对于学生的成长成才至关重要。随着社会对人才需求的扩大、高等院校迅速发展，人才市场的激烈竞争，对高等院校的就业指导工作带来前所未有的挑战，使本来就严峻的就业形势变得更加严峻。软件学院针对目前学生遇到的就业问题，给予一系列针对性的职业生涯规划及就业指导，帮助学生走出就业困境，合理规划人生。

### 7.3.1 高校职业生涯规划及就业指导工作现状

1. 职业生涯规划不清，未成体系化

从高校现有的人才培养与提供职业指导的服务来看，大多数高校都为学生开设了就业指导课程，定期举办了各种与就业相关的讲座，召开了校园招聘会，及时提供了各种等级证书和各种职业资格证书考试的培训等。但由于就业指导课程开设较晚而且略显仓促，讲座、培训等带有急功近利的短视行为，故难以达到让绝大多数学生满意。从学生的内在需求看，他们正处在职业生涯的探索阶段，需要对自己的未来职业生涯做出决策，对于自我定位、职业生涯路径选择、人生设计和规划，单凭他们个人的经验和能力是很难把握的。

2. 学生专业知识不够深厚，缺乏就业竞争力

根据对近几年毕业生就业质量追踪调查，用人单位对毕业生的道德水平和敬业精神评价较高，而对毕业生专业知识和人文社会知识的评价较低，学生的专业知识和人文知识的深厚与否，决定了学生能否在职业道路上厚积薄发、可持续发展，从这个意义上说，专业知识是学生就业的核心竞争力。调查反映出了学生专业知识不够深厚，知识储备不充分，缺乏就业竞争力，是值得关注的问题之一。

3. 就业指导准备不充分

当前，学院就业指导工作基本上是在最后一个学期进行，基本上属于毕业前的"临急抱佛脚"状态。这样的指导缺乏全程化，仅仅可以让学生在提高面试技巧、了解就业、签约过程等方面有一定效果，但是对提高毕业生未来工作能力、规划职业生涯及进行创业教育等重要方面，几乎没有一点帮助。而且在这样紧凑的指导时间段里，就业指导以提高毕业生的就业率为着眼点，缺乏现代社会的服务意识，缺乏紧扣市场竞争意识，缺乏面向社会需要。

### 7.3.2 职业生涯规划及就业指导工作的开展

1. 建立职业生涯规划课程体系

大学生的职业生涯规划与指导不是一个独立性的工作，它是与思政教育工作、学风建设工作等相互影响、彼此关联，同时它也不是一个短暂性的工作，它贯穿从新生入学到学生毕业离校全过程的人才培养阶段，因此应该从顶层架构设计一个覆盖全生命周期的职业生涯规划课程体系，针对各个年级学生开展相对应的职业生涯课程和工作，有针对性地引导学生成长成才。

软件学院针对大一新生学生，结合"一年级工程"开展成长规划指导工作，使其尽早做好对专业学习及大学生活规划与就业成长发展情况的总体认知；针对大二学生开展生涯发展论坛和优秀学长经验介绍，聚焦学业辅导、综合素质培养、科技创新创业和职业规划，使其初步对自己的职业发展有清晰的认识；大三学生已具有较为清晰的职业意向，针对其开展具体的专业技能培训工作；

大四学生则着力于就业政策的讲解、就业意向的引导和一对一的针对性辅导工作。

研究生与本科生特点不同,他们学科科研由导师及科研实验室负责,且就业积极性较高、就业意向较为明确,因此学院职业生涯规划与就业指导工作就着重于对其就业能力培训、就业政策的解读,以及由研究生党支部牵头开展就业经验分享与交流活动。软件学院就业动员与指导会议如图 7-12 所示。

图 7-12　软件学院就业动员与指导会议

2. 领导高度重视,构建有力的工作力量

软件学院领导高度重视学生就业工作,认真落实毕业生就业"一把手"工程。学院成立了由院长、书记为首的工作领导小组,带领各研究所所长、辅导员、班主任、研究生导师全面开展就业指导和服务工作。为保证工作队伍力量更加强大,学院特设立保研服务队,由大四的十余名保研学生成立就业服务小组和考研帮扶小组,从而在学院内部建立了全面覆盖、分工明确、战斗执行力强的就业服务工作组。

就业服务工作组给予学生跟踪辅导、就业规划、谈话帮扶等,为应届毕业生提供优质、全方面的就业服务。针对毕业特别困难的"问题学生",由学院领导、就业指导老师、班主任和就业负责人进行"四对一"的定向帮扶工作,为学生答疑解惑,讲解就业技巧,强化毕业困难生就业意识,树立就业信心。软件学院通过"重点指导、定点服务、定向推荐"的工作方式,帮助就业困难毕业生顺利走上工作岗位,提高就业成功率。软件学院就业工作组织机构如图 7-13 所示。

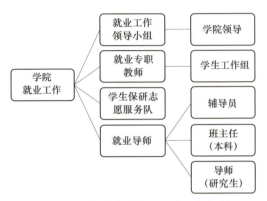

图 7-13 软件学院就业工作组织机构

3. 提供全面就业信息，确保信息及时有效

软件学院就业指导中心通过就业系统第一时间将最新的招聘信息推送给毕业生，就业服务组的同学每天定向筛选合适的就业信息推送给同学们，确保每一位就业学生可以及时了解到宣讲会、招聘会信息，不错过任何就业机会。除推送最新招聘信息以外，软件学院还承办了中国银行、农业银行、中国人寿等多家公司和企业在北京理工大学的校园招聘活动，加强学院与就业单位的交流和联系，为求职毕业生提供快速便利的就业渠道。图 7-14 为软件学院承办的某公司校园招聘活动。

图 7-14 软件学院承办某公司校园招聘活动

### 4. 体系化的就业指导教育

软件学院开展丰富的职业生涯规划与就业指导讲座，包括就业讲座、培训与交流会等，其中邀请有丰富的理论与实践经验的学校就业中心办公室副主任为毕业生做"小管说就业——以毕业生的名义"的专场讲座（见图 7-15），从就业形势、面试秘籍、简历撰写和热门问题 4 个方面进行了指导；邀请长期从事人力资源管理和教学工作，并多次作为外聘专家担任面试工作考官的纪新华老师举办了职业生涯规划专场、研究生职业性向与胜任素质模型两场讲座，帮助同学们确定自己的职业方向，进一步选择适合自己职业发展的工作性质和岗位；学院就业指导中心的老师定期举办就业政策专题培训与指导会议，加强同学们对未来就业情况的了解，掌握获取就业信息的渠道，从而掌握较为丰富的就业信息，为后续就业进行更加合理的规划。学院分别举办了保研、考研、出国、就业、创业、入伍等经验交流会，让学生总结优秀经验，更好地规划未来蓝图。

图 7-15 "小管说就业——以毕业生的名义"的专场讲座

### 5. 信息化的就业信息交流平台

软件学院发挥专业优势，大力建设信息化服务平台，为学生提供便捷、全面的就业信息服务。采用 "圈圈校园"的就业服务系统，系统包括就业信息发布、学生就业信息登记、就业心得分享、校友就业情况查询与咨询、就业信息统计等功能。每日，就业指导老师通过系统及时发布最新的就业信息和单位情况，并通过手机 app 提醒和短信通知到每一位学生，让学生不错过任何一条有价值的就业信息。学生还可以通过就业系统查询校友就业情况，及时与校友沟通咨询，切实可靠、方便贴心。同时学院要求每一位毕业生都要在系统内登记就业信息，就业指导老师通过系统及时查看就业情况、统计分析数据，第一时间掌握全体学生的就业动态，从而开展针对性的就业指导工作。通过打造一套闭环式的学生就业信息系统，为学生提供有利的信息服务保障。

### 7.3.3 软件学院就业工作成绩

1. 软件学院就业工作获奖情况

在学院老师和同学的共同努力下，软件学院就业工作取了显著成绩，多次获得学校就业工作先进集体，如表 7-1 所示。

表 7-1 软件学院就业工作获奖情况

| 获奖名称 | 获奖年份 | 级别 | 颁奖单位 |
| --- | --- | --- | --- |
| 北京理工大学就业工作先进集体二等奖 | 2017 | 校级 | 北京理工大学 |
| 北京理工大学就业工作先进集体二等奖 | 2016 | 校级 | 北京理工大学 |
| 北京理工大学就业工作先进集体二等奖 | 2013 | 校级 | 北京理工大学 |
| 北京理工大学就业工作先进集体一等奖 | 2012 | 校级 | 北京理工大学 |
| 北京理工大学就业工作先进集体二等奖 | 2011 | 校级 | 北京理工大学 |
| 北京理工大学就业工作先进集体一等奖 | 2010 | 校级 | 北京理工大学 |
| 北京理工大学就业工作先进集体一等奖 | 2009 | 校级 | 北京理工大学 |

2. 本科生就业情况分析

软件学院本科生就业率自 2015 年起连续三年均为 100%。毕业生人数逐年增加，本科生 2017 年毕业人数 207 人，比 2015 年增长了 31 人。其中，本科生签约率 82.6%；比 2016 年提高了 2.3 个百分点。本科生上研率 56.5%，总体较 2016 年提高 0.3 个百分点。

此外，本科生就业质量逐年提高，本科生去国防行业就业比例由 2015 年的 12%提高到 17%，初次就业薪酬本科生平均年薪由 2015 年的 11.27 万元提高到 2017 年的 12.4 万元，提高了 1.13 万元，如表 7-2 所示。

表 7-2 软件学院 2015—2017 年本科毕业生就业情况统计

| 年份 | 本科人数 | 签约率 | 就业率 | 国内外上研率 | 国防行业就业比例 | 就业年薪/元 |
| --- | --- | --- | --- | --- | --- | --- |
| 2015 届 | 176 | 93.8% | 100% | 56.8% | 12% | 11.27 万 |
| 2016 届 | 185 | 80.3% | 100% | 56.2% | 12.3% | 11.6 万 |
| 2017 届 | 207 | 82.6% | 100% | 56.5% | 17% | 12.4 万 |

3. 研究生就业情况分析

软件学院研究生自 2015 年起连续三年就业率均为 100%。其中 2017 年签约率 99.1%，比 2016 年提高了 0.1 个百分点。研究生上博率 1.8%，总体较 2016 年提高 2 个百分点。此外，研究生就业质量逐年提高，研究生去国防行业就业比例由 20%提高到 22%，初次就业薪酬由 2015 年的 12.6 万元提高到 2017 年的 15.9 万元，提高了 3.3 万元，如表 7-3 所示。

表 7-3 软件学院 2015—2017 年研究生毕业生就业情况统计

| 年份 | 硕士人数 | 签约率 | 就业率 | 国内外上博率 | 国防行业就业比例 | 就业年薪/元 |
| --- | --- | --- | --- | --- | --- | --- |
| 2015 届 | 107 | 100% | 100% | 4.7% | 20% | 12.6 万 |
| 2016 届 | 101 | 99.0% | 100% | 0% | 18% | 15.17 万 |
| 2017 届 | 109 | 99.1% | 100% | 1.8% | 22% | 15.9 万 |

## 7.4 学风建设工作

学风是大学的灵魂工程，是一项系统工程，是高等学校永恒的主题，是高等学校实现人才培养目标的重要条件，更是衡量办学水平的重要标志。良好的学风是提高教育教学质量的根本保证，也是一种潜移默化的巨大而无形的精神力量，时时刻刻都对学生产生着强烈的熏陶和感染，激励学生奋发努力，健康成长。

### 7.4.1 学风建设工作的内涵及现状

学风指的是学校的学习风气，是学生对待学习这个问题上的思想态度和行为表现，它通过学习目标、学习态度、学习纪律、学习方法、学习兴趣、学习效果等具体地反映出来。优良的学风是人才培养的必要条件，优良的学风环境直接关系到高等教育的科学发展和教育事业的兴衰成败。然而，学风建设是一个复杂的系统的建设周期长的工程，必须采取切实有力的措施，开拓学风建设渠道多元化并常抓不懈。

目前高校仍然存在着许多例如工作队伍建设薄弱、建设手段过于制度化、缺少体系化模式等现象，脱离了大学生目前思想的实际情况，导致学生学习懈怠、缺乏兴趣、没有动力等不良现象，直接表现为上课缺勤、迟到早退、沉迷游戏和学习成绩差等问题，为学生教育管理工作带来了诸多困难。主要问题表现在以下三个方面：

1. 学风建设工作队伍建设薄弱

学风建设工作队伍是各高校学风建设工作的组织保障，目前大部分高校学风建设工作队伍主要由高校辅导员及班主任组成。然而实际学风建设工作中，由于学生数目较多，且辅导员和班主任自身也有许多工作业务或科研任务，仅靠辅导员及班主任的力量很难保证学风建设工作的针对性、全面性和实效性，工作队伍薄弱依然成为学风建设工作的重要问题。

2. 学风建设手段缺乏思想教育性

目前很多高校学风建设陷入单纯依靠规范制度和惩处措施来管理和约束学生的误区，忽略了对学风建设工作的主体——"学生"的思想引导和教育作用。在高校学风建设过程中制度和管理是必要的，但并不是唯一的，如果工作中只是一味地片面强调学风建设的外在性、客观性，其结果只能造成学生的消极学习、被动适应制度、应付学校管理，导致了很多学生的学风思想问题并没有得到根本解决，甚至更加恶化。

3. 学风建设缺少体系化规划

学风建设并不是某一时期的工作，而是需要贯穿整个高校人才培养的各个时期，而不同年级学生的思想特点及实际情况也不尽相同，应在学生学习生活的不同阶段采取针对性的思想引导和教育管理工作机制。但目前并未针对性地设置与大学人才培养大纲相符的学风工作体系和长效工作机制，不能在关键时刻发挥出学风建设工作的实效。

### 7.4.2 软件学院学风工作组合拳

软件学院在认真调研和分析学风建设各方面存在问题的基础上，更新教育理念，理清建设思路，在两个校区各年级学生中开展深入调查研究，将学生学习风气建设作为一项战略性工作来开展，针对学生挂科问题、上课缺席、迟到早退、沉迷游戏和学习基础薄弱的学生，从建立学风工作制度、做好学生思想引领、开展多元师资辅导、设立学长制导师、开展学风督导、树立优秀榜样等多个方面开展工作，积极探索出以下几个方面的学风建设工作措施，努力构建严谨、向上的优良学风。

1. 以制度为先导，"铁腕规矩"塑新风

纲举目张，卓有成效的学风工作展开离不开科学完善的制度保障，制度建设和实施是学风建设的侧重点。学校的规章制度体现了治校的主导思想，对学生具有一定的约束力,有助于培养学生良好的行为习惯,促进学风建设。

　　软件学院通过开展学生座谈等方式(见图 7-16),深入学生群体中去听取学生最真实的想法、意见和建议,逐渐梳理学风中存在的根本问题,为重塑学风的工作设计奠定基础。学院组织包括学院领导、教师代表、辅导员、班主任与学生代表共同参加的学风建设工作讨论会,从人才培养的管理和实施角度,综合听取意见。

图 7-16　交流研讨,共商学风建设新方案

　　经过多方调研,学院逐渐统一思想,站在人才培养的高度上,决定将学风建设作为学院一项重要战略举措,集中力量,打好这场"关键之战"。纲举目张,制度是工作落实的保障,经过反复讨论修改,学院最终制定了《软件学院加强本科学生学风建设工作办法》《软件学院学生学业预警和帮扶工作办法》(具体见第 9 章第 9.4.4 节、9.4.5 节),从思想、机制和组织三个方面谋划软件学院提升本科生学风的方针纲要,将各项举措以"硬性"制度的方式规范固化下来,保证了学风建设有章可循、有据可依,充分做到通过"硬制度"的规范建设,带动学院学习风气"软实力"的切实提升。

　　此外,软件学院建立了学业预警机制,对学习存在较大问题、成绩严重滑坡的学生及其家长下达"学业警示通知书",本科生平均每学期下达的"学业警示通知书"30 余份,学院对这部分学生采取重点关注和帮扶学生后续发展和提升的办法,共同帮助学生端正学习态度、稳定学习情绪。

2. 思想引领,创新式体系教育贯穿始终

从思想上端正学生的学习态度,侧重引导学生认识到大学学习对于个人成长成才及未来职业发展的重要作用。这是软件学院在学风建设的过程中始终坚持的理念,通过各种措施帮助学生从内心深处真正认同努力学习的必要性。正是基于这一理念,学院摒弃传统说教式的思想灌输方法,着力将引导工作渗透到学院的各项教育举措和师长的言传身教当中,初步形成了一套贯穿学生整个大学生涯的体系化思想教育模式。

软件学院高度重视新生入学教育的第一课,针对低年级的学生,通过院长论坛、师长讲座、优秀学长经验分享的方式,对新生进行思想引导,勾勒描绘出清晰的大学专业教育和课余能力发展的图景,充分调动学生对于专业学习的热情和动力,如图7-17所示。

图7-17　丰富多元的新生体验课堂

此外,软件学院充分发挥综合素质测评工作在人才培养中的牵引作用,将贯穿大学四年的学生综合素质测评工作做深做细,综合测评期间要求学院领导、专业教授、班主任老师、辅导员老师、退休老教师都必须参与其中,加强师生面对面交流,如图7-18所示。综合测评期间,要求每名学生均要结合专业学习、科技创新、社会实践和社会工作等各方面进行总结,并提出下一阶段的个人发展规划。一方面通过学生的汇报,老师可以及时掌握每位学生的思想动态;另一方面,养成学生每个阶段自我总结和对下一步进行计划,有助于端正学生的学习、思想和生活态度，提高学生自我认识。

图 7-18　贯穿大学生活始终的综合素质测评

3. 多元师资力量，全方位引领成长

加强学风建设，在做好学生教育引导的同时，不能离开教师群体的作用，这也是学院从顶端设计，整合全院力量的工作出发点之一。软件学院组织专业教师、退休老教师、兼职辅导员和学长制导师等多种师资力量整合凝聚，从不同角度切入，全方位助力学生成长。

专业教师主攻知识层面，为学生传道授业解惑，打好知识和技能基础；研究生担任兼职辅导员深入了解学生的学习、生活和心理状态；同时，学院还特别邀请经验丰富的老教师群体参与其中，专门面向低年级本科生，更为细致地解决其成长困惑，如图 7-19 所示。学院退休教师李兆民，坚持每两周一次前往良乡校区，专门针对解决学生在学习方面存在的问题，通过自己的人生阅历和丰富工作经验,有针对性地帮助学生解决实际问题。曾经有位 2012 级同学不及格课程较多，李老师每周都与他交流谈心，通过鼓励其发挥科技创新方面的优势，树立他的信心，并对他严格督促，纠正他学习上的不良习惯。在"一老一小"半年多的不懈努力下，该学生成绩明显进步，也逐渐养成了科学自律的学习方法和习惯。

图 7-19 良师加益友，全方位的师资体系

学长制导师是软件学院"学长带学弟"精神的传承和延续，如图 7-20 所示。软件学院根据两校区办学的实际情况以及软件专业学生的实际需求，每学年从高年级的学生中挑选出一批学习成绩优异、科技创新成果优秀、社会工作能力突出同时又热衷于帮助和培养学弟学妹的学生担任低年级学生导师。"学长制"学生导师是以优秀学长的身份去经营、管理和帮助所带领班级的学生向着德、智、体全面发展，通过召开班会、参加班集体活动、私下谈话等方式指导学生积极学习，参加科技创新、社会工作，帮助辅导员和班主任进行大一学生的学风建设，引导学生努力学习、积极参与科技创新活动、积极参加社会工作，以自身的优秀经验为学院培养更优秀的学弟学妹。为了更好地监督"学长制"导师工作情况，规定各位小导师需每两周以书面形式向学生工作办公室以及辅导员汇报所带领班级的学生的学习、科技创新、社会工作等方面的情况。学生工作办公室主任每个月召开一次"学长制"学生导师会议，听取"学长制"学生导师工作汇报，从而更加深入了解学生的各方面实际情况。

从新生一入学，学院便在学科技创新基地培养的大二学生中选拔了一批编程基础扎实、具有奉献精神和责任意识的优秀学长担任起大一新生的"C 语言小导师"，力求做到每个班级、每个宿舍至每个同学都有大二学长开展"针对性"的辅导工作，充分体现"学长带学弟"这一优良传统，从这门软件人最基本的"拳脚功夫"开始，帮助新生在立足专业课的基础上进行深化和拔高。

图 7-20 学长制导师，特色传帮带

4. 督导体制，督促加帮扶

除了引导学生由内而外提高学习主动性和自律性外，由软件学院牵头组建各个年级学风督导队，开展严厉的学风督导，从而形成"帮扶督导、双管齐下"的工作机制。学风督导队由各个年级学生辅导员担任队长，年级学生干部、党员骨干担任成员。在辅导员的指导下，学风督导队成员不定期走访学生宿舍、学生课堂，严查逃课违纪、沉迷网络游戏等不良现象，并根据相关规定对违反纪律的同学给予严厉处理，遏制学生群体中不良风气的产生。通过这种严格的督导机制，学生挂科率明显降低，学术氛围得到了很大的改善。软件学院学风通报情况如图 7-21 所示。

图 7-21 软件学院学风通报情况

5. 科技创新助力学风建设

科技创新活动作为课堂教学的重要补充，是高校学风建设不可忽视的重要环节，它能够完善学风建设体系、拓宽学风建设途径、丰富学风建设形式，打破以往学风建设思路的局限性，使高校学风建设实现跨越式发展。为进一步加强对低年级学生学风的建设工作，帮助学生更好地适应专业课程的学习，加强学生对专业的认同感，软件科技创新创业基地每周组织算法实验室的优秀大二年级学生开展针对大一年级学生的程序设计培训工作。每次培训由一名主讲人负责讲解题目，然后由3~5名学长负责答疑，手把手传授调试策略和查错技巧，在学长们的耐心指导下大一学生的编程能力有了较大提升。"传帮带精神"在软件学院一届届传承下去，构建了优良的学风，如图7-22所示。

图7-22 学风督导，身边的温暖帮扶力量

6. 鼓舞带动，"期待更多优秀典型"

为推进学风建设工作，榜样的树立就是对学风建设最强有力的支持，学院制定了多样化的奖励机制来树立典型，软件学院每学期都要召开学风表彰大会，对学习成绩优异的突出学生和优秀集体大力表彰鼓励。评选出的优良学风班集体、优良学风宿舍、优秀学风督导员、优秀学风志愿服务员、优秀"学长制"导师、优秀学习标兵及学习进步学生，对其他同学起到引领和示范作用，以此从思想上拉动学生养成良好的学风。学院通过树立优秀学风建设榜样，努力营造"崇尚学

习、崇尚先进"的"比学赶超"氛围，如图 7-23 所示。

图 7-23　学风表彰成果展示，深度挖掘榜样力量

为了适应两校区办学和软件专业实践性强的特点，软件学院还特别设立了"未来之星"和"创新之星"荣誉称号，对良乡校区软件专业低年级优秀学生授予"未来之星"进行表彰和鼓励；对本科三、四年级和研究生中在科技创新活动中成绩优异、乐于奉献的先进评为"创新之星"，辅以各种形式的交流座谈，将双星荣誉的榜样力量和深度价值最大化，将评奖评优机制充分融入学风建设工作，形成良性循环，带动学生成长。

### 7.4.3　软件学院学风工作成果

软件学院学生工作办公室高度重视学风建设工作，以规章制度为规范，以涵盖多项措施的组合拳为保障，在学校、学院各级部门的带领和指导下，通过思想引领，多元师资力量帮扶，督导体制、科技创新助力，优秀典型的力量，多维度、多层面地进行学风建设工作，在广大师生共同努力下，最终在学风建设的各个方面取得了令人满意的实效。

1. 学业成绩提高、学习氛围浓厚

随着近几年软件学院学风建设工作的不断深入推进，涌现出了一批在学业和综合素质方面表现优异的班集体，各个本科年级挂科率明显下降，英语四六级考试通过率显著提升，毕业年级的上研率和就业率都取得了突出的进步，整个学院学风蔚然、学生学习兴趣浓厚，学风建设成果初见成效。例如 2016 年北理工软件学院 2012 级本科信息安全专业 1 班以学期"零挂科"的纪录创造了软件学院班级学期成绩通过率的新历史，一跃成为软件学院中一颗耀眼的班级新星。全班　19

名同学分获国家级与企业奖助学金、校级院级各类评奖评优 24 人次；15 人参与科技创新基地各项目研究，获得国际级项目奖项 16 人次，获得省部级项目奖项 11 人次；此外 12 级信安 1 班更是荣获北京市先锋杯优秀团支部、北理工先进班集体、五四评优十佳团支部、软件学院优良学风班，殊荣不断。在学生群体中形成了"崇尚学习，崇尚科技创新"的良好风气，学风建设工作取得了显著的成就。

2. 督导加帮扶，不良风气明显扭转

软件学院通过督促和帮扶双管齐下的方法，逐步实现了"一个也不掉队"的目标。软件学院有个别本科生群体存在睡懒觉、沉迷电脑游戏的现象，导致部分学生荒废学业、无心学习，仅仅依靠辅导员、班主任进行每周两到三次查寝和学生思想教育工作，无法彻底解决此类问题。而通过学风督导的作用，形成了学生群体的自我监督约束，对无节制上网与打游戏的现象及时发现、及时劝导，为辅导员的教育管理工作提供了有力支持。扭转风气，必须内外并举，严格有力，由此"问题学生"的比例越来越小。

3. 在工作领域具有较强的示范性及推广价值

软件学院学风建设工作组织有序、运行成功，有效地调动了学生的学习积极性，完善创新了学风工作体系，提高了学生思想引领与教育实效。由于开展成果效果出色，2013 年软件学院对低年级学风建设的工作机制和工作理念的基础上总结和提炼，申报的课题"加强低年级学生的引导和培养工作发挥'三管齐下'学生科技创新模式的作用"被评为北京理工大学"德学理工计划"二期重点项目。2015 年北京理工大学宣传部对软件学院学风建设工作进行了专题报道，在全校范围内具有良好的示范作用。

学风建设是长期的系统工程，软件学院学生工作办公室在推进学风建设工作方面，始终坚持探索与创新，未来也将不断丰富完善更加贴合学生心理需求，更富成效的工作机制和方法，努力让这股"崇尚学习、崇尚科技"的学习氛围日益浓厚，代代传扬，打造成为软件学子特有的文化基因。

## 7.5 学生科技创新创业工作

为促进教育事业科学发展，全面提高国民素质，加快社会主义现代化进程，国务院下发了《国家中长期教育改革和发展规划纲要（2010—2020 年）》和《国家中长期人才发展规划纲要（2010—2020 年）》，教育部也因此制定了"卓越工程师教育培养计划"。这些重要举措的目的都是为了培养和造就一大批创新能力强、适应经济社会发展需要、具有优秀品质的高质量工程技术人才，为国家走新型工业化发展道路、建设创新型国家和人才强国战略服务。作为高等院校,其肩负着优秀人才的培养重任,是贯彻执行以上政策和措施的重要力量。人才培养实践证明,大学生课外科技创新实践活动是高等院校培养创新型优秀人才的重要手段。十年来,北京理工大学软件学院积极探索学生科技创新创业工作,构建了集企业、教学、科研实验室、学生管理与科技创新实践相融合的大学生软件科技创新创业基地,在基地这一平台上建设涵盖多学科创新实践内容。

在学校和学院的大力支持下,软件科技创新创业基地经过10年的探索和积累,已经形成了清晰、有效的建设思路,积淀了完善、厚实的基础设施条件,探索成了成熟、高效的运行管理机制,不断传承着北理工家喻户晓的"锅炉房科技创新精神",构建了富有特色的文化体系。10年来,基地已成为软件学院拔尖创新人才培养摇篮、学生工作主要工作阵地、科研人才主要输送渠道,是学校人才培养的一张靓丽名片。"十二五"末,基地更是获评了北京市高等学校校内示范性创新实践基地。依托基地人才培养的创新成果和优秀经验,学院总结形成"秉承锅炉房精神,构建五位一体的软件产业拔尖创新人才培养模式""'平台、机制、文化'三管齐下的大学生科技创新实践模式的探索与实践"教育教学成果项目,先后获得过北京理工大学教育教学成果奖特等奖、北京理工大学教育教学成果奖一等奖以及北京市教育教学成果奖二等奖(具体见第10.2节)。

### 7.5.1 高校学生科技创新创业工作现状

近些年来,随着新一代信息技术快速发展(见图7-24)并广泛渗透,推动了各领域技术持续突破、不断融合、加速应用,世界主要国家和地区纷纷加速启动新一轮的科技发展战略规划。为追赶世界新兴科技的发展速度,甚

图 7-24　信息技术快速发展

至实现弯道超车,中国政府出台了一系列战略方针,如:中国制造2025、互联网+行动计划、大数据行动计划。在"软件定义世界 智能引领未来"的今天,培养一大批符合市场和行业需要的软件产业拔尖创新人才是成功推进和实施以上国家战略的核心工作。

北京理工大学软件学院自2007年起就依托软件科技创新创业基地(简称基地),将课外科技创新创业活动作为培养软件产业拔尖创新人才的重要载体和途径,取得了显著的成效。但是,学院在实践过程中也遇到了一些亟待解决的问题,主要有以下四个方面:

① 系统性建设问题:传统的科技创新创业活动存在着"基础保障随意化、组织管理工作个性化、培养环节碎片化"的"三化问题",尚未建立起稳健完备、科学合理、良性循环的教育教学系统性架构和保障。

② 信仰缺失问题:人才培养工作存在着"忘记初心、信仰缺失"等问题,培养质量存在"跛脚"情况,即业务能力突出但精神品质不合格。

③ 产教研用协同问题:尚未贯通企业生产、课程内学习、科学研究、实践运用等环节的联合培养,培养存在着"孤岛化"现象,导致人才培养质量高度不够、实战性不强。

④ 普遍性覆盖问题:存在着"贵族化"现象,只能接受小部分优秀学生参与,无法实现大面积的学生覆盖。

基于此,软件学院于2012年启动校级教育教学改革立项,面向软件行业战略需要,秉承和发扬"锅炉房精神",构建"五位一体"拔尖创新人才培养模式,培养"品德优良、知识丰富、本领过硬"的软件产业拔尖创新人才。

### 7.5.2 "五位一体"的拔尖创新人才培养模式概述

"五位一体"人才培养模式指的是围绕软件产业拔尖创新人才培养目标,针对传统大学生创新创业活动中存在的"系统性建设缺乏、信仰缺失、产教研用协同不够、普遍性覆盖不足"四大问题,面向软件产业的战略需要,坚持"企业为主体,市场为导向,产学研用相结合"的价值理念,系统性地谋划和建设"育人保障体系、组织管理体系、人才培养体系、产教研用体系、质量监督改进体系"五个体系,通过夯实各个体系的基础性建设、发挥各个体系的特色作用、推进各个体系的融合贯通,系统性、全面性、联动性地将大学生科技创新创业工作中的多个瓶颈问题各个击破,从而构建"五位一体"的拔尖创新人才培养模式。

软件学院始终坚持在学生中深入传承和弘扬"锅炉房精神",引导并鼓励着一批又一批基地学子初心不变、艰苦奋斗,胸怀伟大的软件报国之心,践行不怕苦不怕累的科研攻关精神，将"锅炉房精神"深深烙印在每一位基地学子心中。"锅炉房精神"引领下的"五位一体"人才培养模式架构如图 7-25 所示。

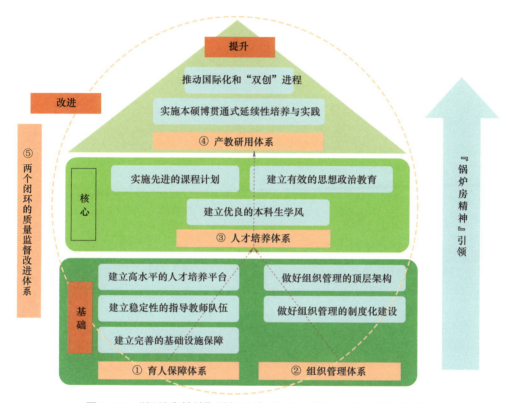

图 7-25 "锅炉房精神"引领下的"五位一体"人才培养模式架构

### 7.5.3 秉承和发扬"锅炉房科技创新精神"

基地高度重视科技创新实践文化与思政教育体系的建设，培养学生成为既满足社会发展对人才的专业能力需要，又具有优秀科研精神、品质的优秀科技人才。同时，优秀的科技创新文化氛围也带动和鼓励广大学生积极参加科技创新实践活动，有效地帮助学生克服科研攻关困难、热情难以为继等问题，保障创新实践项目得以顺利实现。经过近十年的积累，基地逐渐建立成了以"锅炉房科技创新精神"为核心，以科技创新基地党支部工作、学长带学弟等为内容的基地思政教育体系，如图 7-26 所示。

图 7-26　基地思想政治教育体系

1. 凝练和弘扬"锅炉房科技创新精神"

"锅炉房精神"是基地的精神传家宝，也是软件学院精神体系之一。基地在 2007 年创业之初，师生在条件艰苦的锅炉房机房（见图 7-27）苦中作乐、刻苦钻

图 7-27　软件学院锅炉房机房

研,工作在机房、睡在机房、吃在机房,历经艰难煎熬的基地学子终于不负众望,在国内外科技竞赛的擂台上摘金夺银,取得了突破性的优异成绩!锅炉房机房给学生留下了美好的青春回忆,学生自发地总结出了"锅炉房精神"——"不怕苦,不怕累,团队协作,创新求精",希望以此传承和勉励基地的每一位学弟学妹勇攀科技高峰、挑战权威、再创辉煌!

2."不怕苦,不怕累"集训训练

"锅炉房精神"中最核心的就是"不怕苦,不怕累",为培养学生吃苦耐劳、艰苦奋战的科研精神,全面备战国内外各项学科竞赛,基地每年在各大节假日都会组织为期一个半月封闭式的寒暑假集训,如图7-28所示。

图 7-28　软件学院寒假集训

每年基地集训有来自不同学校、不同专业、不同年级近 200 名学生参加。"压力产生动力,纪律保证效率"是基地集训多年秉承的管理理念。在集训期间,基地在管理设置上,有意识地为学员设计了辛苦的学习过程,每天学习时间长达 10 个小时以上,一次暑期集训的工作量相当于同年级学生一学期课程设计任务,强度之大可见一斑。在集训期间,一个最常见的场景就是"打地铺",不少学生自愿住在基地、睡在基地,只为能挤出更多的时间主动学习,这样的主动学习真是比比皆是。基地有意识设计和营造这样魔鬼式的训练和艰苦的科创氛围,因为人才培养的第一步就是培育学生吃苦耐劳的科研品质和敢为人先的科研态度。只有这样,学生才能在日后面对重大科研难题时能始终保持积极进取的态度和永不放弃的决心。正是这样"魔鬼式"的集训,为软件学院铸造了一批又一批不怕苦、不怕累、团结向上、锐不可当的科技创新先锋,不断为基地创造着更辉煌的成绩。

3. 成立科技创新基地党支部

为了加强参与科技创新实践活动学生的思想建设工作，基地在学院党委的支持和领导下成立了科技创新基地党支部，先后获得北京市高校创先争优先进基层党组织、北京理工大学先进党支部等荣誉称号。

多年来，科技创新党支部在各项建设的过程中，发挥党组织的参谋作用和政治核心作用，推动《软件学院科技创新基地管理条例》《软件学院科技创新基地成员管理条例》（具体见第 9 章第 9.6.2 节、9.6.3 节）等系列管理制度的制定和落实，促进科技创新工作管理的规范化；发挥党组织战斗堡垒作用，党员干部在日常工作及科技创新活动中积极发挥带头作用，增加基地团队的凝聚力、战斗力；发挥党组织监督作用，履行职责，对于工作与学习中的不良风气和消极行为及时提醒纠正，使科技创新工作沿着健康的轨道发展。在党的组织建设中，核心工作是做好党的干部队伍建设。科技创新基地党支部成立后，基地学生干部的考察工作变得更为富有实效和科学，每一学年党支部与基地管理中心通力合作，通过竞争答辩，选拔有能力、肯干事、想干事的学生干部来为同学们服务。科技创新基地党支部大讨论，如图 7-29 所示。

图 7-29 科技创新基地党支部大讨论

同时，科技创新基地党支部还积极引导学生在科技活动中，以科学的创新精神、态度和方法研究问题、探索问题的本质，逐渐培养起未来科技工作者的基本素养。在科技创新基地党支部的工作中，通过开展"读好书、好读书"读书交流、"我来讲，我来听"学生党课等活动，客观上促进学生对党的理论知识的学习，通过开展"思想大讨论"座谈会、"锅炉房学术沙龙"等活动，以党的先进思想引导科技创新、教育基地学生。

4. 学长带学弟学妹的朋辈教育机制

"学长带学弟学妹"的科技创新实践指导模式是基地一大特色，是解决科技创新实践指导师资不足、教师与学生沟通不畅的有效措施，能够有效地指导学生开展专业知识学习、进行科学研究、组织困难攻关。多年来，软件科技创新创业基地鼓励和要求优秀的科技创新骨干担任低年级专业基础培训的授课老师、各个创新实践项目的指导教师，由此加强学长与学弟学妹的交流，将学长优秀的科技创新经验传授给学弟学妹，为低年级学生开展科技创新实践活动保驾护航。

软件学院一直在低年级学生中开展"学长制导师"的制度，由高年级优秀的学生担任低年级班级主任助理，通过发挥学长学弟沟通顺畅、优秀学长榜样的力量，鼓励学生积极参加科技创新实践活动，帮助低年级学生解决科技创新实践方面的疑惑，使得软件学院学生广泛参与科技创新实践活动，如图7-30所示。

图 7-30　暑期集训学长指导学弟开展科技创新

## 7.5.4　育人保障体系：集聚资源，筑底根基

"育人保障体系"是模式的基础，通过创平台、塑师资、强设施，加强组织管理的顶层架构，加强工作力量保障和规范领导，建立完备的制度化体系，为人才培养工作提供坚实的基础性保障。

① 创平台：紧密围绕着两个一级学科方向，在科研实验室基础上，引进行业顶级企业、科研机构等多方力量，协同建设7个高水平创新实践平台。

② 塑师资：多方谋划调用资源，建设"校内教师+外聘师资+高年级学长"

的创新创业师资队伍。

③ 强设施：从经费保障、场地建设、硬件条件、信息化建设四个方面着力，构建起经费来源稳定、实验设施一流、工作环境优越、办公信息化的基础保障设施。

1. 打造面向产业的人才培养平台

软件学院根据国家重大战略需要和软件行业前沿方向，围绕着"软件工程、网络空间安全"两个一级学科，在学院一系四所（即软件工程系、软件理论研究所、数字媒体研究所、软件安全研究所、数据科学研究所）的研究方向基础上，积极面向软件产业的实际需要，与中国航天科工集团、中国船舶工业集团、中国科学院、IBM、百度等多家企业和科研院所构建战略合作联盟，重点建设了算法、机器博弈、机器智能、复杂信息系统、信息安全、数据智能、智能仿真 7 个高水平创新实践方向。在以上科技创新实践内容的基础上，基地鼓励学生面向国内外科技竞赛、科研实验室实际项目、企业前沿课题、商业项目、大学生自主创新项目等进行创新实践课题立项，以项目立项带动科技创新实践团队和项目组建设，带动学生进行项目立项、设计与开发、测试与部署、论文撰写及专利申报等科学研究和实践，从而培养优秀的科技创新实践人才。人才培养平台架构如图 7-31 所示。

图 7-31　人才培养平台架构

## 2. 打造稳定的多层次师资力量

师资队伍是人才培养的关键实施主体，是人才培养成果的重要保障，软件学院在多年实践中摸索构建出"校内教师+外聘师资+高年级学长"的多层次创新创业师资队伍。

校内教师队伍包括学校和学院的专职教职员工，外聘师资包括合作科研所、企业的专业技术人员和创业指导教师，高年级学长则由从软件学院创新创业基地培养出来的优秀高年级本科生、研究生担任，由此构建了"务实有效、层次分明、结构多元"的稳定的、高水平的指导教师队伍。其中，专职教师和外聘师资负责高水平科研项目和创新创业项目孵化的指导工作，高年级学长负责基地的日常组织管理和低年级学生的基础性培训。同时，软件学院还设立了《软件学院大学生科技创新创业基地指导教师招聘及工作办法》（具体见第 9 章第 9.6.6 节），以明确的章程规范了指导教师的选拔、考核和奖励办法，调动广大教师的积极性，鼓励优秀教师积极参与到基地的人才培养工作中来，共同努力推进拔尖创新人才培养工作的开展。

## 3. 构建完善的基础设施保障

软件学院在学校教务处、实验设备处、校团委的大力支持下，从经费保障、场地建设、硬件条件、信息化建设四个方面努力开展工作，构建起了经费来源稳定、实验设施一流、工作环境优越、办公信息化的大学生科技创新创业保障设施，从基础设施层面保障好人才培养工作。软件学院"软件报国"匾额如图 7-32 所示。

图 7-32 软件学院"软件报国"匾额

基地科技活动经费由学校教务处、校团委、实验设备处和软件学院等部门进行投入。近 5 年，每年学校、学院下拨经费稳定在 100 万元左右，有效地保障了学生科技创新活动的正常运行。同时，基地也从社会企业获得共计 250 万元左右的捐助经费。近 5 年，基地（见图 7-33）购置和积累了一大批计算机、服务器、工作站、机器人等设备，总价格达 400 余万元，为学生开展科技创新创业活动提供了良好的硬件设施支持。

图 7–33　软件学院科技创新基地

软件学院为基地提供了一个可容纳 110 人左右、600 平方米的大型开放式机房，4 间教学教室，2 个小型会议室，1 个服务器机房，1 套门禁系统，1 套视频监控系统。基于这些场地设施，基地逐步建立起兼具智能化管理与人性化服务的学习、科研实践环境与人文氛围。

### 7.5.5　组织管理体系：架构稳健，制度规范

组织管理体系也是模式的基础。一方面，学院成立学生科技创新创业指导委员会，通过加强组织管理的顶层架构（见图 7–34），明确工作分工，加强工作的力量保障和规范领导，保障大学生科技创新创业活动有序、高效实施。另一方面，学院从基础性制度和基地运行管理制度两个方面建立工作制度和规范，建立起集人才培养方面的"基础性制度"和基地运行"管理制度"为一体的制度化规范体系。

1. 做好组织管理的顶层架构

学院专门确立了《软件学院学生工作领导小组工作办法》（具体见第 9 章第 9.2.1 节），将科技创新创业工作纳入学院整体学生工作范畴之中，将其与学生思想政治教育、专业教育、学业培养、综合素养拓展和培养、职业生涯规划和就业服务、校友工作等多维人才培养工作进行统筹和协同。同时，学院成立

以院长为主任的学生科技创新创业指导委员会，对工作进行全面有效的组织保障和指导。

目前基地设置有科技创新管理中心、创业孵化管理中心、科技创新基地党支部、基地顾问团和校友会以及 8 个学生创新实验室，形成分工合理、决策科学、执行顺畅、监督有力的管理体制。通过设立科技创新基地党支部，发挥党组织的参谋作用和政治核心作用，促进科技创新工作管理的规范化；发挥党组织战斗堡垒作用，增加成员的凝聚力、战斗力；发挥党组织监督作用，履行职责，使科技创新工作沿着健康的轨道发展。基地顾问团和校友会是创新基地的一大特色，顾问团由从科技创新基地培养出来的优秀的大四学生和研究生组成，负责对学弟学妹的创新项目进行技术指导和经验传授；校友会则聚集了一批从基地培养出来的毕业生，通过组织回访和校友聚会，培养基地的文化和精神，同时充分利用他们在工作岗位上的各方面资源促进基地的发展。

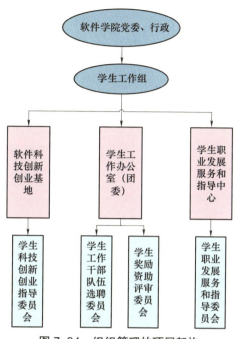

图 7-34　组织管理的顶层架构

2. 做好工作队伍的组织建设

在学院领导的大力支持下，基地主任由学院团委书记兼任，副主任由两名专职辅导员担任，分别负责基地的组织管理和专业技术培训、项目管理；选拔一名优秀研究生担任基地学生党支部书记，配备多名优秀党支部成员；选拔学习成绩优异、专业基础好的优秀学生担任学生管理中心组织干部；为每个创新实验室配备一名优秀的大三学生作为实验室主任，设置两名副主任。由此建立起了一支高素质的、稳定的、近 30 人的组织干部队伍，保障基地各项工作的正常开展。

3. 做好组织管理的制度化建设

学院从基础性制度和基地运行管理制度两个方面建立工作制度和规范，形成有章可循、按章办事、规范高效的工作机制。目前，学院已经建立起集人才培养方面的"基础性制度"和基地运行"管理制度"为一体的制度化规范体系。这些制度的制定和贯彻执行，对于基地的制度化、规范化管理起到了积极的作用，使得学生科技创新的各项工作有据可依、有章可循。基地具体的制度规范详见第 9 章 9.6 节。基地工作制度文件如图 7-35 所示。

基地运行管理制度：
- 软件学院学生科技创新创业基地指导教师招聘及工作办法
- 软件学院学生科技创新创业基地财务报销管理办法
- 软件学院学生科技创新创业基地固定资产管理办法
- 软件学院学生课外科技实践活动章程
- 软件学院科技创新基地管理条例
- 软件学院科技创新基地成员管理条例
- 软件学院科技创新基地学生干部管理条例
- 软件学院高年级本科生进科研实验室的工作办法
- 软件学院学生重大科技创新成果奖励办法

学院基础性制度：
- 软件学院学生工作领导小组工作办法
- 软件学院关于加强学生人才培养工作的若干规定
- 软件学院加强本科学生学风建设工作办法
- 软件学院学生学业警示和帮扶工作办法
- 软件学院班主任考核管理办法
- 软件学院本科生综合素质测评实施办法
- 软件学院学生德育鉴定工作规范
- 软件学院调研学生和校友意见工作办法
- 软件学院关于学长制导师的相关规定

图 7-35 基地工作制度文件

### 7.5.6 人才培养体系：层次分明，科学联动

"人才培养体系"是模式的核心，其依托于"育人保障体系"和"组织管理体系"的基础作用，通过实行先进的、契合软件行业需要的课程计划，辅以思想政治教育工作和"锅炉房精神"创新文化对学生强大的引领作用，加之"崇尚学习、崇尚科技"的优良学风对学生的影响，从而构建了面向学生的科学有效的课程培养和实践训练体系，形成了对学生专业学习、职业规划的可持续发展的引导和鼓励。

1. 打造契合行业需要的课程计划

学院根据软件工程人才培养特点和规律，按照"基础扎实、循序渐进、行业需要"的课程计划设计思想，制定了先进的、契合行业需要的课程计划，如图 7-36 所示。

图 7-36　基地课程计划设计

（1）设立本科生科技创新创业学分

学院在软件工程本科生培养方案中设立 4 个学分的"科技创新创业"作为专业必修课，要求全体学生参加。

（2）设立基础必修课

根据软件行业对人才的扎实专业基础的要求，基地针对低年级本科生开展"基本功"夯实计划，为全体学生开设了软件科技创新基地历史、软件工程专业概论、文献综述和科技写作、C 语言实战、计算机网络基础知识、C++基础知识与实践、基础算法设计与实践、博弈工程基础入门 8 门基础必修课程。通过这 8 门基础必修课程，帮助学生夯实专业知识和实践基础。

（3）设立高级专业选修课

在学生修满基础必修课全部课程基础上，基地根据各个专业技术方向的专业培训课程的共同特点，以及软件行业通用的专业技术要求，统筹为学生开设了 5 门高级专业选修课程，各个专业技术方向的学生可以结合自身需要进行选修。这些课程包括：高级算法设计与实践、机器学习基础入门与实践、网络信息系统基础入门与实践、Linux 基础入门、产品设计基础与实践。

（4）设立专业方向特色课程

在学生修满基础必修课和高级专业选修课基础上，基地结合行业和市场的最新发展需要,在 ACM、机器博弈、机器智能、信息安全、数据智能、智能仿真、复杂信息系统 7 个方向上设计最新的、契合行业需要的课程安排和实践训练安排,学生自主选择其中之一进行学习和实践。

2. 建设完善的人才培养体系

完善的创新实践培训和实践体系是人才培养的重要保障。基地高度重视人才培养和输送体系的探索和完善,经过多年的积累,基本形成了较为有效的培训和实践体系人才培养时间轴如图 7-37 所示。以下是此人才培养体系的五大步骤:

图 7-37 人才培养时间轴

(1) 宣传动员阶段

基地在本科一年级学生中开展多次宣讲活动,使学生基本能够了解软件科技的行业特点、人才培养目标、人才培养具体步骤和办法,了解软件科技创新创业基地的发展历史、基地优秀的文化精神、基地的人才培养体系和人才培养效果,鼓励大一学生积极参与科技创新实践活动。

(2) 基础培训阶段

在大学一年级上半学期,学院指派算法艺术学生创新实验室优秀的学长专门负责对本科一年级学生进行为期半年的 C 语言培训,如图 7-38 所示。此外,还征集多名基地本科二年级优秀学员,为每两个宿舍配备一名 C 语言辅导员,充分发挥"学长带学弟"的优良传统,帮助低年级学生打下扎实的 C 语言基础。在大一年级下半学期,学院指派科技创新基地优秀的学长专门负责对本科一年级学生进行为期半年的算法培训,并定期开展算法比赛,从而更好地检验培训成果,使得学生奠定了扎实的算法基础。

(3) 各专业技术方向技术培训阶段

基地在大二上半学期挑选大批本科二年级学生加入科技创新基地,人数占本科二年级学生总人数的 86%。学生可根据自己的兴趣爱好,挑选不同方向的创新实践平台。学生在科技创新基地将参加暑期集训、寒假集训、周末集训等多次数、高强度的集训,并在集训期间接受优秀学长和指导老师进行的系统的专业技术培训,使得学生掌握各个专业方向的技术知识,使得学生具有自主学习能力,并能开展各个方向的工程实践。

图 7-38 面向大一学生开展 C 语言培训

（4）实践练兵阶段

基地针对大二下学期的学生开展创新实践项目的立项，学生可以面向传统的国内外科技竞赛（见图 7-39）、科研实验室实际项目、企业前沿项目、自主创新

图 7-39 软件学子参加国内外重要科创比赛

创业等开展立项工作，基地聘请学院专业教授小组进行立项审核和把关。之后，基地组织本科大二下学期的学生开展 10 个月左右的项目实践，通过学长和指导教师指导、基地定期项目督导、各个假期集训等方式，帮助各个项目组的学生克服科研中存在的困难，逐步完成项目的设计、开发、学术交流、项目结题等活动。

（5）优秀学生输送阶段

基地组织选派优秀的学生进入行业优秀企业、各科研实验室开展科研工作，推荐优秀学生至国内高等院校继续读研深造，推荐优秀学生至行业内顶尖软件公司实习，同时组织学生开展学术论文的撰写和发表、专利的撰写和申报等成果总结工作。

### 7.5.7　产教研用体系：协同贯通，高水平转化

"产教研用体系"是模式的提升，其坚持"企业为主体，市场为导向，产学研用相结合"的价值理念，面向国家重大战略需要和行业前沿发展方向，推行本硕博贯通式延续性培养和科研实践，推行科技创新的国际化拓展，推行科技成果转化和创业孵化，切实培养面向软件产业需要的拔尖创新人才。

1. 推行本硕博贯通式延续性培养和科研实践

学院依托基地良好的人才培养基础，在教学、科研、学生工作、校企合作等多部门的联合协同下，推行本硕博贯通式延续性培养和科研实践。具体实施思路如下：

① 在本科生阶段，基地依照"厚基础、强实践、优品质"的培养目标，着力培养本科生扎实的软件工程知识基础、突出的工程实践能力和优秀的科研品质。

② 根据《软件学院高年级本科生进科研实验室的工作办法》（具体见第 9 章第 9.6.5 节），基地有针对性地将特别优秀的本科生输送至各个科研实验室，联合科研实验室带领其根据合作企业和科研所的攻关需要，参与实际课题的研究和实践，突出培养学生面向某个行业领域的优秀的工程架构实施能力和科学研究素养。同时，优秀硕士研究生在基地组织下，反哺式地对基地本科生进行培养和引导。

③ 科研实验室重点选拔极其优秀的硕士研究生攻读博士研究生，引导其面向国家重大战略需要和行业前沿发展方向的重大科研难点攻坚克难，实现突破性科研成果，培养顶级的科研学术人才。同时，优秀博士生在实验室的组织下，反哺式地对硕士研究生进行培养和引导。由此形成了本硕博一体化上升发展与向下反哺的双向贯通式培养模式，如图 7-40 所示。

图 7-40 本硕博贯通式延续性培养和科研实践架构

2. 率先探索和实施北京学院项目

2014 年开始，在北京市教委的信任和支持下，北京理工大学依托软件科技创新创业基地率先实施北京学院项目。北京学院项目的目的是为了实现北京市各高校优秀教育资源的共享、促进北京市高校优秀学生的交流和合作，是市教委高度重视高层次拔尖创新人才培养的重要举措。软件学院依托基地的暑期集训，来自多个高校优秀学子根据意愿分布到各个创新创业项目中，与北京理工大学的学生共同联合开展创新实践、创业孵化工作。自 2014 年以来，基地共承担了 4 年的北京学院项目，共有 15 个学校的 84 名学生参与活动，取得了良好的育人成果和社会口碑。

3. 推行科技创新国际化拓展和双创进程

科技创新创业国际化拓展对提升学生国际战略视野、培养跨文化协同工作能力、加强学生对欧美国家的学习和了解有重要意义。5 年来，基地依托在机器博弈、机器人、算法等方面的国内外知名度和影响力，大力鼓励在校本科生参加国际机器博弈锦标赛、国际机器人大赛、ACM 国际大学生程序设计大赛，以及行业的高层次学术会议，引导学生走出国门与全世界骄子、行业翘楚进行交流和同台竞争。软件学院参加国际计算机博弈大赛如图 7-41 所示。

在创业方面，基地积极引进优秀校友的市场资源和丰富经验，引导学生瞄准国家重大战略方向，结合合作企业、科研机构的实际攻关课题，鼓励学生开展科研成果转化和创业孵化。

图 7–41　软件学院参加国际计算机博弈大赛

### 7.5.8　质量监督改进体系：监督反馈，可持续改进

质量监督改进体系是人才培养模式的改进。软件学院制定的"两个闭环的质量监督体系"由内、外两个闭环组成，分别是：以课程培训和项目实践过程质量监督体系为核心的培养质量评价改进的内闭环，以及以毕业生跟踪反馈体系和用人单位评价体系为核心的培养目标评价改进的外闭环。两个闭环（见图 7–42）形成了对基地人才培养过程的质量监督和反馈，并开展及时的、相应的调整和完善工作，由此实现模式可持续改进的良性循环。

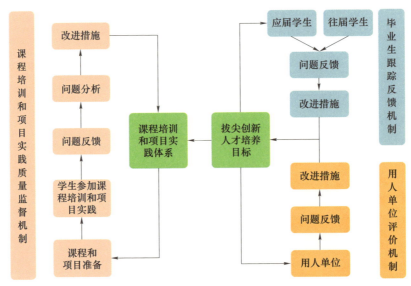

图 7–42　两个闭环的质量监督改进体系设计

1. 建立课程培训和项目实践质量监督机制

课程培训和项目实践质量监督机制是保证科技创新创业过程中人才培养质量的重要措施，对推进育人保障体系、组织管理体系、人才培养体系的可持续改进和完善具有重大的意义。为了拔尖创新人才培养目标的实现，基地对各个课程体系的每一门课程的课程计划、课程内容、任课老师进行严格把关，对学生课程培训和项目实践过程进行认真监控，对学生提出的反馈意见进行总结和分析，不断提出新的改进意见和措施，不断地完善课程计划设计，逐步形成了对拔尖创新人才培养过程的质量监督和持续改进的长效机制。

2. 建立毕业生跟踪反馈和用人单位评价机制

拔尖创新人才培养目标的达成体现在学生的专业知识、工程实践能力、创新能力和科研品质是否达到了学院结合高校教育与社会需要所提出的培养要求。为了衡量基地拔尖创新人才培养目标是否实现，软件学院建立了面向基地毕业生的较为完善的跟踪反馈机制和用人单位评价机制，定期对培养目标是否达成进行评估。具体形式有：应届毕业生座谈会和调查问卷、往届毕业生座谈会和调查问卷、用人单位座谈会和问卷调查。10年来，基地严格落实毕业生跟踪反馈机制，积累了丰富的意见和建议，为基地人才培养工作的持续改进提供了翔实的意见建议。

### 7.5.9 科技创新创业工作创新点与成果总结

1. 学生科技创新创业工作的创新点

（1）构建了一体化人才培养模式

模式经过多年的探索和积累，实现了五个体系的建设、融合和贯通，形成了"五位一体"人才培养模式，有效地解决了传统科技创新创业活动存在的"系统性建设缺乏、信仰缺失、产教研用协同不够、普遍性覆盖不足"四大问题，较好地实现了人才培养的可持续性、普遍性和稳定性发展。

（2）构建了产教研用协同的育人平台和机制

模式坚持"企业为主体，市场为导向，产学研用相结合"的价值理念，依托学科平台，引进了多家顶级企业和科研机构的鼎力合作，建立了多维的育人平台和机制。根据行业的最新需要设计学生课程培养计划，组织学生参与到国家工业大数据平台、载人潜水器等国家重大战略工程的研究开发、实践运用和生产之中，建立了针对毕业生培养质量的企业评价反馈机制，并对模式进行调整和完善。

（3）凝练和传承着"锅炉房精神"

模式凝练了基地传家宝——"不怕苦、不怕累、团队协作、创新求精"的"锅炉房精神"，并实现了长达10年的传承和发扬，引导学生树立报效国家和民族、服务社会和人民的思想导向，培养学生精诚团结、迎难而上、刻苦攻关的科研精神。

2. 学生科技创新创业工作成果总结

（1）实现普遍性覆盖

本人才培养模式在激发调动学生的参与性与自主性方面效果显著。2012年至2016年统计数据显示：基地年均参加学生达700多人次；参加基地活动的软件专业大一学生参与率为100%，大二学生参与率为86.67%，大三学生参与率为55.81%，大四学生参与率为45%；大三和大四学生除了参加基地活动外大部分进入科研实验室参与科研工作。以上可见，模式实现了学生参与科技活动的较大比例覆盖，较好地解决了传统科技创新活动"贵族化问题"，也为取得大面积的科技创新成果铺垫了扎实的基础。

（2）丰硕的科技竞赛成果

10年来，基地培养的学生在国内外科技竞赛中连续荣获多项高水平奖项（见图7-43），成果斐然。10年来，共获得2 305人次省部级以上科技竞赛奖励，其中国际级奖励280人次、国家级奖励1 836人次，省部级奖励189人次。

图7-43 基地学生荣获国内外多项科技竞赛奖项

（3）丰富的学术成果

2012年至2016年，基地培养的学生发表学术论文103篇，其中，SCI收录论文27篇，EI收录论文76篇，如：依托于机器人足球项目，学生发表于GRC2013会议上的《Defensive Strategy of the Goalkeeper Based on the 3D Vision and Field Division for the Middle–size League of RoboCup》获评为大会最优论文；依托于数据智能项目，学生在 IEEE 大数据智能和计算国际会议发表的学术论文《ZQL： A Unified Middleware Bridging Both Relational and NoSQL Databases》，获评为大会最优论文。此外，基地培养的学生申请发明专利 52 项，获授权专利 30 项；获得省部级以上科研奖励 7 项。

（4）丰富的教改成果

2012 年至 2016 年，依托于本教改项目，学院老师发表教改论文 18 篇，出版规划教材 8 本、北京市精品教材 3 本、普通教材 5 本，1 名老师获得北京理工大学育人标兵荣誉称号，2 名老师获得北京理工大学 T-more 优秀教师奖，1 名老师获得北京理工大学迪文优秀教师奖。基地于 2015 年被北京市教委评为北京市高等院校校内示范性创新实践基地。此外，基地党支部还先后荣获北京市高校创先争优先进基层党组织、北京市高校红色"1+1"示范活动一等奖、北京理工大学先进党支部、北京理工大学五四青春榜样团队等荣誉称号。

（5）丰富的创业成果

2012 年至 2016 年，软件专业年轻校友和在校生创办各种科技公司共 27 家，其中，NICE、微盟和圈圈校园为重要创业公司代表。NICE 图片社交软件由已毕业的校友周首于 2013 年成立，2015 年获 C 轮 3 600 万美元融资。微盟由已毕业校友孙涛勇于 2013 年成立，是目前国内最大的微信开发服务商，2015 年 11 月获得 C 轮 5 亿人民币的融资。圈圈校园是一款面向高校的 SAAS 移动办公软件，由在校生张秋鸿等于 2015 年创业成立，已在全国十几所高校推广应用，用户量达 17 万人，获得了"创青春"全国大学生创业大赛电子商务专项赛金奖（见图 7-44）。

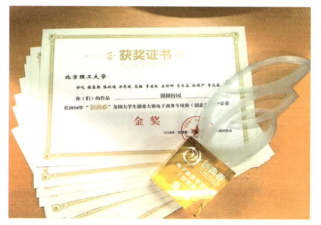

图 7-44 "创青春"全国大学生创业大赛电子商务专项赛金奖

（6）北京学院项目模范效应强

2014年开始,在北京市教委的信任和支持下,北京理工大学便依托软件科技创新创业基地率先探索北京学院项目,而后在校内其他学院逐步推广。自2014年以来,基地共承担了4年的北京学院项目,共有15个学校的84名学生参与活动,取得了良好的育人成果和社会口碑。

(7) 获得了上级部门领导的高度认可

本人才培养模式的机制和取得的成果得到了上级领导和相关部门的高度认可,来基地参观的领导、专家达100余人次。教育部、工信部、中国科学技术协会等上级部门领导先后到基地实地考察和交流。同时,本人才培养模式还受到了社会与媒体广泛关注(见图7-45),中央电视台、中国教育电视台、光明日报、中国青年报、中国教育报、北京青年报、人民网等多家媒体40次报道过基地人才培养效果。

图7-45 中国教育电视台等十几家媒体新闻发布会

## 7.6 高年级本科生进科研实验室

为了进一步发挥科技创新创业基地在拔尖创新人才培养方面的作用,为了让高年级优秀本科生能够参与科研实验室工作,打通本硕博贯通式延续性培养,提升优秀本科生保研留校比例,扩大科研实验室人才输送渠道,学生工作办公室与教学工作办公室、各科研所联合协同,共同谋划和实施了高年级本科生进科研实验室选拔工作,如图7-46所示。

① 为保证工作的顺利实施,学生工作办公室征求全院教师意见,制定《软件学院高年级本科生进科研实验室的工作办法》(具体见第9章第9.6.5节),从制度层面规范了选拔要求、选拔流程及工作保障,保障高年级本科生进科研实验室工

作顺利进行。

图 7-46 高年级本科生进科研实验室选拔工作

② 学院各科研研究所联合召开宣讲会，学生根据个人志愿和兴趣方向自主报名，经各研究所内部面试、调剂、公示，最终选拔学生加入研究所。

③ 为明确该项工作中研究所与学生双方的责任和义务，组织学生与研究所双方签订协议，开展科研研究所与学生的双向考核工作并推行相应的奖惩制度，为此项工作的长期、有效开展奠定基础。

## 7.7 研究生一体化组织、培养和管理

研究生教育是高等教育人才培养的最高层次，是我国社会主义现代化建设拔尖创新人才培养的重要渠道，是创新型和实用型人才培养的核心环节，承担着国家高水平创新型人才培养的重任。加强和改进研究生组织培养与管理工作，是深入推进素质教育、全面提升研究生培养质量、推动高等教育改革发展的需要，是维护社会稳定、建设和谐校园的需要。

### 7.7.1 研究生管理工作的现状与重要性

近年来，各高校频现研究生安全稳定突发事件，研究生的组织培养工作急需重视。由于研究生结构相对复杂、年龄参差不齐、培养目标定位较高、理想信念缺失等因素，导致研究生科研学术氛围弱、思想政治教育工作开展难度大、研究生群体的管理不可控、学生基层组织凝聚力差等问题。因此，加强和改进研究生

的教育培养是当前学生工作的重点工作之一。

目前，我国研究生培养在一定程度上已粗具规模，在人才培养领域也取得了一定成效，但在形成独具中国特色的培养模式上还存在不足。我国的研究生培养教育主要存在以下几个问题：

① 研究生学生管理工作未成体系化，学生工作办公室未与研究生教学办公室、各科研实验室协同合作，导致研究生学术管理工作与研究生教学培养、科研研究相脱节，未能发挥学生工作的最大战斗力。

② 研究生培养工作体制不健全，管理机制僵化，工作体制缺乏规范性、系统性和科学性，组织建设有待进一步提高和改进。

③ 党建基层组织建设弱化，研究生信仰缺失，理想信念不坚定，基层组织建设不合理，与研究生实际情况不符，存在严重"重学术，轻思想"的现象。

④ 研究生的培养体系和培养方式不适应研究生职业发展的要求，质量保障体系尚未建立或完善，研究生教育质量滑坡，学术科研成果呈现下降趋势，学术氛围出现封闭化趋向。

⑤ 研究生人员结构复杂、年龄参差不齐、价值观多样化都为研究生的教育管理带来一定的难度和挑战，使研究生教育管理工作日趋繁重。

### 7.7.2 软件学研究生一体化组织、培养和管理工作

基于上述现状，软件学院高度重视研究生培养与管理工作，联合学院教学工作办公室、各科研所，以研究生党支部作为工作切入点和抓手，共同谋划研究生一体化组织、培养和管理工作。

#### 1. 研究生教育管理工作一体化

由软件学院学生工作办公室对研究生管理工作展开深入调研，并与教学工作办公室、各科研所一起多次组织座谈会（见图7-47）讨论研究生一体化组织、培养和管理方案，建立了联合协同工作的共识和组织办法，从而建立起党委统一领导、党政齐抓共管、专兼职队伍相结合、全院紧密配合、研究生规范管理的领导体制和工作机制，把研究生教育管理纳入学院整体规划，统一部署、统一实施、统一检查和评估。

#### 2. 完善研究生管理制度建设

为加强研究生管理体系，解决研究生培养工作体制不健全、管理机制僵化等问题，软件学院在学院领导的指导下，根据多次讨论和会商，特制定了《软件学院研究生综合素质测评实施办法》《软件学院学生请假管理办法》《软件学院高年级本科生进科研实验室的工作办法》以及《软件学院加强研究生思想政治教育和

安全稳定管理的规范》等规章制度（具体见第 9 章第 9.4.1、9.5.1、9.6.5、9.5.9 节），进一步明确了研究生导师的工作责任、研究生综合素质测评机制、研究生基层组织建设和安全稳定办法、研究生实习和请假管理规范、高年级本科生输送到实验室机制等，从制度层面为研究生一体化组织、培养和管理提供了依据，全方位保证研究生的安全稳定和综合管理，使研究生工作体制规范化、系统化、科学化。

图 7-47　软件学院召开研究生教育管理一体化工作研讨会

3. 促进研究生学术科研培养

软件学院为拓展研究生的学术视野，激发研究生的创新思维，特面向全体研究生举办了研究生学术论坛，以丰富研究生科研生活，营造浓厚的科研学术氛围。学术论坛每年举办一次，分各所论坛和学院总论坛，由各所推荐优秀研究生参加学院总论坛。研究生要对自己所开展的学术研究方向进行阐述介绍，并着重汇报自己一年来的学术研究成果。学院对表现优秀的研究生进行物质和荣誉奖励，并优先考虑其评奖评优和优质工作岗位推荐。软件学院鼓励全体研究生及高年级本科生参与，将近期研究成果总结、提炼形成学术论文。学院邀请学院教授、校外知名学者成立专家评审小组对学术论文进行统一评审。同时邀请行业学者、学院老师及优秀论文作者做学术报告，并对获奖学生及教师进行表彰。软件学院为研究生开展科研互动创造条件，为研究生自我教育、自我管理、自我完善搭建平台。

4. 研究生党支部改革工作

研究生群体的组织、管理和培养存在着若干的问题，为了较好地架构好研究生群体的改革工作，软件学院谋划从研究生党支部作为切入点，通过掌握研究生党建这一有力抓手,推进研究生一体化的组织、培养和管理工作。改革思路是打破原有以班级为单位划分的组建方式,将博士、硕士以研究所为基本单位融合设立研究生党支部,以研究所下各课题组设立党小组,引导研究生党支部与研究所教职工党支部进行"1+1"的对接和合作,引导研究生党支部以研究所科研业务、实验室学术氛围、师生关系、实验室环境建设、学生职业发展等为党建工作载体,开展思想大讨论、我为实验室做一件好事、实验室党团日活动、学术论坛等党建活动,盘活研究生思想政治教育、安全稳定、党建工作、科研发展等整盘棋,从而形成"党建带动科研、科研促进党建"的研究生党建工作格局。

5. 建立研究生评价新体系

党建工作与研究生管理工作结合,使综合素质测评成为思政教育的"硬抓手"。学生综合素质测评一直是软件学院特色学生工作之一,是评价和考核学生的重要手段,旨在对学生的德、识、才、学、体等方面的综合素质进行定性和定量的综合考核,帮助学生客观、全面、准确地认识自我,以便更好地引导学生不断完善自己,提高综合素质、实现全面发展。在此之前,软件学院开展学生综合素质测评工作一直以班为单位,辅导员做评委。这种机制忽略了研究生导师的作用,也使各班级之间产生隔阂,不符合研究生培养"导师为核心,科研实验室为平台"的实际情况。因此学院大力开展研究生综合素质测评改革,将学生综合素质测评工作在原有基础上做深做细。

首先,综合测评工作由各研究所的学生党支部组织开展(见图7-48),全面有效地发挥党组织在业务工作中的示范带头作用,提高党支部吸引力、凝聚力、战斗力,加强学生教育管理,加强研究所的建设。

图7-48 软件学院研究生综合测评答辩会

其次,测评打破了班级隔阂,以研究所为单位,邀请各研究所导师参与,使导师作为学生的第一责任人可以加强与学生面对面交流，无形之中编织起学生与老师之间交流沟通的有效网络，帮助导师及时准确地掌握学生思想动态和发展趋势。导师也根据学生的答辩内容给予相应的指导和建议，帮助同学走出迷茫，合理规划未来，引导学生自我总结，针对问题进行引导和帮扶教育，充分发挥综合素质测评工作在人才培养中的牵引作用。

最后，这次改革改变了打分排队的传统模式，使综合测评不再仅仅是数据上的排队，而是要求每名学生都要结合专业学习、科技创新、社会实践和社会工作等各方面进行总结，并提出下一阶段的个人发展规划，有效培养了学生提升自我思想认识的主动性和自觉性。学生综合素质答辩会不仅是学生多角度审视自己、展现自我的平台，也是学生与学生、学生与老师之间沟通的桥梁。

### 7.7.3 软件学院研究生一体化工作成果

#### 1. 研究生党建改革新成效

改革后的研究生党支部在实验室各项课题中带头钻研，攻坚克难。软件学院数字媒体研究生党支部在数字媒体作品制作中，党支部成员积极将党的发展历史、著名人物、经典故事等红色元素融入科研作品当中，一方面用党的文化提升科研作品水平，另一方面用科研作品宣传党的文化。软件学院数据科学研究生党支部成员指导高年级本科生参与实验室工作，探索本硕博贯通培养模式，积极参与研究生学术论坛投稿，营造"比理想、比学习、比成才"的氛围。在党支部参与实验室学术氛围建设的过程中也提升了党支部成员自身科研水平，使党支部本身成为一支团结有力的科研团队力量。

研究生党支部通过开展生动活泼的活动，加强师生联系，更好地发挥师德楷模作用。通过教工—学生支部对接，共同开展理论学习和组织生活，使实验室老师通过党组织的联系影响到学生党员，加强学生党员的理论教育和党性教育，使学生党员坚定理想信念，引导学生党员用习近平总书记系列重要讲话精神和治国理政新理念新思想新战略武装头脑、指导实践、推动工作。

#### 2. 研究生就业工作新成绩

在校院两级的统一领导下，在全院师生的共同努力和配合下，软件学院研究生就业率屡创新高。近几年来，软件学院研究生就业率均为100%，主要集中在国防行业、银行金融行业、国有企业、互联网IT等精尖行业。其中2017年签约率99.1%，比2016年提高了0.1个百分点。研究生上博率1.8%，总体较2016年提高2个百分点。软件学院研究生就业质量逐年提高，研究生去国防行业就业比例由20%提高到22%，初次就业年薪由2015年的12.6万元提高到2017年的15.9

万元，提高了 3.3 万元。与同期其他专业研究毕业生相比，在就业城市、薪酬待遇、就业单位等方面都处于领先地位。

3. 研究生学术科研新高度

近 3 年来，软件学院培养的研究生发表学术论文近百余篇，其中，SCI 收录论文 20 篇，EI 收录论文 56 篇，申请发明专利 43 项，获授权专利 20 余项。研究生积极投身参与到"辽宁号"航空母舰、"嫦娥一号"卫星、"蛟龙号"载人潜水器、平昌冬奥会"北京 8 分钟"等数十项国家重大工程的设计与实施中。

# 第 8 章  软件学院其他特色学生工作

软件学院为助力学生成长成才，牢固树立全员育人、全过程育人、全方位育人的理念，除建立特色学生工作体系之外，还开展了多项特色的学生工作，加强推动软件学生工作常态化、精准化、全面化。

## 8.1 本科生招生宣传工作

随着我国高等教育事业的迅速发展，高校生源的竞争变得日趋激烈。在当前生源减少、考生诉求多元化、信息渠道多样化的情况下，招生宣传成为高校招生工作的重中之重。软件学院为做好学校招生宣传工作，提高招生宣传的质量，增强招生宣传的实效性，开展一系列长期有效的招生宣传工作。

### 8.1.1 招生宣传工作的重要性

招生宣传工作作为普通本科院校招生录取工作中最为重要的环节之一，主要是指不同的本科院校在不同的时间、不同的地点针对不同学校、不同层次的考生进行学校推广的一项工作，具有政策性强、涉及面广、工作量大的特点，是组织动员学生报考普通本科院校的重要形式，直接关系到高校的生源数量、质量及未来的持续性发展。所以加大招生宣传力度，对于提高生源质量、搞好招生工作具有重要意义。

首先，招生宣传工作可以满足社会需求，实现大众教育的需要。随着国内高等学校招生规模的逐步扩大，以及学生自由选择院校、专业时代的即将来临，普通本科院校的生源竞争将会越来越激烈。仅靠单一的招生方式已经无法满足社会的需求，因此开展招生宣传工作对社会发展具有重要意义。其次，招生宣传工作是普通本科高校自我展示的需要，是学校发展的需要。普通本科高校要想在竞争中立于不败之地，就必须要采取多种多样的方式来宣传自己，让社会、考生和家长了解学校、信任学校，从而选择学校。再次，招生宣传工作是体现招生公开、公平、公正原则的需要，招生宣传工作有利于进一步规范招生管理，使录取行为得到监督，增加招生工作透明度，更好地维护广大考生的合法权益，确保公平公正。最后，招生宣传工作满足考生及家长的需要，考生只有在填报志愿前充分了解高校的招生政策和实际情况，才能够按照自己的条件，正确、合理地选择学校和专业。

### 8.1.2 招生宣传工作存在的问题

过去的招生宣传工作中，软件学院曾花费大量人力、精力、物力推进招生宣传工作，虽然取得了一些成绩，但总体情况并不乐观，突出表现在以下几个方面：

1. 缺乏完善的工作体系

招生宣传工作是学院重要任务，需要集合学院多方力量通力合作、全力以赴。然而在过去的工作中，软件学院招生宣传工作往往是学生口一方"单挑独斗"，其他部门"雪中送炭"，缺乏学院整体的工作体系以及战略布局，招生队伍的规模、人员构成、组织动员能力和工作水平等存在很大的可提升空间。

2. 缺乏科学有效机制保障

以往的招生工作缺乏科学有效而又强有力的制度保障，招生宣传的工作内容、队伍组建、考核奖励都无章可循、无处规范，最直接的体现就是招生宣传工作队伍人数不足、稳定性较差。由于缺乏选拔组建及考核奖励机制，既很难吸引学院教学及科研一线的优秀"新人"加入，也很难把富有实战经验的"老人"留住，成果产出具有较大随机性，人为影响极大。

3. 前期专业特色宣传有待加强

招生宣传工作应该是一项润物细无声的长期、可持续性工作，需要大量的工作积累和精心策划。而软件学院过去的招生宣传工作大多为在特殊时期的"临时抱佛脚"，工作效果及影响力都大打折扣。

### 8.1.3 软件学院招生宣传工作措施

基于以上工作问题和工作现状，软件学院针对性实施了一系列的工作举措。

首先，软件学院领导高度重视，全力做好招生工作的组织和保障。学院专门召开学院院务会，组建招生宣传工作领导小组，由党委书记、院长担任组长，组内成员包括各研究所、机关、教学及学生工作办公室负责人，专题讨论招生工作的实施措施、具体分工、资源保障和工作目标，搭建软件学院特色科学的招生宣传工作体系，如图 8-1 所示。

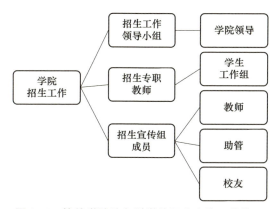

图 8-1 软件学院特色科学的招生宣传工作体系

然后，学院制订《软件学院关于进一步加强招生宣传工作的管理办法》（具体见第 9 章第 9.3.7 节），规范了包括组织领导组、招生宣传考核奖励办法以及招生宣传工作在平时和特殊时期的不同任务安排，进一步调动学院二级单位、专业方向教师的招生积极性，动员更大的人力参与招生工作中。学院要求各二级单位根据人员数量、高级职称比例推荐和选拔招生宣传工作人员，从而一定程度上保证了最终招生宣传工作队伍水平和稳定。软件学院组建了涵盖学院领导 3 人、副处级及副高级以上职称 12 人、科研教学工作一线青年教师 6 人，总计 21 人的招生宣传教师工作队伍，其中具有招生宣传工作经验 12 人。

此外，学院也着重做好长期的特色宣传工作，大力动员二级单位的科研团队力量、榜样力量，积极主动到各个中学、优秀生源地，针对学校和学院的学科科研、人才培养、社会服务、校园文化等开展有效宣传，吸引考生的兴趣，引导考生的职业规划。2017 年 5 月份，学院招生宣传组多次前往湖北建设优秀生源基地（见图 8-2），学院副书记、副院长为重点中学的同学们分别做了"软件智能与海洋强国"的科普讲座，博得了广大师生的热烈好评。同时，招生宣传组在每个重点中学都建立了微信咨询群，及时将学校招生宣传资讯第一时间转发给学生和家长，做好日常工作积累和铺垫，争取覆盖到每一个考生。

图 8-2　软件学院赴湖北省重点中学开展专家科技讲座

### 8.1.4 软件学院招生宣传工作成果

软件学院在学校招生就业工作处和学院党委的指导下,在全院招生工作人员的共同努力下,通过一系列的工作举措,招生宣传工作取得了优异的工作成绩。

近三年来,软件学院招生宣传工作硕果累累(见图 8-3):软件学院于 2015 年获得北京理工大学招生宣传先进集体二等奖、2016 年获得北京理工大学招生宣传先进集体一等奖、2017 年获得北京理工大学招生宣传先进集体三等奖。

图 8-3　软件学院近三年招生宣传获奖证书

此外,招生宣传组人数、招生宣传场次逐年递增。招生宣传组人数由 2015 年的 8 人提高到 2017 年 20 人,招生宣传场次由 2015 年的 18 场提升到 2017 年的 35 场。湖北省招生宣传咨询会如图 8-4 所示。

图 8-4　湖北省招生宣传咨询会

同时，学院负责湖北省份录取分数逐年提高。2017 年我校在湖北省的提档线理科类为 608 分，超出一本线 124 分，比 2015 年提高了 22 分；文史类为 602 分，超出一本线 74 分，比 2015 年提高了 21 分。录取人数在 5 人以上的湖北重点中学达到 9 所，比 2015 年增加了 3 所。北京第四中学和中关村中学招生人数有明显提高。北京四中录取人数为 14 人，中关村中学录取人数为 5 人，比 2015 年共增加了 3 人。

## 8.2 校友工作

校友是学校对外最美的名片。校友不仅是一所学校人才培养质量的标识，更是学校事业发展最坚定的支持者。当前学校正处于"双一流学科"建设的关键时期，学校建设和发展不仅需要在校师生的努力，更需要广大校友的支持和反哺。因此学院要把校友组织建设工作纳入学生工作的重要位置，把校友工作作为学院的重要发展战略，主要包括以下几个方面：

1. 加强各级校友组织管理和服务关爱

软件学院高度重视校友工作，把校友工作与学院学科建设、科学研究、人才培养等形成一个有机的整体，放在同等重要的位置上来布局谋划。学院建立校友服务中心，统筹负责全体校友联络、接待和服务工作。学院还建立各级、各地的校友分会组织，从而建立点、线、面相结合全方位的校友工作网络。学院大力加强对校友关心支持，既支持在事业发展道路上取得成就的校友，也关心在工作岗位上兢兢业业的普通校友，更扶持在生活或工作中遇到困难的校友。近年来，学院先后为家庭发送重大事故的校友送上近 30 万余元的爱心捐助，并在学院内发起了捐款活动，学院师生积极捐款帮助校友家庭渡过难关。

2. 大力开展各类校友活动

软件学院以学校校庆、十周年毕业为契机，开展主题鲜明、内容丰富、形式多样的校友活动，大力营造浓郁的校友文化氛围，其中品牌特色活动是每年的"十周年校友返校活动"（见图 8-5～图 8-7）。学院每年邀请毕业十周年的校友重回母校，并设计了合影留念、参观校史馆、参观实验室、召开各年级座谈会等环节，与当年班主任、辅导员、学院领导一起共忆美好情谊。

图 8-5　软件学院 2003 级本科生毕业十周年返校活动

图 8-6　软件学院 2004 级本科生毕业十周年返校活动

3. 建立校友对校内建设反哺机制

一所大学仅仅依靠自己单方面的力量对学生施加教育影响，显然远远达不到育人目标，需要借助校友资源并充分注入学生工作各个育人环节中。杰出的校友对在校大学生具有很强的示范和向导作用，其优秀事迹本身就是最生动的德育题材。学院聘任优秀校友担任职业生涯规划指导老师，定期对学生成长发展和职业规划进行有效指导。同时学院还先后邀请了中科院最年轻的博导徐颖、"蛟龙号"总设计师杨波、微盟创始人孙勇涛（见图 8-7）等知名校友走进北理工为学生做讲座，使得在校学生可以领略学习校友风采、汲取宝贵经验、纳入社会视角、建立职业规划。

图 8-7　软件学院校友、微盟创始人孙勇涛做讲座

4. 校友工作管理信息化

学院结合"圈圈校园"软件系统，建立校友数据库和校友信息平台，实现对校友各项数据进行大数据管理和分析，同时提供校友资源获取、信息交流和沟通宣传的平台，通过线上线下的校友服务工作，团结校友、凝聚校友、分享信息、助力发展，让校友们时时感受母校的关怀。

## 8.3　北京理工大学程序设计大赛

### 8.3.1　程序设计大赛的介绍

自 2006 年起至 2010 年，北京理工大学每年都举办校园大学生程序设计大赛（以下简称"竞赛"），程序设计大赛是在教务处和校团委的共同主办下，由软件学院负责的，面向北理工全体学生的比赛。

1. 程序设计竞赛的意义

竞赛目的在于探索出一条有实际效果、有北理工特色的计算机学科人才培养和选拔模式，培养计算机学科专业学生的逻辑分析能力、创造力、团队合作精神以及解决问题的能力，从而挑选和发掘北理工最优秀的计算机学科人才。同时促进和探索北理工计算机学科专业课程体系、教学内容和方法的改革，吸引广大大学生踊跃参加课外科技活动，为培养、选拔、推荐优秀软件专业人才创造条件，以此培养一大批优秀的中国软件行业人才，服务于国家电子信息产业的发展规划，促进中国软件产业的繁荣发展。

2. 竞赛的定位和特色

竞赛是一项面向北理工全体学生的公益性科技活动，是一项考查学生是否具备扎实的计算机学科专业技术基础，培养学生分析问题、解决问题能力，团队合作精神的竞赛。

竞赛的特色在于：所有竞赛题目都努力使计算机学科专业课程体系、课程内容与软件行业生产实际问题相结合，考查参赛学生扎实的专业技术基础，培养学生理论联系实际、动手实践、实际生产的能力；竞赛要求学生以团队（不超过 3 个人）开发的形式通过一台计算机在 5 个小时的封闭式空间中完成 8～10 道题目，培养学生在高度压力的环境下分析问题、解决问题的能力，培养学生创新精神和团队协作能力。

3. 竞赛的内容

竞赛要求参赛者以团队（不超过 3 个人）开发的形式通过一台计算机在 5 个小时的封闭空间中，以某种高级语言（C，C++，JAVA）为媒介，通过构造算法、编写程序去解决由软件行业实际生产中抽象出来的 8～10 个问题。程序完成之后提交至在线评测系统（Online Judge）运行，评测系统将运行的结果（正确或错误）通知参赛队。最后的获胜者为正确解答题目最多且总用时最少的队伍。

竞赛考查参赛者的数据结构、算法和数学模型这些专业基础情况，要求参赛者具备扎实的数学基础和算法知识，能够对问题或者客观存在的事物及其所要解决的问题产生正确认识和理解的能力。

4. 竞赛的获奖安排

竞赛设一等奖、二等奖、三等奖、最佳女队奖、最佳勇气奖 5 个奖项。其中一等奖 6 名，二等奖 15 名，三等奖 25 名，最佳女队奖一名，最佳勇气奖一名，获得以上奖项的团队获得相应的奖金和证书。

## 8.3.2　程序设计大赛的历史

北理工自 2006 年至 2010 年成功举办了 6 届程序设计大赛，参与学生达 3 000 多人次，校园内千帆竞过，百舸争流，培养和锻炼了一大批优秀的学生，成为北理工计算机学科培养动手实践人才的摇篮。

2006 年 12 月，第一届程序设计大赛顺利举办（见图 8-8），拉开了北理工程序设计大赛的序幕。大赛由软件学院主办，软件学院分团委承办。隆冬的凛冽寒风并没有吹冷同学们参加比赛的热情，该次大赛共计参赛者近 200 人，60 多支队伍参加比赛，这一次校级比赛不仅刷新了软件学院的赛事记录，更为后来的"亚信杯"程序设计大赛写下辉煌的序曲。图 8-9 为 2006 年软件学院付梦印院长和丁刚毅院长现场指导程序设计大赛工作。

图 8-8　软件学院第一届程序设计大赛

图 8-9　2006 年软件学院付梦印院长和丁刚毅院长现场指导程序设计大赛工作

2007 年 6 月 3 日，第二届程序设计大赛顺利举办，本次大赛由教务处、软件学院共同主办，得到了亚信科技（中国）有限公司的大力支持，比赛规模实现了质的飞跃。参赛者共计 379 名，155 支队伍参加了这次比赛。炎炎夏日，参赛选手经过 6 小时的激烈奋战，第二届程序设计大赛圆满结束。第二届程序设计大赛的成功举办，使程序设计大赛知名度大大提升，也标志着"亚信杯"程序设计大赛的诞生，至此，"亚信杯"程序设计大赛在北理工的赛事舞台上正式拉开了序幕。

2007 年 11 月 17 日，软件学院第三届程序设计大赛顺利举办（见图 8-10），大赛由教务处主办，软件学院、计算机学院具体承办，大赛得到了北京闻言科技有限公司的大力支持，比赛首次采用分地区同时开赛的方式，分中关村和良乡两个赛区开展比赛。随着举办规模的扩大，越来越多的同学参与到这项有意义的比赛中来，来自9个学院共637名参赛选手组成的263支代表队参加了这次比赛，其中包括37名硕士研究生和4名博士研究生，参赛者的来源较以往更为宽广，参赛者整体编程水平也逐渐提高。

图 8-10　软件学院第三届程序设计大赛

2008年5月18日，软件学院第四届程序设计大赛顺利举办（见图8-11），大赛依然由教务处主办，软件学院、计算机学院具体承办，亚信科技（中国）有限公司提供大力支持，来自全校10个学院的294支代表队参加，参赛选手共计736名，参赛人数的稳步增加，正是"亚信杯"程序设计大赛稳步成长的证明，越来越多的北理工学子报名参加比赛，并在比赛中感受严谨务实的科研精神，体味科学技术的无穷魅力。

图 8-11　软件学院第四届程序设计大赛

2009年5月17日，第五届程序设计大赛顺利举办，大赛由教务处主办，软件学院具体承办，大赛再次得到了亚信科技（中国）有限公司的大力支持，共吸引了来自全校250支代表队参加，参赛选手共计573名，其中本科生553名，研究生15名，创下程序设计大赛参赛人数历史新高，大赛分中关村和良乡两个赛区。至此，"亚信杯"已经历经三年的成长，大赛的专业程度和成熟度明显提升，现在的"亚信杯"程序设计大赛已然沉稳地肩负起培养和选拔优秀人才的光荣任务，伴随北理工学子度过大学的一段奋斗时光。

2010年5月16日，软件学院第六届程序设计大赛顺利举办（见图8-12），大赛由北京理工大学教务处和校团委主办，软件学院具体承办，基础教育学院、网络服务中心协办，亚信科技（中国）有限公司提供赞助。大赛共吸引了学校的各个学院的210个代表队参加，参赛选手共计492名，其中本科生有206支队伍（482名学生），研究生有4支队伍（10名学生），大赛将分中关村和良乡两个赛区。本次程序设计大赛，继续发扬前五届程序设计大赛的精神，共享程序设计乐趣，体验团队合作方式，在鲜花盛开的五月，聚首北理，共享大赛盛典。选手们成竹在胸的表情是实力的表现，流淌的汗水见证了比赛竞争的激烈，出众的智慧让这场比赛更加精彩。

图8-12　软件学院第六届程序设计大赛

### 8.3.3　程序设计大赛取得了卓越的人才培养效果

汗水见证努力，努力创造辉煌，辉煌照亮理想，理想放飞希望！通过北京理工大学程序设计大赛的举办，为学生搭建科技创新平台，引导学生参加国内外科技竞赛，参加各科研实验室的实际科研项目，取得了良好的教学、科研效益。一批又一批优秀的北理工学子以程序设计大赛为起点，走向国内、国际更广阔的科技创新舞台，他们带着从程序设计大赛中历练出来的坚忍不拔、勇于拼搏的精神，去攀登一个又一个科研高峰。

几年中，从校园程序设计大赛培养出来的学生共有 300 多人次在国家、国际各大型计算机学科科技竞赛中获得奖励，有在第 14 届国际计算机博弈锦标赛勇夺六子棋项目金牌的本科 2006 级崔皓、王锐坚等同学，有在全国第 11 届"挑战杯"大学生课外科技作品竞赛勇夺一等奖的本科 2006 级邵帅、黄张涛等同学，有在"中科杯"全国软件设计大赛勇夺特等奖的本科 2007 级刘利凯、曹宇等同学……都是北理工校园程序设计大赛走出来的科技创新之星，是北理工的程序设计大赛引导了他们、培养了他们！

几年中，从校园程序设计大赛中选拔和培养出来的优秀学生受到了学校各科研实验室的青睐，有一大批优秀的学生（如软件学院本科 2006 级的王锐坚、金镇晟、邵帅等）参加到了 2008 年奥运会、2009 年国庆阅兵等国家重大科研，并发挥了重要的科技攻坚作用！

长江后浪推前浪，在学校的大力支持下，参赛团队在比赛中所展现的水平越来越高，成绩越来越突出，充分体现了北理工学子蓬勃向上、积极进取、不断超越、勇攀高峰的科研精神。相信北京理工大学程序设计大赛必将带领他们走向更宽广的舞台，伴他们迈向更辉煌的人生！

# 第 9 章 软件学院学生工作制度规范

## 9.1 软件学院学生工作制度总览

本书第 4 章第 4.4.1 节已详细阐述软件学院学生工作制度体系的制定思路及重要意义。学生工作制度体系建设是对群体组织、管理的工作依据和基础，合理完善、科学系统的制度规范体系才能发挥管理制度的效力，才能充分体现制度的有效性，从而为整体学生工作提供基础性的保障。软件学院一直以来高度重视学生工作制度化建设，围绕"提升行政管理水平、提升学生服务质量、构建良性闭环的管理和引导机制"的核心目标，构建软件学院学生工作制度和规范。

软件学院学生工作制度体系整体架构（见图 9-1）包括"学生工作纲领性制度""学生工作行政规范制度""学生教育工作制度""学生管理工作制度""学生科技创新管理制度""学生组织及学生活动管理制度"这六个模块，其中"学生工作纲领性制度"规范了软件学院学生工作的领导工作组、机构设置、职能责权、工作人员行为准则和奖励办法，制定了学生工作的总原则和总纲领，指导学生工作队伍开展各项学生工作；"学生工作行政规范制度"定义了学生工作队伍在请示、财务报销、对外宣传、资产管理、公文处理、签章管理等各项行政业务工作，将行政管理完全规范化和精细化，为学生工作人员提供规范的制度模板、实用的工具表单、标准的工作流程；"学生教育工作制度"和"学生管理工作制度"分别规范学生教育和日常管理的方方面面；"学生科技创新管理制度"详细定义了科技创新创业基地的组织机构、学生干部和成员行为准则、科技创新奖励办法以及科技创新活动的管理要求；"学生组织及学生活动管理制度"严格规定了学生活动规范、学生组织财务报销规范、学生组织及其学生干部的行为准则。通过这六个模块涵盖了学生工作所涉及的全方面需求，从而构建了合理完善、科学系统的学生工作制度体系。

## 9.2 学生工作纲领性制度

为切实加强软件学院学生工作队伍专业化、职业化建设，调动学生工作者管理育人、教书育人、服务育人的积极性，特制定以下学生工作纲领性制度，自上而下地规范学生工作者的工作原则和工作纲领，指导学生工作队伍开展各项学生工作。通过定义工作领导小组工作办法、学生工作人员的职责及考核奖励办法，明确工作职责范围、规范工作管理制度，调动学生工作人员的积极性，以便后续工

第 9 章 软件学院学生工作制度规范

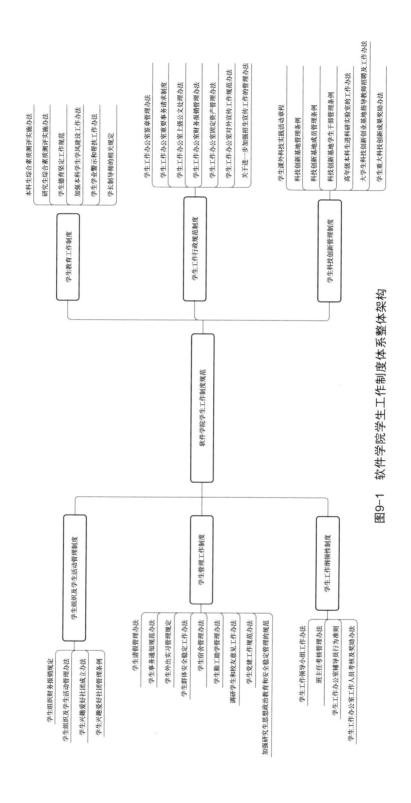

图9-1 软件学院学生工作制度体系整体架构

作的开展。软件学院对纲领性制度（见表9-1）进行严格贯彻执行，切实提高了软件学院学生工作人员的工作态度、工作能力、工作实绩和业务水平，打造了一支政治强、业务精、纪律严、作风正的学生工作队伍。

表9-1 软件学院学生工作纲领性制度列表

| 学生工作纲领性制度 | 《软件学院学生工作领导小组工作办法》<br>《软件学院班主任考核管理办法》<br>《软件学院学生工作办公室辅导员行为准则》<br>《软件学院学生工作办公室工作人员考核及奖励办法》 |
| --- | --- |

## 9.2.1 软件学院学生工作领导小组工作办法

为切实落实以学生为中心的工作理念，深入推进人才培养工作的开展，软件学院特成立学院级学生工作组（见图9-2），由此加强学生工作的力量保障和规范领导，扎实做好学生思想政治教育、专业教育和学业培养、课外科技创新创业实践、综合素养拓展和培养、职业生涯规划和就业服务、校友工作，全面提升人才培养质量。

一、组织领导

学生工作组受学院党委和行政领导，下设学生工作办公室（团委合署办公）、学生职业发展服务和指导中心、软件科技创新创业基地三个院设机构，并组建学生工作干部队伍选聘委员会、学生奖励资助评审委员会、学生职业发展服务和指导委员会、学生科技创新创业指导委员会四个业务委员会，形成对学生工作全面有效的组织保障和业务指导。

其中，学生工作干部队伍选聘委员会、学生奖励资助评审委员会的工作机构设在学生工作办公室（团委）；学生职业发展服务和指导委员会的工作机构设在学生职业发展服务和指导中心；学生科技

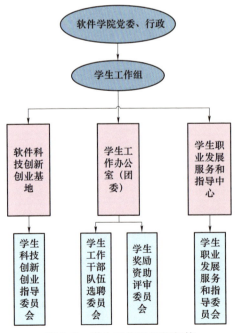

图9-2 学生工作组组织架构

创新创业指导委员会的工作机构设在软件科技创新创业基地。

二、机构组成情况

（一）学生工作组是学院全面领导学生工作的顶层机构，每学期要全面研究和部署学生工作至少1次，每年度要全面总结学生工作1次，并根据工作需要进行阶段性或专项研究部署。组成情况如下：

组长：院长、党委书记

成员：院务会成员，各系、所、机关负责人，各专业建设责任教授，全体专职学生工作干部，党建干事，研究生干事，本科教学干事，实验室及设备干事，学生干事

秘书长：学生工作副书记、副院长

（二）学生工作办公室、团委合署办公，主要负责学生党建与思想政治教育、学生工作队伍建设、学生日常事务管理、学生奖励资助、学业辅导、基层团建和学生组织建设、社会实践、文艺体育活动等；设专职学生工作干部编制4个、党建组织员编制1个（返聘）和非事业编辅导员编制2个。

（三）学生职业发展服务和指导中心主要负责学生专业学习引导和教育、职业生涯发展引导和教育、毕业生就业指导和服务、校友联络和服务，设专职学生工作干部编制1个、非事业编管理编制1个。

（四）软件科技创新创业基地主要负责学生课外科技创新创业活动的引导和动员、创新创业基地的组织和管理、学生专业技术培训和教育、学生科技创新创业项目及团队管理、科技成果管理，设专职学生工作干部编制1个、实验系列编制1个、非事业编管理编制1个。

三、相关业务委员会组成情况

（一）学生工作干部队伍选聘委员会在学生工作组的领导下，具体督导学生工作干部队伍建设，包括班主任、辅导员的选聘、考核。组成情况如下：

主任：院长、党委书记

成员：学生工作副书记、副院长，教学工作副院长，人事工作副院长，学生工作办公室负责人，机关办公室负责人

秘书长：学生工作副书记、副院长

（二）学生奖励资助评审委员会在学生工作组的领导下，具体督导学生奖、助、勤、贷，特别是奖、助学金的评审和管理工作。组成情况如下：

主任：学生工作副书记、副院长

成员：教学副院长，科研副院长，系、所、教学科研办公室和学生工作办公室负责人，负责奖励资助工作的工作人员，其他人员依据实际情况确定

秘书长：学生工作办公室负责人

（三）学生职业发展服务和指导委员会在学生工作组的领导下，具体督导在校生专业学习引导和教育、在校生职业生涯发展引导和教育、毕业生就业指导和服务、校友服务和发展追踪，由此构建闭环人才培养工作模式，实现人才培养工作的可持续改进，组成情况如下：

主任：院长

成员：院务会全体成员，系、所、机关、教学科研办公室和学生工作办公室负责人，各专业建设责任教授，学生职业发展服务和指导中心

秘书长：学生工作副书记、副院长

（四）学生科技创新创业指导委员会在学生工作组的领导下，具体督导学生科技创新创业实践活动，协调组织好拔尖创新人才模式的探索和实践、基地师资队伍建设、基地基础设施建设、基地资金支持、外部发展资源支持、质量监控、成果管理等工作。组成情况如下：

主任：学生工作副书记、副院长

成员：教学副院长，实验室工作副院长，科研副院长，外事副院长，团委负责人，教学科研办公室负责人，软件科技创新创业基地负责人，各专业建设责任教授，实验设备干事

秘书长：团委书记

北京理工大学软件学院<br>二〇一六年九月

### 9.2.2 软件学院班主任考核管理办法

班主任工作是学校思想政治教育工作、学生管理工作的重要组成部分，对促进学生的全面成才、维护学校正常的教学、生活秩序等具有重要作用。为了进一步加强软件学院班主任队伍建设，充分地调动班主任工作的积极性、主动性和创造性，促使学院全体班主任认真履行岗位职责、努力完成各项任务，进一步提高工作水平和学生管理工作质量，加强学院学风和班风建设，特制定本办法。

一、班主任岗位职责

1. 用马克思主义基本原理、毛泽东思想、邓小平理论、"三个代表"重要思想、科学发展观等理论教育学生，服务学生，并帮助学生树立正确的世界观、人生观和价值观，引导学生德智体美全面发展。

2. 树立"以学生为本"的思想，熟悉和掌握班级学生的全面情况，建立、健

全学生档案，及时发现和解决学生的思想、学习和生活上存在的问题，并向学院和学校有关部门反映，做好与学生家长的联系和沟通工作。

3. 指导学生学习，帮助学生树立正确的学习目的，端正学习态度，改进学习方法，使学生热爱软件工程专业，并树立勤奋学习、严谨求实、创新进取的优良学风和班风。

4. 加强学生全面素质培养，指导学生安排好课余生活，引导学生积极参加课外科技、文化、艺术、体育活动，培养学生积极、进取、乐观的人生态度。

5. 关心学生生活和成长，帮助学生解决实际困难，特别要关心贫困学生、心理有障碍、情绪起伏波动大和学习困难的学生，帮助他们树立学习和生活的信心，为他们顺利完成学业创造条件。

6. 落实学院对学生的管理工作，帮助、指导、支持、督促班委会、团支部开展工作，培养和建立学生骨干队伍，加强班级建设，增加班级凝聚力和创造力，协助党团组织做好推优入党和党员发展工作。

7. 有针对性地开展日常思想教育工作，引导学生树立"爱国守法，明礼诚信，团结友善，勤俭自强，敬业奉献"的基本道德风尚，培养学生健康文明举止，维护学校和社会稳定。

8. 参与学生奖学金、荣誉称号、奖励的评定，参与学生的经济资助工作，参与学生的学籍管理、学生处分、突发事件处理等工作，督促学生按时缴纳学费，监督学生遵守学校的规章制度，协助做好文明宿舍的建设等工作，做好与本班学生有关的其他工作。

9. 班主任在辅导员、学院主管学生工作副书记、副院长的统一协调下开展工作，要不断创新工作方法，加强工作研究，并按照学生工作处要求做好相关工作记录，按时提交工作总结，同时鼓励撰写工作论文，落实并完成好学院和学校交办的有关工作。

10. 积极做好困难学生帮扶工作，帮助学习有困难的同学、关心家庭贫困的学生、关注有心理问题的学生；有针对性地开展思想教育和就业指导，引导、帮助毕业生及其家长全面了解、正确判断就业形势，增强毕业生就业的基层意识和创业意识，做好毕业生教育和就业指导工作。

二、考核组织机构

考核工作由学院学生工作组下的学生工作干部队伍选聘委员会负责。

主任：院长、党委书记

成员：学生工作副书记、副院长，教学工作副院长，人事工作副院长，学生工作办公室负责人，机关办公室负责人

秘书长：学生工作副书记、副院长

三、考核方法

对班主任的考核采取量化模式，考核分数由班级全体学生打分、辅导员打分、学生工作副书记副院长打分以及奖励加分四个部分组成，其中班级学生匿名打分。学生、辅导员、副书记副院长打分的评分表格详见附件1：北京理工大学软件学院班主任工作评分表。

总分计算公式如下：

考核总分=0.4×班级学生打分平均分+0.4×辅导员打分+0.2×副书记副院长打分+奖励加分

若班主任所管理的班级获得"优良学风班""先进班集体""北京市先进班集体"等集体荣誉，班主任可获得额外奖励加分，其中：校级荣誉加5分、省部级荣誉加10分、国家级及以上荣誉加15分。

四、考核流程

每学期初，考核委员会秘书长负责组织考核全体班主任上学期的工作，考核工作主要流程如下：

1. 班主任认真填写并提交北京理工大学软件学院班主任工作考核表（见附件2）。

2. 各班长负责组织班级学生打分，并统计出学生打分的平均分；学生工作办公室主任负责组织辅导员、副书记副院长打分；学生工作办公室负责计算出班主任的总分，并进行排名。

3. 学生工作办公室将考核结果公示于软件学院网站，并发送邮件至各位班主任老师邮箱，公示时间不少于三天。

4. 考核委员会秘书长将考核最终结果报考核委员会全体成员知晓。

5. 学生工作办公室负责组织召开班主任表彰会议，对获奖班主任颁发证书并发放奖金。

五、评奖原则

1. 班级不及格率（不及格率=未通过人数/班级总人数）高于15%不可评二等奖及以上，高于10%不可评一等奖及以上，高于5%不可评特等奖；

2. 班级出现安全事故的班主任不参与评奖。

六、奖励办法

1. 凡符合评奖原则且按照考核办法得分在年级前三名的班主任分别获得特等奖、一等奖、二等奖。

2. 获评特等奖、一等奖、二等奖的班主任分别可获得¥3 000.00、¥2 000.00、

¥1000.00 的奖金；

3. 班主任晋升职称时，学生工作办公室负责将班主任工作考核结果呈送职称评审委员会。根据《北京理工大学班主任工作条例》中的规定，班主任工作情况将作为教职工职称晋升的重要参考。

附件：1. 北京理工大学软件学院班主任工作评分表
　　　2. 北京理工大学软件学院班主任工作考核表

北京理工大学软件学院<br>二〇一六年九月

附件1：

## 北京理工大学软件学院班主任工作评分表

| 年级 | | 班级 | | 班主任 | |
|---|---|---|---|---|---|
| 一级项目 | 二级项目 | | 分值 | 评分 | 评述 |
| 政治思想表现（10分） | 包括政治思想素质、政治理论水平、为人以及作风等 | | 10～0 | | |
| 工作态度（20分） | 1. 包括工作是否认真扎实、责任感是否强、是否爱岗敬业、是否有为学生服务的精神、是否经常主动关心学生等 | | 10～0 | | |
| | 2. 包括是否有亲和力、凝聚力，师生关系是否融洽，威信力是否高等 | | 10～0 | | |
| 完成职责情况（70分） | 1. 掌握学生基本情况（包括是否掌握学籍卡上基本信息、住宿情况、业务学习情况、家庭经济及生活状况等） | | 15～0 | | |
| | 2. 思想政治教育情况（包括是否经常与学生谈心和交流思想，是否把握学生的思想动态，是否有针对性地对贫困生、有心理问题等有特殊情况的学生开展思想教育工作） | | 15～0 | | |
| | 3. 组织班级活动情况（包括每学期是否按要求组织召开班会、组织政治学习、参加重大班级活动等） | | 10～0 | | |
| | 4. 走访班级情况（包括是否经常走访寝室、到班级与学生交流，是否及时掌握班级的动态变化，是否帮助学生解决实际困难，是否主动与有特殊情况学生的家长取得联系等） | | 10～0 | | |
| | 5. 班级学风建设情况（包括是否抓班级学习气氛、班级后进生转化问题、诚信考试，班级学风状况好坏，考试作弊现象是否严重，考试不及格人次是否较多等） | | 10～0 | | |
| | 6. 日常管理情况（是否配合学院完成学生早读考勤、上课考勤、宿舍卫生检查、催缴学费、评奖评优、毕业生就业等日常管理工作） | | 10～0 | | |
| 评价总得分 | | 评价等级 | □优秀　□良好　□及格　□不及格 | | |
| 对班主任工作的意见或建议 | | | | | |

说明：总分满分为100分。

附件 2：

## 北京理工大学软件学院班主任工作考核表

填表日期：　　年　　月　　日

| 姓名 | | | 班级 | |
|---|---|---|---|---|
| 班级人数 | | 累计不及格人次 | 不及格率 | |
| 召开班会情况 ||||||
| 时间 | 地点 | 班会主题 |||
| | | |||
| | | |||
| | | |||
| | | |||
| 学生谈话情况 ||||||
| 时间 | 学生姓名 | 谈话内容 |||
| | | |||
| | | |||
| | | |||
| | | |||
| 联系家长情况 ||||||
| 家长姓名 | 学生姓名 | 关系 | 因何联系 ||
| | | | ||
| | | | ||
| | | | ||
| | | | ||
| 班级所获荣誉 | |||||
| 上学期工作总结 | |||||

### 9.2.3 软件学院学生工作办公室辅导员行为准则

辅导员是高等学校教师队伍的重要组成部分,是高等学校从事德育工作,开展大学生思想政治教育的骨干力量,是大学生健康成长的指导者和引路人。为进一步促进软件学院辅导员队伍建设,规范辅导员日常行为,根据教育部令第24号《普通高等学校辅导员队伍建设规定》《高等学校教师职业道德规范》以及其他有关规定,结合学院工作实际,特制订本行为准则。

一、岗位定义

辅导员是高等学校教师队伍和管理队伍的重要组成部分,具有教师和干部的双重身份。辅导员是开展大学生思想政治教育的骨干力量,是高校学生日常思想政治教育和管理工作的组织者、实施者和指导者。辅导员应当努力成为学生的人生导师和健康成长的知心朋友。

二、岗位职责

1. 帮助学生树立正确的世界观、人生观、价值观,确立在中国共产党领导下走中国特色社会主义道路、实现中华民族伟大复兴的共同理想和坚定信念。积极引导学生不断追求更高的目标,使他们中的先进分子树立共产主义的远大理想,确立马克思主义的坚定信念。

2. 帮助学生养成良好的道德品质,经常性地开展谈心活动,引导学生养成良好的心理品质和自尊、自爱、自律、自强的优良品格,增强学生克服困难、经受考验、承受挫折的能力,有针对性地帮助学生处理好学习成才、择业交友、健康生活等方面的具体问题,提高思想认识和精神境界。

3. 了解和掌握学生思想政治状况,针对学生关心的热点、焦点问题,及时进行教育和引导,化解矛盾冲突,参与处理有关突发事件,维护好校园安全和稳定。

4. 落实好对经济困难学生资助的有关工作,组织好学生勤工助学,积极帮助经济困难学生完成学业。

5. 组织、协调班主任和党建组织员等工作力量,共同做好学生的思想政治工作,在学生中间开展形式多样的教育活动。

6. 指导学生党支部和班委会建设,做好学生骨干培养工作,激发学生的积极性、主动性。

7. 积极开展就业指导和服务工作,为学生提供高效优质的就业指导和信息服务,帮助学生树立正确的就业观念。

8. 努力做好学生群体的学风建设,弘扬崇尚学习、崇尚先进的良好氛围,根据学校、学院相关规定,严格执行学生学业预警和帮扶工作。

9. 积极引导和组织学生开展课外科技创新实践、创业活动。

10. 积极组织和带领学生开展丰富多彩的课外文体艺术活动，引导学生德、智、体、美、劳全面发展。

11. 其他领导交代工作。

三、职业守则

1. 爱国守法。热爱祖国，热爱人民，拥护中国共产党的领导，拥护中国特色社会主义制度。遵守宪法和法律法规，贯彻党的教育方针，依法履行教育职责，维护校园和谐稳定。不得有损害党和国家利益以及不利于学生健康成长的言行。

2. 敬业爱生。热爱党的教育事业，树立崇高职业理想，以献身教育事业、引领学生思想和服务学生成长为己任。真心关爱学生，严格要求学生，公正对待学生。不得损害学生和学校的合法权益。在职责范围内，不得拒绝学生的合理要求。

3. 育人为本。把握思想政治教育规律和大学生成长规律，引导学生树立正确的世界观、人生观和价值观。增强学生社会责任感、创新精神和实践能力。尊重学生独立人格和个人隐私，保护学生自尊心、自信心和进取心，促进学生全面发展，努力培养社会主义合格建设者和可靠接班人。

4. 终身学习。坚持终身学习，勇于开拓创新，主动学习思想政治教育理论、方法及相关学科知识，积极开展理论研究和实践探索，参与社会实践和挂职锻炼，不断拓展工作视野，努力提高职业素养和职业能力。

5. 为人师表。学为人师，行为世范。模范遵守社会公德，引领社会风尚，以高尚品行和人格魅力教育感染学生。不得有损害职业声誉的行为。

北京理工大学软件学院<br>二〇一六年九月

## 9.2.4　软件学院学生工作办公室工作人员考核及奖励办法

为建立科学有效的学生工作办公室工作人员考核评价和激励机制，鼓励工作人员全面贯彻学校"以人为本、教书育人"的工作理念，在各自的岗位上恪尽职守、创新求精，营造积极向上的工作氛围，特制定本工作办法。

一、考核对象

软件学院学生工作办公室全体成员，包括所有专职辅导员、非事业编工作人员、兼职辅导员、党建组织员、学生干事等。

二、考核内容

考核主要结合工作人员岗位职责落实情况，全面考核工作人员的德、能、勤、绩、廉情况。考核总分为 100 分，其中德占 15%，能占 15%，勤占 20%，绩占 30%，廉占 20%。

德，指工作人员的思想政治素质、个人品德、职业道德、社会公德等方面的表现。

能，指工作人员履行岗位职责的业务素质和工作学习、进取创新能力。

勤，指工作人员的责任心、工作态度和工作作风等方面的表现。

绩，指工作人员的工作实绩，即在完成岗位任务目标和履行岗位职责过程中取得的绩效等。

廉，指廉洁、俭朴、自律等方面的表现。

三、考核办法

1. 考核委员会

考核由学院学生工作组下的学生工作干部队伍选聘委员会负责。

主任：党委书记

成员：学生工作副书记、副院长，人事工作副院长，系、所、机关、学生工作办公室负责人，各专业建设责任教授

秘书长：学生工作副书记、副院长

2. 考核办法

考核由考核委员会打分、主管领导打分、同事打分、学生打分、额外奖励加分四个部分组成。计算公式如下：

考核总分=考核委员会打分×20%+主管领导打分×20%+同事打分×30%+
　　　　学生打分×30%+额外奖励加分

考核委员会打分、主管领导打分、同事打分、学生打分见《附件2：北京理工大学软件学院学生工作办公室工作人员考核评价表》所示。

额外奖励加分为工作人员获得校级以上表彰，或者获得学生工作相关学术成果。其中，校级表彰每项奖励5分，省部级表彰每项奖励10分，国家级或国际级表彰每项奖励15分。在核心期刊发表学术论文等相关学术成果每项奖励10分。

3. 考核程序

每学期末，由党委副书记、副院长负责，筹备并启动学期考核工作。考核工作程序如下。

（1）工作人员认真填写并提交：北京理工大学软件学院学生工作办公室工作人员考核表（见附件1）。

（2）党委副书记、副院长组织开展主管领导打分、同事打分、学生打分、额外奖励加分等考核环节。

（3）党委副书记、副院长召集开展学生工作办公室述职会，工作人员以PPT形式向考核委员会进行学期工作述职，考核委员会进行现场打分，现场计算出最终结果，并进行奖励表彰。

四、奖励办法

考核评价结果以分数高低进行排名，每学期评选出优秀工作人员不多于3名。优秀工作人员可获得如下奖励：

（1）优先推荐校级及以上各类荣誉称号的评选。

（2）主管领导向学院申请给予3 000元现金奖励。

（3）颁发荣誉证书，并对外公布荣誉评选结果。

对考核结果欠佳的工作人员，做如下处理：

（1）对其诫勉谈话。

（2）取消相关荣誉、奖励申报权。

（3）严重者取消其年度奖金。

附件：1. 北京理工大学软件学院学生工作办公室工作人员考核表

2. 北京理工大学软件学院学生工作办公室工作人员考核评价表

北京理工大学软件学院

二〇一六年九月

附件 1：

### 北京理工大学软件学院学生工作办公室工作人员考核表

| 姓　名 | | 性　别 | | 出生年月日 | |
|---|---|---|---|---|---|
| 民　族 | | 政治面貌 | | 职称 | |
| 编制情况 | \multicolumn{5}{l}{□专职辅导员；□非事业编人员；□兼职辅导员；□党建组织员；□学生干事} | | | | |
| 工作岗位 | | | | | |
| 学期工作总结 | | | | | |
| 表彰情况 | | | | | |
| 学术成果情况 | | | | | |

填表日期：

附件 2：

## 北京理工大学软件学院学生工作办公室工作人员考核评价表

考核人：××××　　考核类型：　□考核委员会打分　□主管领导打分　□同事互评　□学生打分

| 考核内容 | | 要求 | 分值 | 打分 |
|---|---|---|---|---|
| 德 10分 | 思想政治素质 | 坚持共产主义理想信念，政治意识强，有大局意识 | 5 | |
| | 职业道德修养 | 作风正派，为人师表，热爱学生，具有奉献精神 | 5 | |
| 能 15分 | 引导沟通能力 | 正确理解、执行并传达各项政策和规章制度，引导学生进行思想政治学习，与学生沟通做到及时、顺畅 | 2 | |
| | 工作执行能力 | 能够按照要求在学生当中开展各项工作 | 5 | |
| | 研究学习能力 | 及时对工作进行总结和分析，开展理论研究 | 3 | |
| | 创新能力 | 具有创新意识，创新工作方法和手段，探索新的工作载体 | 5 | |
| 勤 10分 | 工作积极性 | 按要求、按时、保质完成各项工作，工作积极主动，态度认真，及时处理突发事件 | 3 | |
| | 工作纪律性 | 遵守学校的考勤纪律 | 3 | |
| | 工作责任心 | 以学生为本，热爱学生，以对学生负责的心态开展工作 | 4 | |
| 绩 60分 | 思想政治教育 | 积极开展新生入学教育、国防教育、诚信教育、文明离校等思想政治教育活动，及时把握学生的思想、学习、心理和生活等状态 | 10 | |
| | 学风建设 | 积极开展班级优良学风创建活动，开展考风考纪教育，积极对学生进行专业引导，提升学生的学习动力，定期到课堂检查考勤 | 10 | |
| | 班团组织建设 | 建立完善的班团骨干体系，定期召开年级大会、班长团支书会议，发挥骨干作用，引领学生积极参加学校各项活动，指导社团开展丰富多彩的校园活动 | 5 | |
| | 学生日常管理 | 积极开展文明宿舍建设；做好学生综合测评、奖学金评定等工作；关注生活、心理、学业、发展、交往等方面的困难学生；协助就业部门做好就业指导工作；协助有关部门做好学籍管理和违纪学生的处理工作 | 10 | |

续表

| 考核内容 | | 要求 | 分值 | 打分 |
|---|---|---|---|---|
| | 维护安全稳定 | 定期开展学生安全教育，及时处理学生的各类矛盾；熟知学校应对各类突发事件的预案；敏感时期按要求进行值班，做好学生的稳定教育；突发事件发生时及时到位并妥善处理 | 10 | |
| | 特色创新工作 | 具有创新意识，善于创新工作方法和手段，能够结合工作特点，创新并推广特色工作项目 | 5 | |
| | 科技创新 | 积极参与课外科技创新活动或工程锻炼活动，为学院科研、学科建设做出贡献的科研实验室项目活动，包括科技创新创业基地组织的各类科技活动，各类竞赛活动，以科研为依托的非课堂作业的项目活动，学术科研活动，以拓宽知识能力为目的的兴趣学习或研究活动等 | 10 | |
| 廉 5分 | / | 遵守法律法规和学校规章，工作中做到公平公正公开 | 5 | |
| 合计 | | | 100 | |

## 9.3 学生工作行政规范制度

为满足软件学院学生工作科学化、职业化、专业化的发展要求，加强学生工作规范化、制度化建设，形成有据可依、有章可循的学生工作体系，软件学院特制定以下学生工作行政规范制度（见表9-2），将行政管理完全规范化和精细化，为学生工作人员提供规范的制度模板、实用的工具表单、标准的工作流程，提高学生工作质量，促进学生发展，实现规律性传承。

表9-2 软件学院学生工作行政规范制度列表

| 学生工作行政规范制度 | 《软件学院学生工作办公室签章管理办法》 |
|---|---|
| | 《软件学院学生工作办公室重要事务请示制度》 |
| | 《软件学院学生工作办公室上级公文处理办法》 |
| | 《软件学院学生工作办公室财务报销管理办法》 |
| | 《软件学院学生工作办公室固定资产管理办法》 |
| | 《软件学院学生工作办公室对外宣传工作规范办法》 |
| | 《软件学院关于进一步加强招生宣传工作的管理办法》 |

### 9.3.1 软件学院学生工作办公室签章管理办法

软件学院学生工作办公室为加强学院签章管理，规范签章使用范围、审批流程，特制定本管理办法。

一、签章定义

签章是指签字和盖章，即在负责人签名基础上加盖学院印章。软件学院学生工作办公室对外发布文件、证明等材料，必须经过签章，方为有效。

二、印章使用范围

1. 软件学院行政印章

（1）用于学院颁发的证件、证书、聘书。

（2）用于各类需经学院批准的申请表、申报材料。

（3）用于以学院名义对外开具的各种证明。

（4）用于以学院名义向校内、校外发送的各种公文、报表等材料。

（5）用于以学院名义签订的合同、协议书、意向书等。

（6）其他由学院领导视情况决定。

2. 软件学院党委印章

（1）用于学院党委名义上报、下发的文件、证明等。

（2）用于学院内部党员发展材料、证明、奖状等。

（3）用于学院开具学生德育证明、无犯罪证明材料等。

（4）其他由学院党委领导视情况决定。

3. 软件学院分团委印章

用于以软件学院团委名义上报、下发的申请表、申报材料、证明、奖状等。

三、签章审批程序

1. 软件学院党委印章、软件学院行政印章

（1）使用印章时，相关材料须获学院党委副书记、副院长同意，由党委副书记、副院长在相关材料处签字或加盖签名章，并注明加盖何种印章。

（2）申请用章人持材料至印章管理人处登记，并加盖相关印章。

2. 软件学院分团委印章

（1）使用印章时，相关材料须获得软件学院团委书记同意，由团委书记在相关材料处签字或加盖签名章。

（2）申请用章人持材料至印章管理人处登记，并加盖印章。

四、印章管理要求

印章管理人员要认真负责，严格遵守《软件学院学生工作办公室签章管理办

法》，用印前要认真核对相关负责人签字是否真实有效、用印内容是否符合要求。凡不按照《软件学院学生工作办公室签章管理办法》执行，因印章使用不当而出现事故者，结果由签章申请人及印章管理人员负责。

北京理工大学软件学院<br>二〇一六年九月

### 9.3.2 软件学院学生工作办公室重要事务请示制度

为规范学生工作办公室重要事务审批流程，规范用权、办事，理清相关工作人员权责，特制定软件学院学生工作办公室重要事务请示制度。

一、权责的划分

学院党委副书记、副院长是在学院党委书记、院长的领导下，负责学院学生工作。学生工作办公室主任（团委书记）在学院党委副书记、副院长的领导下，负责学生工作具体事务的协调，包括学生工作办公室（团委合署办公）、学生职业发展服务和指导中心、软件科技创新创业基地三个院设机构的工作。其他工作人员在学生工作办公室主任（团委书记）领导下，分管各项学生工作业务。

在工作中，要求工作人员不得越级请示、汇报和处理事务。如遇特殊情况或急办事项，急需决策而又无法向直接领导请示报告时，可越级请示报告，但事后应及时向直接领导汇报请示报告的内容及处理情况。重要事务均须形成书面请示件材料，经被请示人签署处理意见后方可执行，请示件材料为后续各项工作的重要凭证和依据。

二、重要事务的范畴

在实际工作中，要求工作人员在如下重要事务处理中形成书面请示件进行请示，经负责领导批准后方可执行。

（1）财务工作。财务预算、财务报销；财务合同；奖学金、贫困补助、勤工助学资金发放；其他财务工作。

（2）学生活动。筹备举办任何一项文体活动，均须形成请示件，从活动目的、具体方案、资金预算、预估效果等方面进行阐述，经主管领导批准后方可执行。

（3）宣传工作。对社会媒体、学校校园网发布的新闻、通知，必须形成书面请示件；对外提交的申请书、报告等材料；对外发布的证明等材料；对外其他宣传工作；对在学院办公平台发布通知、学院网站发布新闻等频繁性事务，需要通过邮件向主管领导汇报并获批准。

（4）决策工作。涉及在学生群体中进行评优、评选、推荐等工作方案和最终结果；学生干部选拔与任命；合同、协议签署；其他重要决策工作。

（5）其他重要事务。

三、请示办法和程序

（1）请示人按照附件的格式撰写请示文件，条理清晰地阐述所请示的事务内容，可以附上相关附件材料。

（2）请示人向主管领导上呈请示文件和相关附件，根据实际需要可向主管领导当面汇报请示事件内容。

（3）主管领导批示请示件内容，主管领导如无法决策，需上报至上一级领导批示。

（4）对批准执行的请示件，主管领导（一般为副书记、副院长）要加盖签名章，并交由请示件管理人员进行编号、复印和存档；请示件管理人员需要对已批准的请示件加盖相关印章、正式编号，并将原件进行备案。

（5）对未批准执行的请示件，由主管领导交由请示人，并阐述清楚具体原因。

（6）请示件管理人员将请示件复印件交给请示人，请示件原件进行存档备案。

（7）请示人持复印的请示件，按照领导批阅意见落实工作。

四、请示件的存档

学生工作办公室要安排一名工作人员负责请示件工作，负责请示件编号、加盖印章、存档和复印流转，并在每学期末对本学期请示件进行装订归档。

工作人员要严格遵守工作纪律，不得篡改、更换请示件相关内容，不得遗漏、丢失请示件。

附件：北京理工大学软件学院学生工作办公室（团委）请示件

北京理工大学软件学院

二〇一六年九月

附件：

**北京理工大学软件学院学生工作办公室（团委）请示件**

【201×-×- 】

批示：

---

请示：

×××：

现呈上《关于××的请示》。

妥否，请阅示。

软件学院×××

201×年×月×日

---

### 9.3.3 软件学院学生工作办公室上级公文处理办法

为进一步规范软件学院学生工作办公室（团委）文件管理流程，确保上级文件或指示能够及时、有效地落实执行，提高工作效率、明确工作职责，提升行政工作水平，特制定本办法。

一、上级公文范畴

本办法所指的上级公文，包括学校上级部门下发或转发的各类公文、通知，以及学院党委、行政下发的公文、通知。公文包括正式下发的纸质版和网络电子版，也包括相关办公网络平台发布的通知、上级领导发布的邮件等。

二、上级公文管理办法

1. 上级公文的接收

学生工作办公室主任（团委书记）是学生工作办公室（团委）接收上级公文的负责人，学生工作办公室其他人员协助其做好文件的接收工作。

学生工作办公室主任（团委书记）要主动从学校办公室公文平台、学生工作处网络工作平台、校团委网络工作平台等网络平台查阅最新的上级公文，以及接收其他渠道下发和转发的上级公文，并按照《附件：北京理工大学软件学院学生工作办公室（团委）公文存档登记表》登记清楚。

公文编号按照"年—学期—排序"格式，如：2016-1-01，表示 2016 学年第 1 学期第 1 个公文。

2. 文件处理

学生工作办公室主任（团委书记）在接收上级公文后，要及时、认真阅读所接收的上级公文内容，并根据公文内容请示主管领导处理意见。学生工作办公室主任（团委书记）将处理意见通过邮件、开会、面谈等方式指示其他工作人员落实执行，并将上级公文处理意见详细登记在北京理工大学软件学院学生工作办公室（团委）公文存档登记表（见附件）。

3. 上级公文落实情况检查

根据规定，学生工作办公室（团委）每周召开一次办公例会。在周例会上，学生工作办公室主任（团委书记）要根据上级公文落实执行情况，审核和督导落实情况，并及时将已落实完毕的上级公文进行终结。

4. 上级公文存档

学生工作办公室主任（团委书记）要阶段性地将已落实完毕的上级公文进行存档，存档时需要将北京理工大学软件学院学生工作办公室（团委）公文存档登记表、上级公文原件等进行装订汇总。

附件：北京理工大学软件学院学生工作办公室（团委）公文存档登记表

北京理工大学软件学院<br>二〇一六年九月

附件：

**北京理工大学软件学院学生工作办公室（团委）公文存档登记表**

存档时间： 　　　　　　　　　　　　　　　　　　　　　存档人：

| 文件编号 | 文件名 | 发文部门/领导 | 接收渠道 | 文件类型 | 接收时间 | 领导批示意见 | 领导批示时间 | 落实人 | 落实执行结果 | 完成时间 |
|---|---|---|---|---|---|---|---|---|---|---|
| | | | 校办公文 | 电子 | | | | | | |
| | | | 学生处办公平台 | 纸质 | | | | | | |
| | | | | 邮件 | | | | | | |

### 9.3.4 软件学院学生工作办公室财务报销管理办法

为规范软件学院学生工作办公室（团委）的财务报销行为，加强财务管理工作，特制定本办法。

**一、财务报销凭据**

工作人员申请财务报销，须有财务预算批示或者经主管领导口头同意，不得自作主张先花钱再报销。工作人员要严格按照财务预算执行，不得超越预算范围花钱。

申请人申请财务报销前，应准备齐全如下凭据，并确定提交的相关申请材料真实、正确。

（1）报销发票，须按照财务处相关要求进行发票验真，用铅笔在发票后注明发票验真情况；

（2）经费预算批示复印件，如无批示文件，须注明报销依据，并由相关负责人签字确认；

（3）经费使用真实情况。一般情况下，要求报销的发票必须是依据所购买真实项目内容开具正规发票，特殊情况不能开具发票的，可以由其他发票替代，但须详细说明真实情况。

（4）财务处报销单。申请人需要在报销单签字确认，不得找其他人代签。

## 二、经费报销流程

学生工作办公室（团委）设置财务负责人，统一负责学生工作办公室（团委）经费报销的验收、报账、存档及审计工作。

### 1. 验收

报销申请人备齐各项报销凭据后，提交相关材料至学生工作办公室（团委）财务负责人处。财务负责人需严格按照本管理办法，认真核对报销凭据是否齐全、正确，验收无误后在财务报销单"验收保管"处手写签名确认，如验收有误，则驳回处理。

### 2. 领导审核

验收后，由财务负责人定期提交至学院党委副书记、副院长审核。学院党委副书记、副院长审核通过后在验收单"单位主管"处手写签名确认，如审核不通过，由财务负责人领回处理。

### 3. 统一报销

领导审核后，由财务负责人统一进行财务报销，并及时将报销经费发放给报销申请人，发放时需要申请人签字确认。

### 4. 财务存档

财务报销执行完毕后，财务负责人需要对财务报销凭据进行存档处理。存档材料见附件 1：北京理工大学软件学院学生工作办公室（团委）财务报销存档表，附上签字确认后的所有凭据复印件。

存档编号格式如下：学年—学期—编号，如：2016-1-01 表示为 2016 学年第 1 学期第 1 个报销存档。附在存档表后的凭据复印件，要如实登记存档编号。

## 三、经费执行情况

财务负责人要在每个月第一周向学院副书记、副院长提交每月财务执行情况，财务负责人按照北京理工大学软件学院学生工作办公室（团委）月度财务执行情况报告（见附件 2）要求填写相关信息，如有需要，可以附上相关财务报销存档材料。

附件：1. 北京理工大学软件学院学生工作办公室（团委）财务报销存档表
　　　2. 北京理工大学软件学院学生工作办公室（团委）月度财务执行情况报告

北京理工大学软件学院<br>
二〇一六年九月

附件 1：

## 北京理工大学软件学院学生工作办公室（团委）财务报销存档表

存档时间：　　　　　　　　　　　　　　　　　　　存档人：

| 报销编号 | 申请人 | 申请时间 | 报销主要内容 | 报销金额 | 批示领导 | 经费卡 | 领款签字 | 领款时间 |
|---|---|---|---|---|---|---|---|---|
|  |  |  |  |  |  |  |  |  |
|  |  |  |  |  |  |  |  |  |
|  |  |  |  |  |  |  |  |  |
|  |  |  |  |  |  |  |  |  |
|  |  |  |  |  |  |  |  |  |

附件 2：

## 北京理工大学软件学院学生工作办公室（团委）月度财务执行情况报告

报告时间： 报告人：

| 序号 | 经费卡类型 | 上月结余经费 | 本月剩余经费 | 本月执行总额 | 本月财务执行简述 |
|---|---|---|---|---|---|
|  | 活动经费卡 |  |  |  | （1）×××：报销×××等×××元；<br>（2）×××：报销×××等×××元 |
|  | 勤工助学卡 |  |  |  |  |
|  | 北京学院项目经费卡 |  |  |  |  |
|  | 校团委专项支持 |  |  |  |  |

## 9.3.5 软件学院学生工作办公室固定资产管理办法

为加强软件学院学生工作办公室（团委）固定资产管理，规范固定资产购买、保养、借用、维修等程序，特制定本办法。

一、固定资产购买

工作人员如有固定资产购买需要，根据《软件学院学生工作办公室（团委）重要事务请示制度》请示要求，向主管领导提出申请购买请示，批准后报学院实验设备干事处理。

二、固定资产借用

学生工作办公室（团委）固定资产由学生工作办公室主任（团委书记）负责，本办公室工作人员或其他人员如有需要借用固定资产，需向学生工作办公室主任（团委书记）提出申请，经同意后，严格按照北京理工大学软件学院学生工作办公室（团委）固定资产借用登记表（见附件1）进行登记备案后方可借用。借用人员要保证固定资产的安全，如因借用人员过失造成丢失、损坏等情况，要由借用人员负责。借用完毕后要按时归还，并保证设备完好，归还时须签字确认。

三、固定资产使用

工作人员使用固定资产前应详细阅读操作手册，严格按照操作规范正确使用，注重保养。

四、固定资产维修

固定资产如发生故障或损坏，使用人应及时向学生工作办公室主任（团委书记）汇报，并申请维修。经学院党委副书记、副院长同意后，报学院实验设备干事处理。

五、固定资产的盘点

每学期放假之前，学生工作办公室主任（团委书记）要组织全体工作人员对所有资产进行清查，做到账物相符，认真填写北京理工大学软件学院学生工作办公室（团委）固定资产盘点表（见附件2），并将相关结果向主管领导汇报请示。

附件：1. 北京理工大学软件学院学生工作办公室（团委）固定资产借用登记表
　　　2. 北京理工大学软件学院学生工作办公室（团委）固定资产盘点表

北京理工大学软件学院<br>
二〇一六年九月

附件 1：

## 北京理工大学软件学院学生工作办公室（团委）
## 固定资产借用登记表

| 设备编号 | 设备名称 | 借用时间 | 借用人签字 | 归还时间 | 归还人签字 | 负责人确认 |
| --- | --- | --- | --- | --- | --- | --- |
| Z01 | 照相机 | | | | | |
| Z02 | 照相机 | | | | | |
| S01 | 摄像机 | | | | | |
| T01 | 投影仪 | | | | | |
| | | | | | | |
| | | | | | | |
| | | | | | | |
| | | | | | | |
| | | | | | | |
| | | | | | | |

附件 2：

## 北京理工大学软件学院学生工作办公室（团委）固定资产盘点表

日期： 负责人：

| 序号 | 设备名称 | 设备编号 | 数量 | 使用人 | 存放地 | 工作状态 | 登记时间 |
|---|---|---|---|---|---|---|---|
| 1 | 照相机 | 9069407（Z01） | 1 | | 软件楼 105 | 正常 | |
| 2 | 照相机 | 32407683147（Z02） | 1 | | 软件楼 105 | 损坏 | |
| 3 | 摄像机 | 3CM05（S01） | 1 | | 软件楼 105 | | |
| 4 | 投影仪 | 20113410（T01） | 1 | | 软件楼 106 | | |
| | | | | | | | |
| | | | | | | | |
| | | | | | | | |
| | | | | | | | |
| | | | | | | | |
| | | | | | | | |
| | | | | | | | |
| | | | | | | | |
| | | | | | | | |
| | | | | | | | |
| | | | | | | | |

## 9.3.6　软件学院学生工作办公室对外宣传工作规范办法

为加强软件学院学生工作办公室（团委）对外宣传工作的管理，提升对外宣传工作的规范化、制度化水平，保证对外发布信息及时、准确，特制定本规范办法。

一、对外宣传范畴

软件学院学生工作办公室（团委）对外宣传工作指的是在社会媒体、学校官方网站、学院网站和相关办公平台上发布的新闻资讯类信息、通知公告类信息。

二、对外宣传内容要求

（1）新闻资讯类信息要突出新闻性，内容真实、准确、客观，注重实效性，尽量避免对新闻事件进行主观判断和评价；新闻字数不超过800字，专题报道或理论文章一般不超过2000字；新闻图片内容紧扣主题，每张图片分辨率一般处理成640×480像素，大小一般不超过200K，禁止出现个人特写。

（2）学院日常活动新闻仅在学院内部办公系统与学院官方网站发布；重要新闻推荐至学校官方网站发布。

（3）通知公告类信息要按照正规行文格式，行文思路清晰，内容简短、准确、全面；一般在内部办公系统、学院官方网站中发布。

（4）所有信息必须遵守国家法律、法规，遵守学校的规章制度。

三、对外宣传的审核和发布

1. 对外宣传审核权限

学生工作办公室主任（团委书记）负责学院官方网站、学院网络办公平台的新闻资讯、通知公告类信息审核。学院党委副书记、副院长负责学校官方网站、社会媒体等的新闻资讯、通知公告类信息的审核。

2. 对外宣传发布流程

（1）发布账号管理。学院官方网站、学校官方网站发布账号由学生工作办公室主任（团委书记）管理；学院网络办公软件账号由工作人员自行管理。

（2）信息审核。工作人员对外发布相关信息，须根据对外宣传审核权限，报请相关负责人审核后方可发布。

（3）信息发布。发布的相关信息必须在正文中注明"信息撰写者姓名""信息审核者姓名"。学院官方网站、学校官方网站信息由学生工作办公室主任（团委书记）发布，学院网络办公软件信息由工作人员自行发布。

北京理工大学软件学院

二〇一六年九月

## 9.3.7 软件学院关于进一步加强招生宣传工作的管理办法

招生宣传工作是学校重要的政治任务,吸引优质生源则是学校人才培养的重要保障。为进一步加强软件学院对外招生宣传的工作力度,保障招生宣传工作规范化,现需集合学院机关部门及各研究所力量共同做好学院招生宣传工作。结合学院工作实际,特制定本工作办法。

一、工作领导小组

学院成立对外招生宣传工作领导小组,负责招生宣传工作的总体安排和调度,组成如下:

组　　长:党委书记、院长

副组长:党委副书记、副院长

成　　员:党政联席会全体成员,各研究所、机关、教学工作办公室、学生工作办公室负责人

二、工作安排

(一)工作内容

学院招生宣传工作包括外省和北京市重点中学的宣传工作,具体工作时间和工作内容如下:

| 地区 | 工作时间 | 工作内容 |
| --- | --- | --- |
| 北京市 | 重点时期:<br>高考志愿填报阶段:6月底至7月初<br>自主招生报名阶段:3月底至4月初 | 高招咨询会、校园开放日、志愿填报答疑、中学走访、专家讲座 |
| | 重点时期:<br>北理工校园开放日:4月至5月 | 为考生与家长答疑 |
| | 日常时期:1月至12月 | 重点中学走访、专家讲座、学术讲座、科技创新讲座与展示等 |
| 外省 | 重点时期:<br>高考志愿填报:6月底至7月初 | 高招咨询会、校园开放日、志愿填报答疑、中学走访 |
| | 日常时期:1月至12月 | 重点中学走访、专家讲座、学术讲座、科技创新讲座与展示 |

(二)工作安排

1. 每学期初,学院各研究所及机关部门按照教工总数的25%推荐人员加入招生宣传组,其中要求副高级以上职称教师占50%,有招生宣传经验的人员及高水

平教师优先申报，拟推荐人数见下表。拟推荐人员需填写软件学院招生宣传组成员申报表（见附件 1）并交由学院招生宣传领导小组审批。招生宣传组成立后，没有特殊情况不再随意更换人员。

| 部门名称 | 总人数 | 拟推荐人数 | 副高级以上人数 |
| --- | --- | --- | --- |
| 软件理论研究所 | 9 | 2 | 1 |
| 数据科学研究所 | 12 | 3 | 2 |
| 数字媒体研究所 | 15 | 3 | 2 |
| 软件安全研究所 | 6 | 1 | 1 |
| 学院机关 | 27 | 6 | 3 |
| 合计 | 69 | 15 | 9 |

2. 由招生宣传工作领导小组牵头制定本学期工作规划，根据工作规划与行程确定相应的分工。

3. 招生宣传组成员须参加学校和学院组织的统一培训，认真学习招生宣传政策。

4. 招生宣传组的老师根据工作需要可携带一名学生助管配合开展工作，要求学生品学兼优，踏实肯干，表达能力强，参加学校和学院的培训并合格，不允许独立外出宣传。

5. 招生宣传组成员按照工作要求及工作安排做好重点时期及日常时期的宣传招生工作，在校园开放日、高考志愿填报和自主招生报名阶段重点宣传。

6. 每年招生宣传结束后，学生工作办公室统一负责整理本年度招生宣传工作材料，汇总个人工作总结和优秀生源回访记录表并上报招生就业处。

7. 招生宣传工作期间的出差费用需要刷公务卡结算。招生宣传活动结束后，自行打印网上报账单，并将票据及报账单交由学生工作办公室统一报账。成员因工作需要出差涉及的经费，按照学校财务处统一标准处理。

三、工作要求

1. 所有招生宣传人员须尽职尽责做好招生宣传工作，耐心做好现场咨询答疑、登记优秀生源信息、材料收集、回访等工作。重点时期负责接听招生咨询电话的成员要保持联络畅通，及时耐心解答来电考生及家长的问题。

2. 全体招生宣传组成员每年至少参加日常招生宣传工作 1 场次，重点时期招生宣传工作 3 场次。

3. 各招生宣传组成员要严格执行招生宣传政策，认真开展招生宣传工作，遵守招生纪律，出色地完成工作任务。

### 四、补助及奖励办法

（一）补助方式

除了正常报销差旅费及发放差旅补助之外，学院另为每位成员发放补助，参加京内招生宣传的老师每人每天补助 200 元，参加京外招生宣传的老师每人每天补助 300 元。

（二）奖励办法

学院每学年末，工作领导小组根据招生宣传工作人员工作成果对表现优秀的先进个人进行奖励。工作成果采取量化模式评价，具体流程如下：

1. 工作人员认真填写并提交北京理工大学软件学院招生工作先进个人申报表（见附件 2）。

2. 领导小组根据北京理工大学软件学院本科招生宣传评价表（见附件 3）的评价标准对全体工作人员打分，评选总人数的前 30% 为学院招生宣传先进个人。

3. 学生工作办公室将评价结果公示于软件学院网站，公示时间不少于三天。

4. 学院组织召开招生宣传工作表彰会议，对获奖工作人员颁发证书并发放奖金。

学院将给予招生宣传先进个人每人 3 000 元的奖励，并推荐 1 名表现优秀成员参评招生就业处的招生宣传先进个人，奖励办法以招生就业处该年度奖励办法为准。

附件：1. 软件学院招生宣传组成员申报表
   2. 北京理工大学软件学院招生工作先进个人申报表
   3. 北京理工大学软件学院本科招生宣传评价表
   4. 北京理工大学软件学院本科招生宣传流程及拟订方案

北京理工大学软件学院<br>
二〇一七年四月

附件 1：

## 软件学院招生宣传组成员申报表

科研所或机关部门名称： 　　　　　　　　　申报时间：

| 姓名 | 性别 | 工号 | 职务职称 | 办公电话 | 手机号码 | 邮箱 |
|------|------|------|----------|----------|----------|------|
|      |      |      |          |          |          |      |
|      |      |      |          |          |          |      |
|      |      |      |          |          |          |      |
|      |      |      |          |          |          |      |
|      |      |      |          |          |          |      |
|      |      |      |          |          |          |      |
|      |      |      |          |          |          |      |
|      |      |      |          |          |          |      |
|      |      |      |          |          |          |      |

负责人签名：
　　年　　月　　日

附件 2：

## 北京理工大学软件学院招生工作先进个人申报表

| 姓　名 | | 所在部门 | |
|---|---|---|---|
| 年　龄 | | 职　称 | |
| 职　务 | | 从事招生工作年限 | |
| 个人工作总结 | \multicolumn{3}{l|}{（请依据评价标准详细列明工作内容、工作情况）<br><br><br><br><br><br><br><br><br><br>申请人：＿＿＿＿＿＿＿＿} |
| 学院意见 | \multicolumn{3}{l|}{<br><br><br><br><br>负责人：＿＿＿＿＿＿＿（盖章）} |

附件 3：

## 北京理工大学软件学院本科招生宣传评价表

评价周期： 　　学年 第　　学期 　　　　　　　　申报人：

| 评价内容 | 分值 | 得分 |
|---|---|---|
| 参加北京市招生宣传场次 | 每场次+5 分 | |
| 参加北理工校园开放日场次 | 每次+5 分 | |
| 参加外省份招生宣传场次 | 每场次+10 分 | |
| 优秀生源登记人次 | 每人次+1 分 | |
| 优秀生源电话回访人次 | 每人次+1 分 | |
| 动员优秀生源申报并录取人次 | 录取每人次+5 分 | |
| 按时提交工作总结 | 每次+5 分 | |
| 参加招生宣传工作年限 | 每年+5 分 | |
| 参加招生宣传工作培训 | 每次+5 分 | |
| 主动联系重点中学进行科普报告、学术讲座、科技创新讲座与展示场次 | 每次+10 分 | |
| 主动联系外省份重点中学进行走访场次 | 每场次+5 分 | |
| 主动联系外省份重点中学进行优秀生源基地建设（优秀生源基地指招生宣传覆盖的，生源质量优且稳定、发展潜力较大的中学，每年为学校输送人数不少于 5 人的中学） | 每所中学+5 分 | |
| 参与招生宣传相关其他工作 | 根据工作内容+5 至 10 分 | |
| 合计： | | |

说明：评价总分不设上限，学院成立评审委员会根据工作内容进行打分，取参与招生宣传总人数的前 30%评选为学院先进个人。

附件 4：

### 北京理工大学软件学院本科招生宣传流程及拟订方案

| 时 间 | 类 型 | 地 点 |
|---|---|---|
| 3月份 | 结合自主招生政策进行重点中学招生宣传 | 北京市两所重点中学及外省份重点中学 |
| 3—5月份 | 专家讲座科普报告、学术讲座、科技创新讲座与展示、优秀学子回母校宣讲等 | 北京市两所重点中学及外省份重点中学 |
| 6月底至7月初 | 校园开放日、高招咨询会、志愿填报指导 | 北京市两所重点中学及外省份重点中学 |
| 9—12月份 | 新高三的招生宣传、以宣传学校和学院特色为主 | 北京市两所重点中学及外省份重点中学 |
| 8月份、1—2月份 | 利用寒暑假进行招生宣传、重点中学走访、优秀学子回母校宣讲等 | 北京市两所重点中学及外省份重点中学 |

## 9.4　学生教育工作制度

学生教育工作制度建设是教育工作的基础，是稳定教育秩序、规范教育行为、提高教育教学质量和效益的重要保障。软件学院为了进一步加强和提高学生的培养、教育和服务工作，保证人才培养目标的实现，特制定以下学生教育工作制度（见表 9-3）。学生教育工作制度的实施，促进了学生综合素质的全面提升，帮助学生成为德、智、体、美、劳全面发展的社会主义建设者和接班人。

表 9-3　软件学院学生教育工作制度列表

| 学生教育工作制度 | 《软件学院本科生综合素质测评实施办法》 |
| --- | --- |
| | 《软件学院研究生综合素质测评实施办法》 |
| | 《软件学院学生德育鉴定工作规范》 |
| | 《软件学院加强本科学生学风建设工作办法》 |
| | 《软件学院学生学业警示和帮扶工作办法》 |
| | 《软件学院学长制导师的相关规定》 |

## 9.4.1 软件学院本科生综合素质测评实施办法

一、测评指导思想

学生综合素质测评是按照教育部关于《高等学校学生管理规定》和北京理工大学《德育答辩实施意见》等有关规定，对我院本科生在德、识、才、学、体等方面的综合素质表现进行综合考核，力求全面、规范、客观、准确地评价每一个学生，特制定本实施办法。

二、测评重要性说明

学生综合素质测评作用主要体现在以下几方面：

（1）综合素质测评成绩是学生综合排名的组成部分，而学生综合排名是学生获得奖学金、推荐免试研究生、评奖评优等工作的重要考评依据。一般情况下，学生综合排名=加权学分积排名×85%+综合素质测评成绩排名×15%，具体以学校相关规定为准。

（2）综合素质测评成绩和鉴定是学生实习推荐、推优入党、评奖评优、推荐免试研究生、就业政审、干部推荐等工作的重要依据。

（3）学生综合素质测评成绩和鉴定是学生思想政治品德鉴定的主要内容，是学生毕业生登记表、毕业生就业推荐表、毕业生品行鉴定等材料的重要内容，记入学生档案。

三、测评内容与分值

学生综合素质测评的总分值为100分，包括的主要内容及分值分配如下：

1. 政治品质与集体观念（20分）

主要考核内容：拥护党的领导，自觉学习党的理论、方针、政策，具有正确的人生观、世界观、价值观；积极向党组织靠拢，坚定维护学校和学院的安定团结、顾全大局，模范遵守校纪国法，自觉抵制歪风邪气和邪教；遵守社会公德和公共秩序，关心帮助他人，拥有奉献精神，诚实守信等。

2. 课外科技活动与兴趣学习（30分）

主要考核内容：积极参与为学院科研、学科建设做出贡献的科研实验室项目活动、科技创新活动或工程锻炼活动，包括科技创新创业基地组织的各类科技活动，各类竞赛活动，以科研为依托的非课堂作业的项目活动，学术科研活动，以拓宽知识能力为目的的兴趣学习或大学生课外科技创新活动等。

3. 社会工作与社会实践（25分）

主要考核内容：积极参加社会工作和社会实践，诸如参加各级学生组织和社团并做出成绩，担任班团学生干部并做出贡献，参与组织和策划各类文体活动，协助与学生工作相关的各项工作，关心社会公益事业并付诸行动，积极投身社会实践并提升了解社会能力等。

4. 文体活动参与和培养（15分）

主要考核内容：积极参加学校、学院和班级组织的各项文体活动并担任角色，能提升自我文艺修养和身体素质；其他特长说明。

5. 其他综合素质表现情况（10分）

主要考核内容：除以上四项考核内容外的其他表现情况，诸如学习成绩进步明显能起到良好榜样作用，心理健康并能有效感染身边同学起到良好帮助作用，遵纪守法并具有社会模范效应作用等。

四、测评组织程序

1. 前期动员阶段

年级辅导员在每学期初通过召开年级大会或班会的形式进行综合素质测评的宣传动员，强调综合素质测评的重要性，部署相关工作安排，以及各个工作步骤的注意事项。

2. 学生自我总结阶段

学生自我总结阶段主要为填写综合素质测评自我鉴定表，学生根据测评内容对自己上学期进行全面总结。学生需要在圈圈校园系统填写此表。对于未在规定时间内完成自评的学生，最终的分数以打分的80%计算。

3. 违纪扣分与奖励加分统计阶段

各年级辅导员根据圈圈校园系统通报批评历史记录统计上一学期学生违纪扣分情况，并在网上公示，公示期结束后将统计结果导入圈圈校园系统的综合素质测评系统。学生可申请奖励加分，由学生自行下载并填写软件学院综合素质测评奖励加分申请表，并附上相关的证明文件材料。各班级负责人汇总统计申请表后上交至年级辅导员。申请奖励加分应符合以下条件之一：

（1）获得省部级以上科技竞赛奖励、在国内外重要期刊发表论文、取得专利认证，或参加重大科研项目并作出重大贡献，或担任国家、北京市、学校重要活动志愿者并表现良好。

（2）参与学院特殊活动，学院明确提出给予德育分数奖励。

（3）参加学生工作或其他活动，为国家、社会、学校或学院争得荣誉，且测评内容未能给予特殊加分。

具体奖励加分细则请参照北京理工大学软件学院本科生综合素质测评奖励加分细则（见附件），奖励加分需经过公示后方可导入综合素质测评系统。

4. 汇报与打分阶段

（1）汇报的组织。

由辅导员负责组织综合素质测评现场汇报工作，要求各班级班主任和班级全体学生必须参加，邀请学院领导参加。各班级负责人要提前下载打分表格，并安排好班级内学生汇报顺序，各班级可根据自身特点开展灵活多样的汇报形式。

（2）汇报的要求。

学生参与综合素质测评答辩，需要通过 PPT 形式从测评内容各个方面阐述 4 分钟以上，学生可以在汇报测评内容的基础上进行其他方面的阐述和介绍。对没有参加汇报会或者马虎应付、态度恶劣的同学，其成绩原则上为不及格。

（3）打分要求。

各学生评委、辅导员、班主任和学院领导对各位学生的综合素质表现情况进行打分，打分要求客观真实，要认真参考该学生的自评报告和现场汇报等材料，不得主观臆断、徇私舞弊。

为统一各班级的打分标准，要求学生评委打分、班主任打分的班级平均分必须为 80 分。

5. 评分公示阶段

辅导员最终对学生综合素质测评成绩进行整理汇总，形成最终分数。其中，学生评委打分权重25%，班主任打分权重25%，辅导员打分权重40%，学院领导打分权重10%。辅导员要将最终成绩在网上公示 3 天以上，并对同学们提出的异议进行核实和修订。

6. 生成本科生思想政治品德鉴定表

每学期综合素质测评结束后，由辅导员对最终的成绩、违纪记录和奖励记录导入圈圈校园的学生综合素质测评系统，并锁定存档。最终，由软件系统自动生成学生每学期的思想政治品德鉴定表。学生在校期间的思想政治鉴定内容由所有学期记录构成。

附件：北京理工大学软件学院本科生综合素质测评奖励加分细则

北京理工大学软件学院

二〇一六年九月

附件：

## 北京理工大学软件学院本科生综合素质测评奖励加分细则

一、科技创新活动加分

（1）国际级科技创新竞赛一等奖加 4 分、二等奖加 3 分、三等奖加 2 分。

（2）国家级科技创新竞赛一等奖加 3 分、二等奖加 2 分、三等奖加 1 分。

（3）省部级（北京市级）科技创新竞赛一等奖加 2 分、二等奖加 1.5 分、三等奖加 1 分。

（4）校内科技创新竞赛一等奖加 1 分，二等奖加 0.8 分，三等奖加 0.5 分。

注：如无法计算获奖等级可参照一等奖即排名前 5%，二等奖即排名前 15%，三等奖即排名前 30% 计算加分分值。同类作品参加不同竞赛获奖只加最高分，不同作品获奖可累计加分。

二、著作权、专利加分

（1）著作权、国家发明专利加分总值为 5 分，外观设计、实用新型专利加分总值为 3 分，多项可累计加分。

（2）已申报但未获得著作权或专利权相关证书，一项著作或专利权加分总值为 2 分，多项可累计加分。

注：排名第一作者加分权重为 100%，排名第二作者加分权重为 80%，排名第三作者加分权重为 60%，排名第四作者加分权重为 40%，其他成员加分权重为 20%。

三、学术论文加分

（1）SCI 一区论文或本学科第一层次论文加 15 分；

（2）SCI 二区论文加 10 分；

（3）本学科第二层次论文加 8 分；

（4）本学科第三层次论文加 6 分；

（5）EI 检索的会议论文加 4 分；

（6）其他学术论文加 2 分。

注：排名第一作者加分权重为 100%，排名第二作者加分权重为 80%，排名第三作者加分权重为 60%，排名第四作者加分权重为 40%，其他成员加分权重为 20%。

四、重要活动加分

（1）参加"新青年"党课评比大赛参赛选手加 1 分，获得三等奖奖励 1 分、二等奖奖励2分、一等奖奖励3分。

（2）参加校运动会排舞奖励3分、参加"一二·九"合唱或为合唱坚持做服务工作奖励3分，如缺勤次数过多或特殊贡献酌情增减奖励加分。

（3）参加学生兴趣爱好社团毕业季系列体育赛事获得第一名奖励4分、第二名奖励3分、第三名奖励2分、活动组织奖励2分，如活动规模过小，酌情减少奖励加分。

（4）参加社会、学校各类活动志愿者活动奖励1分，如有多次参与的，多参加1次多加0.1分，累计加分不超过1.5分。

（5）为鼓励大家多参加各项活动，市级活动、校内各项文体活动获奖的，按照一等奖加0.7，二等奖加0.5，三等奖加0.3的标准给予加分。

（6）参加社会实践获得校级奖项的，加分标准等同于校内活动获奖。

（7）对学院的工作有突出贡献，提高了学院声誉及其他特别优秀表现的如有省级电视台及以上媒体报道的奖励加分，由学生工作办公室讨论决定。

（8）其他加分申请，提交到辅导员处后，由学生工作办公会讨论决定。

五、特别说明

（1）用于奖励加分的各项成果和表彰应为学生在本科生期间获得的，第一署名单位应为北京理工大学。

（2）各项成果和表彰应是综合测评所考评学期的成果，并在学期开学前一天获得，包括已正式发表的论文（已正式刊出或在线公布的，具有年、卷、期、页号的论文）、出版的刊物、获得的专利或表彰。

（3）第一作者为学生导师、第二作者为学生本人的论文，可视同学生为第一作者；共同第一作者或并列第一作者的论文，可视为 1/N 篇论文（N为共同第一作者或并列第一作者的人数）；学生为通讯作者的论文不能视同第一作者。

（4）出版学术专著，可等同于本学科第二层次论文；获得国家级科研成果奖，可等同于本学科第一层次论文；获得省部级科研成果奖，可等同于本学科第二层次论文；获得校级科研成果奖，可等同于本学科第三层次论文；获得软件著作权，可等同于外观设计、实用新型专利。

### 9.4.2　软件学院研究生综合素质测评实施办法

一、测评指导思想

学生综合素质测评是按照教育部关于《高等学校学生管理规定》和北京理工大学《德育答辩实施意见》等有关规定，对我院研究生在德、识、才、学、体等方面的综合素质表现综合考核，力求全面、规范、客观、准确地评价每一个学生，特制定本实施办法。

二、测评重要性说明

学生综合素质测评作用主要体现在以下几方面：

（1）综合素质测评成绩和鉴定是学生实习推荐、推优入党、评奖评优、就业政审、干部推荐等工作的重要依据。

（2）学生综合素质测评成绩和鉴定是学生思想政治品德鉴定的主要内容，是学生毕业生登记表、毕业生就业推荐表、毕业生品行鉴定等材料的重要内容，记入学生档案。

三、测评内容与分值

学生综合素质测评的总分值为100分，主要包括内容及分值分配如下：

1. 政治品质与集体观念（20分）

主要考核内容：拥护党的领导，自觉学习党的理论、方针、政策，具有正确的人生观、世界观、价值观；积极向党组织靠拢，坚定维护学校学院的安定团结、顾全大局，模范遵守校纪国法，自觉抵制歪风邪气和邪教；遵守社会公德和公共秩序，关心帮助他人，拥有奉献精神，诚实守信等。

2. 科研、科技活动与兴趣学习（30分）

主要考核内容：积极参与为学院科研、学科建设做出贡献的科研实验室项目活动、科技创新活动或工程锻炼活动，包括科技创新创业基地组织的各类科技活动，各类竞赛活动，以科研为依托的非课堂作业的项目活动，学术科研活动，以拓宽知识能力为目的的兴趣学习或研究活动等。

3. 社会工作与社会实践（25分）

主要考核内容：积极参加社会工作和社会实践，诸如参加各级学生组织和社团并做出成绩，担任班团学生干部并做出贡献，参与组织和策划各类文体活动，协助与学生工作相关的各项工作，关心社会公益事业并付诸行动，积极投身社会实践并提升了解社会能力等。

4. 文体活动参与和培养（15分）

主要考核内容：积极参加学校、学院和班级组织的各项文体活动并担任角色，能提升自我文艺修养和身体素质；其他特长说明。

5. 其他综合素质表现情况（10分）

主要考核内容：除以上四项考核内容外的其他表现情况，诸如学习成绩进步明显能起到良好榜样作用，心理健康并能有效感染身边同学起到良好帮助作用，遵纪守法并具有社会模范效应作用等。

四、测评组织程序

1. 前期动员阶段

年级辅导员在每学期初通过召开年级大会或班会的形式进行综合素质测评的宣传动员，强调综合素质测评的重要性，部署相关工作安排，以及各个步骤开展的注意事项。

2. 学生自我总结阶段

学生自我总结阶段主要为填写综合素质测评自我鉴定表，学生根据测评内容对自己上学期进行全面总结，学生需要在圈圈校园系统填写此表。对于未在规定时间内完成自评的学生，最终的分数以打分的80%计算。

3. 违纪扣分与奖励加分统计阶段

各年级辅导员根据圈圈校园系统通报批评历史记录统计上一学期学生违纪扣分情况，并在网上公示，公示期结束后将统计结果导入圈圈校园系统的综合素质测评系统。

学生可申请奖励加分，由学生自行下载并填写软件学院综合素质测评奖励加分申请表，并附上相关的证明文件材料。各班级负责人汇总统计申请表后上交至年级辅导员。申请奖励加分应符合以下条件之一：

（1）获得省部级以上科技竞赛奖励、在国内外重要期刊发表论文、取得专利认证，或参加重大科研项目并做出重大贡献，或担任国家或北京市重要活动志愿者并表现良好。

（2）参见学院特殊活动，学院明确提出给予德育分数奖励的情况。

（3）参加学生工作或其他活动，为国家、社会、学校或学院争得荣誉，且测评内容未能给予特殊加分。

具体奖励加分细则请参照《北京理工大学软件学院研究生综合素质测评奖励加分细则》（见附件），奖励加分需经过公示后方可导入综合素质测评系统。

4. 导师打分阶段

辅导员根据学生名单制作综合素质测评打分表，由学院每位研究生导师打分。各科研实验室自主组织实验室内部汇报或其他形式的考核，最后由辅导员负责收齐各研究生导师的综合素质测评打分表，并录入系统。

5. 汇报与打分阶段

（1）汇报时间安排。

由辅导员负责组织综合素质测评现场汇报工作，要求班级全体学生必须参加，邀请学院领导参加。

各班级负责人要提前下载打分表格，并安排好班级内学生汇报顺序，各班级可根据自身特点开展灵活多样的汇报形式。

（2）汇报形式要求。

学生参与综合素质测评答辩，需要通过 PPT 形式从测评内容各个方面阐述 4 分钟以上，学生可以在汇报测评内容的基础上进行其他方面的阐述和介绍。对没有参加汇报会或者马虎应付、态度恶劣的同学，其成绩原则上为不及格。

（3）打分要求。

各学生评委、辅导员、导师和学院领导对各位学生的综合素质表现情况进行打分，打分要求客观真实，要认真参考该学生的自评报告和现场汇报等材料，不得主观臆断、徇私舞弊。

为统一各班级的打分标准，要求学生评委打分的班级平均分必须为 80 分。

为统一导师的打分标准，导师打分按照"优秀、一般、合格、不合格"四个标准对学生进行打分，其中：优秀为 90 分，一般为 80 分，合格为 70 分，不合格为 60 分。

6. 评分公示阶段

辅导员最终对学生综合素质测评成绩进行整理汇总，形成最终分数。其中学生评委会打分权重 25%，辅导员打分权重 40%，导师打分权重 25%，学院领导打分权重 10%。辅导员要将最终成绩在网上公示 3 天以上，并对同学们提出的异议进行核实和修订。

7. 生成研究生思想政治品德鉴定表

每学期综合素质测评结束后，由辅导员对最终的成绩、违纪记录和奖励记录导入圈圈校园的学生综合素质测评系统，并锁定存档。最终，由软件系统自动生成学生每学期的思想政治品德鉴定表。学生在校期间的思想政治鉴定内容由所有学期记录构成。

附件：北京理工大学软件学院研究生综合素质测评奖励加分细则

北京理工大学软件学院

二〇一六年九月

附件：

### 北京理工大学软件学院研究生综合素质测评奖励加分细则

一、学术论文加分

（1）SCI 一区论文或本学科第一层次论文积 15 分；

（2）SCI 二区论文积 10 分；

（3）本学科第二层次论文积 8 分；

（4）本学科第三层次论文积 6 分；

（5）EI 检索的会议论文积 4 分；

（6）其他学术论文积 2 分。

注：排名第一作者加分权重为 100%，排名第二作者加分权重为 80%，排名第三作者加分权重为 60%，排名第四作者加分权重为 40%，其他成员加分权重为 20%。

二、著作权、专利加分

（1）著作权、国家发明专利加分总值为 5 分，外观设计、实用新型专利加分总值为 3 分，多项可累计加分。

（2）已申报但未获得著作权或专利权相关证书，一项著作权或专利权加分总值为 2 分，多项可累计加分。

注：排名第一作者加分权重为 100%，排名第二作者加分权重为 80%，排名第三作者加分权重为 60%，排名第四作者加分权重为 40%，其他成员加分权重为 20%。

三、科技创新活动加分

（1）国际级创新竞赛一等奖加 4 分、二等奖加 3 分、三等奖加 2 分。

（2）国家级创新竞赛一等奖加 3 分、二等奖加 2 分、三等奖加 1 分。

（3）省部级（北京市级）创新竞赛加 1 分。

注：如无法计算获奖等级可参照一等奖即排名前 5%，二等奖即排名前 15%，三等奖即排名前 30% 计算加分分值。同类作品参加不同竞赛获奖只加最高分，不同作品获奖可累计加分。

一、重大活动加分

（1）参加"新青年"党课评比大赛参赛选手加 1 分，获得三等奖奖励 1 分、二等奖奖励 2 分、一等奖奖励 3 分。

（2）参加校运动会排舞奖励 3 分、参加"一二·九"合唱或为合唱坚持做服务工作奖励 3 分，如缺勤次数过多或特殊贡献酌情增减奖励加分。

（3）参加学生兴趣爱好社团毕业季系列体育赛事获得第一名奖励 4 分、第二名奖励 3 分、第三名奖励 2 分、活动组织奖励 2 分，如活动规模过小，酌情减少奖励加分。

（4）参加社会、学校各类活动志愿者活动奖励 1 分，如有多次参与的，多参加 1 次多加 0.1 分，累计加分不超过 1.5 分。

（5）为鼓励大家多参加各项活动，市级活动、校内各项文体活动获奖的，按照一等奖加 0.7 分，二等奖加 0.5 分，三等奖加 0.3 分的标准给予加分。

（6）参加社会实践获得校级奖项，加分标准等同于校内活动获奖。

（7）对学院的工作有突出贡献，提高了学院声誉及其他特别优秀表现的如有省级电视台及以上媒体报道的奖励加分，由学生工作办公室讨论决定。

（8）其他加分申请，提交到辅导员处后，由学生工作办公会讨论决定。

二、特别说明

（1）用于奖励加分的各项成果和表彰应为学生在研究生期间获得的，第一署名单位应为北京理工大学。

（2）各项成果和表彰应于综合测评所考核的学期获得，并在汇报会所在学期开学前一天获得，包括已正式发表的论文（已正式刊出或在线公布的，具有年、卷、期、页号的论文）、出版的刊物、获得的专利或表彰。

（3）第一作者为学生导师、第二作者为学生本人的论文，可视同学生为第一作者；共同第一作者或并列第一作者的论文，可视为 1/N 篇论文（N 为共同第一作者或并列第一作者的人数）；学生为通讯作者的论文不能视同第一作者。

（4）出版学术专著，可等同于本学科第二层次论文；获得国家级科研成果奖，可等同于本学科第一层次论文；获得省部级科研成果奖，可等同于本学科第二层次论文；获得校级科研成果奖，可等同于本学科第三层次论文；获得软件著作权，可等同于外观设计、实用新型专利。

### 9.4.3 软件学院学生德育鉴定工作规范

为了规范软件学院学生德育鉴定的审批和管理工作，制定本工作规范。

一、鉴定定义及意义

德育鉴定是对学生在校期间政治品质、法治纪律、集体观念、科研学习、课外科技创新活动、文体活动、综合实践活动等各方面情况的考核和评价。德育鉴定结果是学生实习推荐、推优入党、评奖评优、推荐免试研究生、就业政审、干部推荐等工作的重要依据。

二、鉴定内容及依据

学生德育鉴定内容包括：学生基本信息、学生各学期综合素质测评的成绩和排名、学生在校期间违纪和奖励信息、学生综合素质测评评语、辅导员和学院领导的评价，学生德育鉴定表参考北京理工大学软件学院学生德育鉴定表（模板）（见附件）。软件学院每学期开展一次学生综合素质测评工作，从政治品质与集体观念、课外科技活动与兴趣学习、社会工作与社会实践、文体活动参与和培养、其他综合素质表现情况等方面对学生进行量化的考核和评价，由此构成学生德育鉴定的主要依据。

三、鉴定的审批流程

1. 学生申请

学生根据自己需要，向辅导员提出德育鉴定的工作申请。

2. 辅导员评价

辅导员根据学生申请，从圈圈校园学生综合素质测评系统中打印北京理工大学软件学院学生思想政治品德鉴定表，并在鉴定表辅导员意见处填写辅导员评价意见。

3. 学院领导批复和盖章

辅导员持北京理工大学软件学院学生思想政治品德鉴定表至学院党委副书记、副院长处，由学院领导签字确认，并加盖软件学院党委公章。只有加盖软件学院党委公章的德育鉴定表方为有效。

附件：北京理工大学软件学院学生德育鉴定表（模板）

北京理工大学软件学院<br>
二〇一六年九月

附件：

## 北京理工大学软件学院学生德育鉴定表（模板）

| 评价阶段：在校期间 | | | | | 编号：××××××_3 | | | |
|---|---|---|---|---|---|---|---|---|
| 姓　名 | ×××× | 学　号 | ×××××× | 性别 | 男 | 班　级 | ×××班 | |
| 政治面貌 | 中共党员 | 在校住址 | | 民族 | 汉族 | 出生年月 | ×××× | |
| 联系电话 | ×××××××× | 家庭住址 | ××××××××××××××× | | | | | |
| 综合测评分数历史记录 | | | | | | | | |
| 测评名称 | | 测评打分 | 奖励加分 | 违纪扣分 | 最终得分 | 年级平均值 | 年级排名 | 年级总人数 |
| 2012—2013 学年第一学期综合素质测评 | | 89.58 | 0 | 0 | 89.58 | 80.88 | 4 | 181 |
| 2012—2013 学年第二学期综合素质测评 | | 90.75 | 8 | 1 | 97.75 | 82.87 | 3 | 181 |
| 2013—2014 学年第一学期综合素质测评 | | 89.5 | 0 | 0 | 89.5 | 81.56 | 10 | 181 |
| 总计 | | | | | 92.28 | 79.87 | 3 | 181 |
| 违纪记录 | 该同学于 2013 年 06 月 14 日，因景海鹏讲座迟到，被扣除 1 分 | | | | | | | |
| 奖励记录 | 1. 该同学于 2013 年 09 月，因世界机器人大赛中型组项目第四名，奖励 2 分<br>2. 该同学于 2013 年 09 月，因中国机器人大赛创意设计大赛特等奖，奖励 3 分<br>3. 该同学于 2013 年 09 月，因全国大学生计算机博弈大赛点格棋项目冠军，奖励 3 分 | | | | | | | |
| 综合素质测评评语 | | | | | | | | |
| 经同学、老师、学院评定，×× 同学（学号：××××）在校期间，表现如下：<br>　　政治品质过硬、有较强的集体观念，能够积极参加学校、学院、班级组织的各项集体活动；能够较好地完成所承担的社会工作，较为积极地投身社会实践，并不断锻炼自我，提升才干；积极热情地参与各项文体活动，在活动中担当主要角色，积极提升文艺修养，在学生群体中起到带头作用；诚实守信，真诚待人，言而有信，遵守并维护学校的校规、校纪，维护社会公德，关心社会和他人，具有正确的荣辱观；能够积极参与学术活动，积极并认真完成导师交给的科研等任务，并在学术科研活动中取得优异成绩。<br>　　　　　　　　　　　　　　　　　　　　　　　　　　　辅导员签字：<br>　　　　　　　　　　　　　　　　　　　　　　　　　　　　　年　　月　　日 | | | | | | | | |
| 　　　　　　　　　　　　　　　　　主管学生工作副书记签字：<br>　　　　　　　　　　　　　　　　　　（加盖公章有效）<br>　　　　　　　　　　　　　　　　　　　年　　月　　日 | | | | | | | | |

## 9.4.4　软件学院加强本科学生学风建设工作办法

为引导和教育软件学院学生做好专业学习规划、端正学习态度、培养优秀的大学生活学习习惯，营造全学院勤奋努力、积极向上的良好风气，全面提升本科生人才培养质量，特制定学风建设工作办法。

一、工作思路

1. 引、督结合

软件学院将通过开展专业教育、职业生涯规划辅导、优秀榜样宣讲、就业情况介绍等多种形式，培养学生对软件工程专业的认同感和学习积极性，引导学生热爱学习、主动学习。软件学院将通过建立学风督导队和学业警示制度，实施查课、查寝的工作，杜绝学生无故旷课、沉溺游戏等行为。

2. 奖、惩结合

软件学院对于在学风建设中做出贡献、能起榜样作用的集体和个人，将给予荣誉和物质的奖励，培养崇尚先进的良好风气。软件学院对于学生无故旷课、沉溺游戏等行为，将给予扣除综合测评分数、通报批评、学业警示等处罚。

3. 培养先进、帮扶后进结合

软件学院通过科技创新创业基地的培训和实践、选拔优秀本科生进实验室等多种方式，为学有余力的学生搭建学以致用、课外提升拔高等更广阔的实践平台。软件学院制定后进学生帮扶办法，通过班主任谈话、"1帮1"活动、退休老教师跟踪辅导、考前串讲复习等多种办法，帮助基础薄弱的同学树立学习信心、培养良好习惯、促使其不断进步。

二、工作措施

1. 加强新生专业教育

在大一新生入学之际，软件学院及时针对大一新生实施"一年级工程"，加强对新生的专业教育。第一，邀请各学科的责任教授、系主任、研究所负责人为新生做学科、科研的介绍，结合专业特点介绍教师教学方法、课程考核方式、专业学习经验，引导学生有效地安排学习时间、探索学习方法；第二，组织新生参观学院各科研所、各实验室，帮助新生了解各科研所、各实验室的研究方向、实验设备和科研成果，培养新生的兴趣和自豪感；第三，软件科技创新创业基地对新生开展基地发展历史和基地人才培养模式的介绍，吸引新生兴趣，帮助其构建清晰的专业学习计划。

2. 建立生涯规划辅导和就业引导

软件学院学生工作办公室特成立学生职业发展服务和指导委员会，由学院党委副书记、副院长牵头全体辅导员、班主任和退休返聘教师组成，委员会负责对软件学院学生进行职业生涯规划辅导、就业引导和帮助。第一，帮助和引导学生进行自我剖析，根据自身兴趣爱好、价值追求和自身基础能力情况，制订科学务实的大学生活发展计划；第二，帮助学生清晰做好就业规划和大学奋斗目标，并为之而努力学习和奋斗；第三，做好校友沟通和联系工作，通过优秀校友榜样鼓励在校生努力奋斗，通过校友社会资源力量为在校生发展提供机会和帮助。

### 3. 建立学风督导制度

软件学院将组建学风督导队，督导队由年级辅导员、党员骨干和主要学生干部组成。通过学风督导队实施学风督导工作，负责查课、查寝工作，以期杜绝在寝室玩游戏、旷课、迟到等不良现象。

学风督导队工作办法由各年级辅导员自行实施，学风督导惩罚规定如下：

（1）上课迟到或早退者，扣除综合测评分1分，在学院网络平台上给予公开通报批评。

（2）未经请假无故旷课者，扣除综合测评分2分，在学院网络平台上给予公开通报批评。

（3）抄袭他人作业者，扣除综合测评分2分，在学院网络平台上给予公开通报批评。

（4）非节假日期间，周一至周五在宿舍打游戏者，扣除综合测评分5分，在学院网络平台上给予公开通报批评。

（5）多次违反以上规定，通报和约谈学生家长，严重者给予休学、退学等处理。

### 4. 建立学业警示和帮扶制度

软件学院将建立学业预警机制，对学习有较大困难、成绩严重滑坡的学生及其家长下达学业警示通知书，重点关注和帮扶此部分学生后续发展和提升。详细规定见《软件学院学生学业警示办法》。为帮助学习上存在困难的学生树立学习信心、调整学习态度、改进学习方法，学院要求班主任对挂科的同学和成绩滑坡严重的同学进行深入谈话，了解学生学业困难的原因，想办法帮助其解决；要求辅导员开展一系列的帮扶措施，如："1帮1"活动、集体自习、退休返聘教师重点关注等。

### 5. 鼓励学生科技创新

围绕拔尖创新人才的培养目标，软件学院高度重视学生课外科技创新实践活动。为此，学院依托软件科技创新创业基地，在大一学生中开展C语言辅导、算法培训、机器博弈工程培训；在大二、大三学生中开展各个专业方向基础技术培训，鼓励和引导学生参加国内外科技竞赛；组织和鼓励优秀大四学生进入科研实验室参与科研工作。通过这些工作，为广大本科学生提供一个学以致用、拔高提升的实践舞台，提升人才培养质量。

6．开展学风表彰活动

为鼓励先进、树立优秀榜样，在学院范围内培养"崇尚学习、崇尚科技创新"的良好风气，软件学院将在每学期开展一次学风表彰大会，对在学风工作、科技创新工作方面特别优秀的集体、学生、干部和班主任进行表彰和奖励。

北京理工大学软件学院
二〇一六年九月

### 9.4.5 软件学院学生学业警示和帮扶工作办法

为加强软件学院本科生学习过程管理，帮助学生培养良好的学习习惯，及时帮扶成绩落后学生，保证本科生教育教学质量，特制定本办法。

一、重要性说明

学生学业警示工作是对学生学习过程管理的重要部分，是敦促学生努力学习、顺利完成学业的重要举措，对培养优良学风、实现校园安全稳定具有重要作用。

辅导员、班主任和相关工作人员要高度重视学生学业警示工作，密切配合、务实工作，努力将学生学业警示工作做好。

二、学业警示的情况

学生在学习过程中出现下列情形之一者，学院必须给予学业警示：

1．一个学期内未取得学分数达到本学期要求学分数的 1/3 及以上者。

2．未通过课程学分累计达 15 学分以上者。

3．其他情况辅导员或班主任认为有必要给予学业警示的。

三、学业警示的流程

学业警示的具体执行程序如下：

1．每学期初，各年级辅导员核实和统计上学期学生学习成绩情况，将相关材料送班主任，学院党委副书记、副院长，并沟通确定学业警示名单。

2．辅导员要将上学期有挂科记录的学生成绩单通过挂号信形式邮寄给学生家长，并短信与家长沟通确认，以及开展后续工作。

3．辅导员和班主任一同当面对学业警示学生下发学业警示通知书，并要求学生签字确认。辅导员将学业警示通知书、学生成绩单通过挂号信邮寄给学生家长，并短信与家长沟通确认。

4. 辅导员要将相关材料存档备案。

四、帮扶办法

在对学生和家长下发学业警示书之后，辅导员和班主任要对此类学生开展相关帮扶工作。

1. 若学生有强烈意愿继续学业，有信心改善学习状态，则需签署《试读协议书》，辅导员联系家长，视学生情况要求家长陪读与否，以一学期为单位检验试读情况；若学生认为短期内无法改善学习状态，需要休学回家，则由辅导员联系家长来校办理休学手续，并将学生领回；若学生无继续完成学业的意愿，则由辅导员联系家长来校确认，学生在家长陪同下签署退学申请单，完成退学流程。

2. 针对签署《试读协议书》的同学，辅导员负责安排其到学校学业指导中心接受学习指导，每周至少两次，每月月末辅导员从学业指导中心获取学生学习情况。

3. 针对签署《试读协议书》的同学，辅导员和班主任要努力对其开展帮扶工作，帮助其树立学习信心、调整学习态度、改进学习方法，开展"一帮一"活动、集体自习、退休返聘教师重点关注等帮扶工作。

北京理工大学软件学院<br>二〇一六年九月

### 9.4.6　软件学院学长制导师的相关规定

为了进一步加强和提高对软件学院软件工程专业学生的培养、教育和服务工作，使学生更好地成长成才，软件学院每年在大三、大四和研究生中招聘一批优秀的学长担任大一各班级的"学长制"学生导师。

"学长制"学生导师主要是以一名优秀学长的身份去经营、管理和帮助所带领班级的学生向着德、智、体全面发展，引导学生努力学习、积极参与科技创新活动、积极参加社会工作，以自身的优秀经验为学院培养出一批更优秀的学弟学妹。

有关聘任"学长制"学生导师的具体安排如下：

一、"学长制"学生导师的工作内容

1. "学长制"学生导师主要工作是积极协助软件学院学生工作办公室做好学生相关工作。

2. "学长制"学生导师每两周必须去一趟良乡，以召开班会、参加班集体活动、私下谈话等方式指导学生积极学习、参加科技创新、社会工作等，培养学生良好的大学生活习惯。

3. "学长制"学生导师每两周以书面形式向学生工作办公室以及辅导员汇报所带领的班级的学生学习、科技创新等方面情况。

4. 学生工作办公室主任每个月召开一次"学长制"学生导师会议,听取"学长制"学生导师工作汇报。

二、"学长制"学生导师的聘任条件

1. "学长制"学生导师要求其在学习成绩、科技创新和社会工作三方面都表现优异,能够为学生的全面发展做详细指导。

2. 在校学习成绩要求每学期至少获得三等以上(含三等)人民奖学金,"国家奖学金"获得者优先考虑。

3. 要求有参加科技创新项目的经历,了解学院的科技创新背景和科技创新氛围,学科竞赛获奖者优先考虑。

4. 要求其有担任学生干部(包括班委、党支部干部、学生社团或学生组织干部)的经历,具备一定的组织、管理、沟通能力,因社会工作能力突出而获奖者优先考虑。

5. 要求具有良好的思想政治素质,能够正确贯彻执行党的教育方针、路线和政策。

6. 热爱学生思想教育,具有高度的责任感和奉献精神,具备良好的职业道德,爱岗敬业。

7. 遵守学校的各项规章制度,品行端正,在校期间未受过任何纪律处分。

8. 具有健康的体魄和良好的心理素质。

9. 具备有较强的语言表达能力。

三、"学长制"学生导师的奖励办法

1. "学长制"学生导师每个月根据其工作业绩情况发放500元补助。

2. 每学期末,学院学生工作办公室将对各班级的学习成绩、科技创新、社会工作等方面进行综合评价,评价成绩优异者将给予1 000~3 000元奖励。

3. "学长制"学生导师决定被聘用后,"学长制"学生导师开始上任工作,并且"学长制"学生导师被任聘的期限至少为一学期,可以续期。

4. "学长制"学生导师任职期限到期后,学院学生工作办公室将颁发工作认证,并根据情况在各类评奖评优工作中优先考虑。

北京理工大学软件学院<br>
二〇一六年九月

## 9.5 学生管理工作制度

为了加强和规范对软件学院学生的管理，维护学院正常的教育教学秩序和生活秩序，软件学院按照《普通高等学校学生管理规定》中提出的"育人为本，依法建章，规范管理，加强监督"的高校学生工作原则，特制定以下学生管理工作制度（见表9-4），对学生管理工作进行指导，创造规范化、标准化、程序化的教育教学管理体制，保障学生合法权益。

表9-4 软件学院学生管理工作制度列表

| 学生管理工作制度 |
| --- |
| 《软件学院学生请假管理办法》 |
| 《软件学院学生事务通知规范办法》 |
| 《软件学院学生外出实习管理规定》 |
| 《软件学院学生群体安全稳定工作办法》 |
| 《软件学院学生宿舍管理办法》 |
| 《软件学院学生勤工助学管理办法》 |
| 《软件学院调研学生和校友意见工作办法》 |
| 《软件学院学生党建工作规范办法》 |
| 《软件学院加强研究生思想政治教育和安全稳定管理的规范》 |

### 9.5.1 软件学院学生请假管理办法

为进一步明确软件学院学生请假流程，规范学生请假的审批和管理，特制定本办法。

一、请假类型

1. 病假

学生因身患疾病导致无法参加学校和学院正常教育教学活动，可申请请假。

2. 事假

学生因办理公事、私事等无法参加学校和学院正常教育教学活动，可申请请假。

二、请假流程

1. 材料准备

学生在圈圈校园系统请假系统填写详细信息，提出相应请假申请。病假须添加校级以上医院诊断证明照片；事假须提前三天网上申请。

离京及出国须提前一周填写申请，并附相关证明材料照片。出国需附以下材料：外方邀请函、活动证明、保险、家长意见等。

2. 材料审批

学生在圈圈校园系统提交请假申请时，需选择其所负责的班主任或导师请求审批，最后由辅导员审批。如天数超过 7 日（含 7 日），则最后须由学院领导审批。所有审批都通过后，请假方可生效。

3. 销假手续

请假结束后，学生必须在第一时间向辅导员、班主任或导师汇报，并进行销假。

三、请假规定

（1）学生无法参加学校和学院正常教育教学活动必须按照本制度请假，如不请假或不按照本制度办理请假手续，产生任何后果、责任由学生自行负责。

（2）学生工作办公室将给予违反规定的学生全院范围内通报批评，视情节扣除综合测评相应分数，同时取消该生学期各项评奖评优资格。违规情节严重者，学生工作办公室将给予相应纪律处分。

（3）学生在请假期间，须乘坐正规的交通工具，保证自身安全；须遵守各种规章制度，不参与非法集会、游行，看管好随身携带的财物。

（4）其他未尽事宜以北京理工大学学生手册或相关管理规定为准。

附件：北京理工大学软件学院学生请假申请表

北京理工大学软件学院
二〇一六年九月

附件：

## 北京理工大学软件学院学生请假申请表

| 基本情况 | 姓名 | | 性别 | | 学号 | |
|---|---|---|---|---|---|---|
| | 班号 | | 宿舍号 | | 电话 | |
| 联系人信息 | 父亲 | | 联系电话 | | 母亲 | 联系电话 |
| | 紧急联系人 | | 联系电话 | | 宿舍长 | 联系电话 |
| | 班长 | | 联系电话 | | 班主任/导师 | 联系电话 |
| 相关人员知晓情况 | 父亲知晓： | | | 班主任/导师知晓： | | |
| | 班长知晓： | | | 宿舍长知晓： | | |
| 详细事由 | 请假类型：□事假；□病假 | | | 请假时间是否有课：□有；□没有 | | |
| | 离校时间： | | | 计划返校时间： | | |
| | 目的地所在省： | | | 目的地所在市： | | |
| | 乘坐交通工具类型： | | | 班次/车次： | | |
| | 详细事由： | | | | | |
| 请假批复人员 | | | | | | |
| 请假批复人意见 | 签字<br>年　月　日 | | | | | |
| 销假批复人员 | | | | | | |
| 销假批复人员意见 | 签字<br>年　月　日 | | | | | |

### 9.5.2 软件学院学生事务通知规范办法

为规范软件学院学生工作行政办公管理办法,明确学生事务通知相关程序,避免学生在校期间因错失通知损失自身利益,特制定本规范。

一、通知途径及相关说明

1. 圈圈校园系统。圈圈校园系统(www.quanquan6.com)是学生工作办公室面向全体学生发布学生事务的第一平台。学生工作公告、奖助学金评定、重要会议、就业实习等相关信息会在第一时间在本系统发布。学生圈圈校园系统的用户名密码由辅导员统一发放。

2. 学院门户网站。学院门户网站(http://ss.bit.edu.cn)是学生工作办公室面向社会发布信息的主要平台,学院重大活动通知、公告与新闻将在本网站上发布。

3. 年级 QQ 群。年级 QQ 群是辅导员与学生即时交流讨论年级政策、工作、信息发布的平台。

4. 电话与短信。对于紧急通知,辅导员将通过电话或短信的方式通知学生。学生手机号以学生在圈圈校园登记的个人信息为准。

二、工作要求

1. 学生每日至少登录两次圈圈校园系统,查看学院发布的通知。

2. 学生按照本年级要求实名加入年级 QQ 群,及时查看年级 QQ 群通知。

3. 学生保持手机通信畅通,对学院紧急通知给予及时反馈。

4. 不按以上要求及时查看信息而产生的任何后果,由学生本人自行承担。

北京理工大学软件学院<br>
二〇一六年九月

### 9.5.3 软件学院学生外出实习管理规定

一、指导思想

为了规范软件学院学生外出实习审批和管理,做好学生外出实习中的劳动保护、安全防范等教育引导工作,特制定本规定。

二、相关规定

1. 为保障同学们能顺利完成教学教育任务,学生工作办公室原则上只同意毕业年级的学生到校外实习。

2. 所有到校外的企业实习、所在课题组外派参与科研协作的学生均需遵守本管理规定。

三、办理流程

（一）材料准备

1. 学生必须经过导师同意（本科生如未选毕设导师，则由班主任同意），方可外出实习。

2. 学生认真填写北京理工大学软件学院学生外出实习备案登记表（见附件1），并请导师（本科生如未选毕设导师，则由班主任同意）和辅导员签字同意。

3. 学生持《北京理工大学软件学院学生外出实习建议书》（见附件2）交至实习单位，请实习单位根据《北京理工大学软件学院学生外出实习建议书》的要求提供加盖单位公章的实习单位回执单。

4. 学生认真阅读《北京理工大学软件学院学生外出实习安全告知书》（见附件3），详细学习告知书内容并签字确认。

（二）手续办理

学生携《北京理工大学软件学院学生外出实习安全告知书》、实习单位回执单、北京理工大学软件学院学生外出实习备案登记表至软件学院就业指导中心办理备案登记手续。

四、惩罚规定

1. 未根据本规定进行实习手续办理的同学，其实习行为学院不予承认，实习期间出现的任何安全问题、纠纷责任由学生自行负责。

2. 未根据本规定进行实习手续办理的同学，学生工作办公室将给予通报批评处分，扣综合素质测评分5分，并记入学生档案。

3. 未根据本规定进行实习手续办理的同学，学生工作办公室将取消其本学期所有评奖评优资格。

4. 未尽事宜以北京理工大学学生手册或相关管理规定为准。

附件：1. 北京理工大学软件学院学生外出实习备案登记表
　　　2. 北京理工大学软件学院学生外出实习建议书
　　　3. 北京理工大学软件学院学生外出实习安全告知书

北京理工大学软件学院<br>二〇一六年九月

附件 1：

## 北京理工大学软件学院学生外出实习备案登记表

| 班　级 | | 姓　名 | | 性　别 | | 民　族 | | 政治面貌 | | 照　片 |
|---|---|---|---|---|---|---|---|---|---|---|
| | | | | | | | | | | |
| 专　业 | | 学　号 | | 身份证号 | | | | 岗位性质 | | |
| | | | | | | | | | | |
| 是否购买意外保险？ | | | | （若有，则填写何种保险） | | | | | | |
| 个人电话 | | | | | | 电子邮箱 | | | | |
| 家庭联系人 | | | | | | 家庭住址 | | | | |
| 联系人电话 | | | | | | 工作单位 | | | | |
| 实习单位 | | | | | | 单位联系人 | | | | |
| 联系人职务 | | | | | | 联系人电话 | | | | |
| 单位地址 | | | | | | 营业执照号 | | | | |
| 实习起止日期 | | 年　月　日—<br>年　月　日 | | | | 联系人邮箱 | | | | |
| 实习期间住址 | | □宿舍<br>□其他：＿＿＿＿＿＿＿＿＿＿＿＿＿＿＿＿＿＿＿＿ | | | | | | | | |
| 本人承诺以上内容均按实际情况如实完整填写，已经把在校外实行情况如实告知家长并得到家长同意，如有虚假信息，由此产生一切问题由本人负责。<br>　　　　　　　　　　　　　　　学生签字： | | | | | | | | | | |
| 毕设导师鉴定意见：<br>　　　　　　　　　　　签　字：<br>　　　　　　　　　　　　　　　　　年　月　日 | | | | | | | | | | |
| 辅导员鉴定意见：<br>　　　　　　　　　　　签　字：<br>　　　　　　　　　　　　　　　　　年　月　日 | | | | | | | | | | |

附件 2：

## 北京理工大学软件学院学生外出实习建议书

一、为保证实习单位与实习学生的合法权益，同时保证北京理工大学软件学院的学生教育管理工作正常开展，特制定本建议书。

二、实习单位应保证学生实习工作符合国家相关法律法规规定。

三、实习单位不得安排学生从事非法活动，不得安排学生从事任何宗教相关活动，违反国家及公共安全的活动、违反校规校纪活动。

四、建议实习单位应给学生购买意外保险，报销学生在单位实习期间出现的意外事件所产生的费用。

五、实习单位按照与学生签订的实习时间、实习内容及实习酬金开展实习工作，如有变更，请与学生协商解决。

六、实习期间，实习单位应对实习学生担负管理教育义务，如各类安全教育与安全保障职业规范教育，并定期将实习学生的表现（特别是异常表现）通报北京理工大学软件学院。

七、实习单位应保证学生有必要的时间参加北京理工大学软件学院正常教育教学管理活动。

八、对未签收并发送回执的实习行为，学院不予承认，由此产生的相关问题与事务，学院不予调解，由实习单位负责。

九、该建议书的解释权归北京理工大学软件学院学生工作办公室所有。

北京理工大学软件学院<br>
二〇一六年九月

## 北京理工大学软件学院学生外出实习建议书

_____：

兹有我院_____级_____班_____学历的学生_____（学号：_____）前往贵单位参加实习/见习，附件是我院《学生外出实习建议书》，请详细阅读并填写回执单。

此致

敬礼！

北京理工大学软件学院<br>年　月　日

## 实习单位回执单

北京理工大学软件学院：

　　_____同学将于_____年_____月_____日来我单位报到，进行实习/见习，时间即日起计算。

　　我单位对《北京理工大学软件学院学生外出实习建议书》已做详细了解，并接受其内容。附单位信息如下：

实习单位名称：_____

通讯地址：_____

联 系 人：_____

联系电话：_____

电子邮箱：_____

（实习单位盖章）<br>年　月　日

附件 3：

## 北京理工大学软件学院学生外出实习安全告知书

一、所有实习学生均须严格遵守《软件学院学生外出实习登记备案管理规定》（以下简称《规定》），按照《规定》要求履行实习手续办理。

二、实习学生在实习前应将参与实习情况如实告知家长，并得到家长同意。

三、实习学生应在工作时间制度范围内，保证参加学校及学院正常的教育教学活动，并与实习单位提前做好协调工作，若有特殊情况，须按照请假手续向学院请假。

四、实习学生应按照与实习单位的约定或安排，完成好工作职责和任务。

五、实习期间应遵守公司的安全管理规定，注意个人的人身安全、交通安全及财产物品安全，建议购买人身安全保险，以防万一。

六、学生在实习期间不得从事非法活动，不得从事任何宗教相关活动，不得从事任何违反国家及公共安全活动，不得从事违反校规校纪活动。

七、实习期间要注意保护公司的知识产权，不泄露公司的机密。

八、学生实习过程中，应加强自我防护意识，对于可能涉及违法犯罪、人身伤害、财产损失等危害的工作或活动，要避免参与，并与学院及时取得联系，寻求帮助。

九、学生实习单位或实习情况如有变更，须及时上报学院，并重新按照《规定》要求履行实习登记备案手续。

十、不接受《规定》和《北京理工大学软件学院学生外出实习建议书》内容、未及时上交北京理工大学软件学院学生外出实习备案登记表以及《北京理工大学软件学院学生外出实习建议书》回执单的学生，其实习行为学院不予承认，由此产生的相关问题与后果由学生自行负责。

十一、上述内容《北京理工大学软件学院学生外出实习安全告知书》本人已经过详细阅读，并严格遵守。

实习学生（签字）：

年　月　日

## 9.5.4 软件学院学生群体安全稳定工作办法

### 一、指导思想

为了贯彻落实党中央关于高校学生群体安全稳定工作相关精神，按照教育部关于《普通高等学校学生管理规定》《普通高等学校学生安全教育及管理暂行规定》和《北京理工大学学生校园生活与课外活动管理规定》等相关要求，全面、及时掌握软件学院学生思想动态与安全稳定情况，维护校园安全稳定，特制定本工作制度。

### 二、安全稳定工作队伍

#### 1. 工作队伍

| | | |
|---|---|---|
| 组长 | 党委书记 | 统筹规划、安排学院整体学生安全稳定工作，指导小组成员开展工作 |
| 副组长 | 党委副书记、副院长 | 制定详细工作制度与相关安全措施，指导小组成员及时处理突发性事件 |
| 成员 | 辅导员 | 做好本年级安全管理、安全教育、宿舍走访等工作，定期开展安全隐患排查，组织好学生信息员并开展信息收集与上报工作，及时高效地处理突发性事件 |
| | 班主任 | 班主任协助辅导员做好班级学生安全管理、安全教育工作，做好日常学生宿舍走访、学生谈话等工作，及时处置涉及班内学生的突发事件 |
| 学生信息员 | 班长、团支书、党支书 | 协助辅导员、班主任做好班级工作，全面负责班级信息的收集与上报工作 |
| | 宿舍长 | 及时了解室友思想状态，排查本宿舍安全隐患，做好重大节假日学生宿舍晚点名工作，及时将疑点、苗头事件向班主任和辅导员上报 |

#### 2. 工作要求

学生信息员须具有较高的政治觉悟及政治敏感性、较强的责任心，在同学中有较好的群众基础。学生信息员要积极主动去掌握学生思想动态，做好学生群体中疑点、苗头事件信息的发现和收集工作，特别是做好在重大节日、重大活动、国内外重大形势变化期间的情况发现和汇报工作。

学院领导要常规性召开班主任工作会、学生干部工作会、学生宿舍长工作会，做好班主任、学生干部、宿舍长和信息员等关于安全稳定的培训和引导工作，对学生信息员上报的信息要高度重视，对突发事件要及时做出反应与处理，避免恶性事件发生。

安全稳定工作队伍成员必须保持 24 小时通信畅通。

三、学生群体活动管理办法

1. 学生群体活动定义

学生群体活动主要包含 5 人或 5 人以上以宿舍、班级、社团等集体名义在校外进行实习、聚餐、志愿活动、体育比赛、文艺演出、学科竞赛、参观学习、游览观光等活动。

2. 学生群体活动审批程序

软件学院全体学生必须严格按照以下程序进行学生群体活动审批。

（1）材料准备

活动组织人认真填写软件学院学生群体活动申请表，并附上活动方案与安全预案等相关材料。审批表于活动开始前一周递交到辅导员处审批。

（2）审批备案

活动组织人提交全部材料进行活动审批，必须严格按照班主任（导师）、辅导员、学生工作办公室先后顺序进行审批。审批通过后，学生将全部材料交由辅导员备案。

（3）活动反馈

活动结束后，活动组织人在第一时间至辅导员处办理活动完成登记。如因天气等特殊原因导致活动未能如期举行的，需在活动计划当天及时向辅导员汇报。如需再次申请活动，按照申请流程重新提交修订材料。

3. 学生群体活动规定

（1）学生必须严格遵守并执行软件学院学生群体活动审批程序，对于不经审批或审批未通过而擅自组织学生群体活动的，如发生安全事故，一切责任与后果由活动组织人承担。学生工作办公室根据相关规定对相关人员给予纪律处分。

（2）活动组织人要认真开展安全教育工作，详细制定安全预案，发生事故要采取应急措施，及时向辅导员与学院领导汇报。

四、突发事件处理机制

1. 校园突发事件

校园突发事件是指学校或学校周边地区突然发生的，对学生生命健康、教育教学秩序或社会秩序造成威胁甚至严重影响的公共事件。

2. 突发事件处理办法

（1）学生信息员、学生干部、党员骨干等在发现突发事件时，应及时、客观地记录事件发生时间、地点、人员、事件发展等相关信息，报送班主任和辅导员，严重情况可以直接上报学院领导。

（2）班主任与辅导员应及时赶到现场处理事件，对于情况较为严重的事件应及时上报至学生工作办公室主任、学院领导。必要时联系校医院、保卫处及公安机关请求协助处理。

（3）在处理事件的过程中，信息员、班主任与辅导员应及时收集并保存事件相关邮件、文字、图片、视频等证明材料。

（4）在事件得到妥善处理后，辅导员将全部材料整理成册，由学生工作办公室存档备份。

五、相关通信方式

在发生突发事件时，学生可视情况拨打以下电话进行求助。

| 部门 | 电话 |
| --- | --- |
| 学生工作办公室 | 68912840 |
| 学院机关办公室 | 68914832 |
| 校医院 | 68913923/81382538 |
| 校保卫处 | 68912357/81383267 |
| 万寿寺派出所 | 68419305/68422953 |
| 报警求助 | 110 |
| 火警 | 119 |
| 医疗救护 | 120 |
| 交通事故 | 122/89357122 |

附件：北京理工大学软件学院学生群体活动申报表

北京理工大学软件学院

二〇一六年九月

附件：

## 北京理工大学软件学院学生群体活动申报表

| 活动负责人 | | 负责人电话 | | 参与人数 | |
|---|---|---|---|---|---|
| 活动时间 | | | 返校时间 | | |
| 活动地点 | | | 交通方式 | | |
| 参与人员名单 | | | | | |
| 活动内容 | | | | | |
| 班主任意见 | | | | | |
| 辅导员意见 | | | | | |
| 领导意见 | | | | | |

### 9.5.5 软件学院学生宿舍管理办法

为了加强学生宿舍管理，创建积极向上、优美舒适、安全文明的学习生活环境，软件学院根据教育部《普通高等学校学生管理规定》和《高等学校学生行为准则》《北京理工大学学生手册》等有关规定，特制定本管理办法。

一、宿舍成员分工

每个学生宿舍设宿舍长一名，负责宿舍全面工作，是宿舍安全第一责任人；设生活委员一名，负责宿舍成员卫生值班工作；设学习委员一名，负责组织和引导宿舍成员积极向上、努力学习，培养宿舍优良的学习风气；设文体委员一名，负责组织宿舍成员开展丰富多彩的文化和体育活动。

宿舍成员要互相尊重，积极配合宿舍长、生活委员、学习委员、文体委员的组织和安排，为建设优秀的共同集体而努力。

二、宿舍管理要求

1. 遵守相关管理规定

学生须服从宿管中心的管理和安排，按时交纳住宿费，遵守《北京理工大学公寓管理规定》，养成良好的学习生活习惯，体现大学生良好的道德行为规范。学院对违反规定的将给予相应的纪律处分，并视情况终止其住宿资格；违反国家法律法规的，学校将付诸执法、司法部门处理。

2. 创建文明卫生环境

为创建文明卫生宿舍环境，宿舍生活委员要组织宿舍成员制定宿舍卫生值日制度，并监督成员执行落实情况。宿舍成员要尊重和服从生活委员的组织和监督，自觉保持宿舍内卫生整洁。

3. 确保宿舍安全稳定

宿舍长作为宿舍安全第一责任人，要带领宿舍成员严格遵守宿舍相关规定，不使用违章电器、不带外人留宿、不私拉电线，注意防火防盗等。宿舍长要敢管敢抓，对违章违纪行为要及时劝阻和制止，严重情况要及时报宿舍管理员及辅导员。宿舍成员要严格遵守宿舍管理规定，自觉维护宿舍安全，服从宿舍长管理，防止危险事故发生。

4. 提升宿舍学习风气

宿舍学习委员要带领宿舍成员建立科学健康的生活学习计划，组织和督促宿舍成员积极努力学习，培养积极向上的宿舍学习风气。学习委员要敢抓敢管，严格执行学院学风建设办法，督促成员在周一至周五晚自习期间不在宿舍停留、不玩游戏，督促成员不逃课、不迟到、不早退。宿舍成员要尊重和服从学习委员的组织和督促，为建设优良的宿舍风气贡献自身力量。

北京理工大学软件学院<br>
二〇一六年九月

### 9.5.6 软件学院学生勤工助学管理办法

一、指导思想

为了减轻贫困学生经济压力，帮助其顺利完成学业，软件学院特设置学生勤工助学工作岗位，为学生提供在课外时间进行工作获得劳动报酬的机会。为规范勤工助学管理工作，特制定本办法。

二、岗位设置

每学期初，由学生工作办公室负责组织岗位设置工作。

学生工作办公室、教学科研办公室、机关工作办公室认真调研业务工作情况，并根据实际需要，如实、详细填写北京理工大学软件学院学生勤工助学岗位设置申报表（见附件1）；

学生工作办公室、教学科研办公室、机关工作办公室将申报表报送至主管副院长，并征得同意，之后将申报表的电子表和纸质表送至学生工作办公室；

学生工作办公室报学院院务会，并由院务会讨论并通过勤工助学工作岗位设置结果。

三、经费保障

学院勤工助学工作经费由学生工作办公室的学生困难补助经费卡保障，每个月的支出原则上不超过20 000元。

学生勤工助学报酬按照15元/小时支付，每个月进行一次结算。每人每月原则上不多于600元报酬。

四、选聘流程

1. 发布招聘需求

学生工作办公室将本学期勤工助学工作招聘通知发布在学院办公平台，公开招聘学生。

2. 学生网上报名

学生如满足如下条件，可以在规定时间内通过学院办公网络平台进行勤工助学工作报名。

（1）家庭经济困难，原则上只考虑有贫困认定的学生。

（2）遵守学校、学院相关规章制度，尊敬师长，人品较佳，没有违纪处分记录。

（3）具备岗位的工作能力，勤劳努力，能胜任工作职责。

（4）每周保证有充足的时间完成岗位工作任务，原则上月度工作时长不多于40小时。

（5）原则上要求学生没有学习压力，没有挂科记录。

3. 审核和面试

学生工作办公室对报名学生进行资格审核，而后安排岗位负责老师对报名学生进行面试。

4. 确定录取结果

学生工作办公室对资格审核和面试结果进行协调和统筹，最终确定勤工助学工作岗位招聘结果，并在学院网络办公平台进行公示。

公示完毕后，学生工作办公室组织学生与学院签署《北京理工大学软件学院学生勤工助学工作协议书》（见附件3），学生正式开展工作。

### 五、考核备案

在学生工作办公室的组织下，勤工助学的学生在每月最后一个工作日向负责老师提交纸质版的《北京理工大学软件学院学生勤工助学月度工作总结》（见附件2），总结需要由各岗位负责老师签字评价。

学生工作办公室负责老师将月度总结情况汇总后报学院党委副书记、副院长审批，并报送学生工作处统一发放酬金。月度工作总结相关材料在学生工作办公室备案。

附件：1. 北京理工大学软件学院学生勤工助学岗位设置申报表
2. 北京理工大学软件学院学生勤工助学月度工作总结
3. 北京理工大学软件学院学生勤工助学工作协议书

北京理工大学软件学院<br>二〇一六年九月

附件 1：

## 北京理工大学软件学院学生勤工助学岗位设置申报表

单位：机关办公室　　　　　　　　联系人和联系方式：

学期：

| 序号 | 岗位名称 | 工作地点 | 具体岗位职责 | 具体岗位要求 | 负责老师 | 人数 |
|---|---|---|---|---|---|---|
| 1 | 学生事务办公室助理 | 软件楼202a | 1. 协助老师处理学生事务相关事宜；<br>2. 做好日常信息统计与信息分析等工作 | 1. 头脑灵活，善于思考；<br>2. 办公软件使用熟练 | ××老师 | 1 |
| 2 |  |  |  |  |  |  |
| 3 |  |  |  |  |  |  |
| 4 |  |  |  |  |  |  |
|  |  |  |  |  |  |  |
|  |  |  |  |  |  |  |

附件 2：

## 北京理工大学软件学院学生勤工助学月度工作总结

月度时间：　　年　　月　　日

| 学　　号 | | 姓　　名 | |
|---|---|---|---|
| 政治面貌 | | 性　　别 | |
| 工作地点 | | 职位名称 | |
| 邮　　箱 | | 电　　话 | |
| 本月工作时长（以小时计） | | 小时（上限 40 小时） | |
| 个人工作总结：<br>（承担的主要工作及收获、成绩等）<br><br><br><br><br><br>本人签名：<br>　　年　　月　　日 | | | |
| 核实本月工作时长：　　　小时<br>评教工作质量（请勾选）：□优　□良　□中　□差<br>老师评语：<br><br><br><br>老师签名：<br>　　年　　月　　日 | | | |
| 学院领导意见：<br><br><br><br>签名：<br>　　年　　月　　日 | | | |

附件3：

## 北京理工大学软件学院学生勤工助学工作协议书

甲方：__北京理工大学软件学院__（用人单位）

乙方：_____（受聘学生班级、学号、姓名）

为更好地为家庭经济困难学生提供勤工助学服务，确保甲方设置的勤工助学工作有效开展，根据《北京理工大学软件学院学生勤工助学管理办法》，甲方同意乙方到甲方岗位：_____参加学生勤工助学工作，负责老师：_____；工作内容：_____；工作时间：201____年____月至201____年____月。

特签订如下协议：

（1）甲方为乙方提供必要的工作环境和条件，尊重和维护乙方的正当权益。

（2）学生勤工助学报酬按照15元/小时支付，每月原则上不多于600元报酬。甲方每月按工作时间向乙方支付报酬。

（3）甲方根据本部门勤工助学岗位职责，负责对乙方进行岗前培训及业务管理，负责学生的日常管理、考勤及工作考核任务。

（4）乙方要认真履行岗位职责，严格遵守工作纪律，听从相关工作安排。

（5）乙方需在每个月最后一个工作日提交《北京理工大学软件学院勤工助学月度工作总结》。

（6）本协议一式二份，甲、乙方各一份，自签订之日起有效。

（7）其他问题由软件学院学生工作办公室解释。

甲方（签字、盖章）：　　　　　　　乙方（签字）：

合同签订日期：____年____月____日

### 9.5.7 软件学院调研学生和校友意见工作办法

软件学院历来高度重视学生服务、管理和培养工作，通过广泛听取学生、校友的意见反馈，实现各项工作的可持续改进，不断提升工作水平。为了规范学生、校友调研工作，特制定本工作办法。

一、调研内容

（1）人才培养质量的调研，主要听取学生对教学计划、任课教师教学质量、人才培养质量等方面的意见和评价。

（2）管理和服务质量的调研，主要听取学生对班主任、辅导员、机关服务等方面工作的意见和评价。

（3）对学院整体发展的看法、建设性意见。

二、调研对象

1. 全日制在校生。
2. 毕业校友。

三、调研机制

（1）每学期初，学生工作办公室组织全体学生对过去一学期学院整体管理和服务工作进行反馈和评价。包括如下内容：对班主任工作评价、对辅导员工作评价、对机关主要工作部门的评价。

（2）每学期初，学生工作办公室组织全体学生对上一学期教学工作进行反馈和评价。包括如下内容：整体教学质量的评价、每门专业课和基础课的教学质量评价。

（3）每年6月份，学生工作办公室要组织全体毕业生对学业阶段人才培养质量进行整体调研反馈。

（4）每年召开毕业十周年校友会，学生工作办公室要组织校友结合工作阅历，对学院人才培养质量的反馈，以及对学院发展的建议。

（5）每个月，学院领导要面对面接见学生或对外公开邮箱，及时听取学生反映的问题或建议。

四、调研后续处理方法

学生工作办公室在完成调研工作之后，要对调研结果进行科学的总结和分析，做好相关调研材料的存档，并将相关数据报送学院领导，为学院各项工作决策提供学生、校友真实意见和建议。

附件：1. 北京理工大学软件学院学生对班主任评价表
2. 北京理工大学软件学院学生对辅导员评价表
3. 北京理工大学软件学院学生对学院管理服务质量评价表
4. 北京理工大学软件学院学生对学院教学质量评价表
5. 北京理工大学软件学院毕业生对学院人才培养质量评价表
6. 北京理工大学软件学院对毕业校友调查问卷

北京理工大学软件学院

二〇一六年九月

附件 1：

## 北京理工大学软件学院学生对班主任评价表

| 年级 | | 班级 | | 班主任 | | |
|---|---|---|---|---|---|---|
| 一级项目 | 二级项目 | | 分值 | 评分 | 评述 | |
| 政治思想表现（10分） | 包括政治思想素质、政治理论水平、为人以及作风等 | | 10～0 | | | |
| 工作态度（20分） | 1. 包括工作是否认真扎实、责任感是否强、是否爱岗敬业、是否有为学生服务的精神、是否经常主动关心学生等 | | 10～0 | | | |
| | 2. 包括是否有亲和力、凝聚力，师生关系是否融洽，威信力是否高等 | | 10～0 | | | |
| 完成职责情况（70分） | 1. 掌握学生基本情况（包括是否掌握学籍卡上基本信息、住宿情况、业务学习情况、家庭经济及生活状况等） | | 15～0 | | | |
| | 2. 思想政治教育情况（包括是否经常与学生谈心和交流思想，是否把握学生的思想动态，是否有针对性地对贫困生、有心理问题等有特殊情况的学生开展思想教育工作） | | 15～0 | | | |
| | 3. 组织班级活动情况（包括每学期是否按要求组织召开班会、组织政治学习、参加重大班级活动等） | | 10～0 | | | |
| | 4. 走访班级情况（包括是否经常走访寝室、到班级与学生交流，是否及时掌握班级的动态变化，是否帮助学生解决实际困难，是否主动与有特殊情况学生的家长取得联系等） | | 10～0 | | | |
| | 5. 班级学风建设情况（包括是否抓班级学习气氛、班级后进生转化问题、诚信考试，班级学风状况好坏，考试作弊现象是否严重，考试不及格人次是否较多等） | | 10～0 | | | |
| | 6. 日常管理情况（是否配合学院完成学生早读考勤、上课考勤、宿舍卫生检查、催缴学费、评奖评优、毕业生就业等日常管理工作） | | 10～0 | | | |
| 评价总得分 | | 评价等级 | □优秀　□良好　□及格　□不及格 | | | |
| 对班主任工作的意见或建议 | | | | | | |

制表：软件学院学生工作办公室

附件2：

## 北京理工大学软件学院学生对辅导员评价表

| 考核内容 | | 要求 | 分值 | 打分 |
|---|---|---|---|---|
| 德 10分 | 思想政治素质 | 坚持共产主义理想信念，政治意识强，有大局意识 | 5 | |
| | 职业道德修养 | 作风正派，为人师表，热爱学生，具有奉献精神 | 5 | |
| 能 15分 | 引导沟通能力 | 正确理解、执行并传达各项政策和规章制度，引导学生进行思想政治学习，与学生沟通做到及时、顺畅 | 2 | |
| | 工作执行能力 | 能够按照要求在学生当中开展各项工作 | 5 | |
| | 研究学习能力 | 及时对工作进行总结和分析，开展理论研究 | 3 | |
| | 创新能力 | 具有创新意识，创新工作方法和手段，探索新的工作载体 | 5 | |
| 勤 10分 | 工作积极性 | 按要求、按时、保质完成各项工作，工作积极主动，态度认真，及时处理突发事件 | 3 | |
| | 工作纪律性 | 遵守学校的考勤纪律 | 3 | |
| | 工作责任心 | 以学生为本，热爱学生，以对学生负责的心态开展工作 | 4 | |
| 绩 60分 | 思想政治教育 | 积极开展新生入学教育、国防教育、诚信教育、文明离校等思想政治教育活动，及时把握学生的思想、学习、心理和生活等状态 | 10 | |
| | 学风建设 | 积极开展班级优良学风创建活动，开展考风考纪教育，积极对学生进行专业引导，提升学习动力，定期到课堂检查考勤 | 10 | |
| | 班团组织建设 | 建立完善的班团骨干体系，定期召开年级大会、班长团支书会议，发挥骨干作用，引领学生积极参加学校各项活动，指导社团开展丰富多彩的校园活动 | 5 | |
| | 学生日常管理 | 积极开展文明宿舍建设；做好学生综合测评、奖学金评定等工作；关注生活、心理、学业、发展、交往等方面的困难学生；协助就业部门做好就业指导工作；协助有关部门做好学籍管理和违纪学生的处理工作 | 10 | |
| | 维护安全稳定 | 定期开展学生安全教育，及时处理学生的各类矛盾；熟知学校应对各类突发事件的预案；敏感时期按要求进行值班，做好学生的稳定教育；突发事件发生时及时到位并妥善处理 | 10 | |
| | 特色创新工作 | 具有创新意识，善于创新工作方法和手段，能够结合工作特点，创新并推广特色工作项目 | 5 | |
| | 科技创新 | 积极参与课外科技创新活动或工程锻炼活动，为学院科研、学科建设做出贡献的科研实验室项目活动，包括科技创新基地组织的各类科技活动，各类竞赛活动，以科研为依托的非课堂作业的项目活动，学术科研活动，以拓宽知识能力为目的的兴趣学习或研究活动等 | 10 | |
| 廉 5分 | / | 遵守法律法规和学校规章，工作中做到公平公正公开 | 5 | |
| 合计 | | | 100 | |

制表：软件学院学生工作办公室

附件3：

## 北京理工大学软件学院学生对学院管理服务质量评价表

学期：××××学年×××学期

| 学生所在年级 | | 学生所在班级 | | 姓名（可匿名） | |
|---|---|---|---|---|---|
| 评分对象 | | 总体分数（满分100分） | | 评价等级 | |
| 1. 机关整体服务 | | | | □优秀；□良好；□及格；□不及格 | |
| 2. 本科生教学服务 | | | | □优秀；□良好；□及格；□不及格 | |
| 3. 研究生教学服务 | | | | □优秀；□良好；□及格；□不及格 | |
| 4. 学生干事服务 | | | | □优秀；□良好；□及格；□不及格 | |
| 5. 后勤事务服务 | | | | □优秀；□良好；□及格；□不及格 | |
| 6. 党建干事服务 | | | | □优秀；□良好；□及格；□不及格 | |
| 7. 辅导员服务 | | | | □优秀；□良好；□及格；□不及格 | |
| 8. 实习就业服务 | | | | □优秀；□良好；□及格；□不及格 | |
| 9. 创新基地服务 | | | | □优秀；□良好；□及格；□不及格 | |
| 其他意见建议： | | | | | |

制表：软件学院学生工作办公室

附件 4：

## 北京理工大学软件学院学生对学院教学质量评价表

学期：××××学年××学期

| 班级： | | 填写日期： 年 月 日 | | 教学质量总得分： |
|---|---|---|---|---|
| 课程名称 | 评判分值（10分） | | 课程名称 | 评判分值（10分） |
| A | | | G | |
| B | | | H | |
| C | | | I | |
| D | | | J | |
| E | | | K | |
| F | | | L | |
| 评语 | 优点及亮点： | | | |
| | 不足及建议： | | | |

制表：软件学院学生工作办公室

附件 5：

## 北京理工大学软件学院毕业生对学院人才培养质量评价表

| 姓名 | | 班级 | |
|---|---|---|---|
| 学号 | | 毕业去向 | |
| 备注：A=2 分，B=1.5 分，C=1 分，D=0 分 ||||

| 类别 | 序号 | 问题 | A | B | C | D |
|---|---|---|---|---|---|---|
| 工程知识 | 1 | 是否能够运用数学与自然科学的基本知识正确表述复杂工程问题 | | | | |
| | 2 | 是否能够针对一个系统或者过程建立数学模型并进行求解 | | | | |
| | 3 | 是否能够运用工程原理和专业知识分析工程问题的解决途径并进行改进 | | | | |
| | 4 | 是否能够使用程序设计语言解决工程计算问题 | | | | |
| 问题分析 | 1 | 是否能够识别和判断复杂工程问题的关键环节和参数 | | | | |
| | 2 | 是否能够认识到解决问题有多种方案可以选择 | | | | |
| | 3 | 是否能够查找并分析文献寻求可替代的解决方案 | | | | |
| | 4 | 是否能够正确表达一个工程问题的解决方案 | | | | |
| | 5 | 是否能够运用基本原理证实解决方案的合理性 | | | | |
| 设计/开发解决方案 | 1 | 是否能够根据复杂工程问题的需求确定设计目标 | | | | |
| | 2 | 是否能够在安全、环境、法律等现实约束条件下通过技术经济评价论证设计方案的可行性 | | | | |
| | 3 | 是否能够针对特定软件需求确定数据结构和算法 | | | | |
| | 4 | 是否能够根据简单软件的需求完成程序的设计与实现 | | | | |
| 研究 | 1 | 是否能够识别计算机系统组成并了解工作原理 | | | | |
| | 2 | 是否能够理解系统软件的设计思路和基本原理并能够运用相应原理解决具体问题 | | | | |
| | 3 | 是否能够理解应用软件的设计思路和原理并能够运用应用软件解决实际工程问题 | | | | |
| | 4 | 是否能够理解专业知识体系，具备进行深入研究的能力 | | | | |

续表

| 类别 | 序号 | 问题 | A | B | C | D |
|---|---|---|---|---|---|---|
| 使用现代工具 | 1 | 是否能够运用工具完成复杂软件工程需求与设计阶段的分析与形式化建模 | | | | |
| | 2 | 是否能够根据设计需求选取软件体系架构和设计模式并完成详细设计，体现创新意识 | | | | |
| | 3 | 是否能够采用恰当的开发工具完成软件开发，并能够理解开发过程的局限性 | | | | |
| | 4 | 是否能够采用恰当的方法和工具对软件进行测试和验证，并能够给出应用和维护方案 | | | | |
| | 5 | 是否能够用形式化模型和文档等形式呈现软件系统解决方案和成果 | | | | |
| 工程与社会 | 1 | 是否能够了解应用领域背景知识，完成复杂软件系统的需求分析 | | | | |
| | 2 | 是否能够完成软件工程项目实践并进行评价 | | | | |
| | 3 | 是否能够撰写各类软件工程文档并进行评价 | | | | |
| | 4 | 是否能够采用适当的方法评价工程实践对社会、健康、安全、法律以及文化的影响，并理解应承担的责任 | | | | |
| 环境和可持续发展 | 1 | 是否能够了解软件及相关行业的政策和法律法规 | | | | |
| | 2 | 是否能够了解国内外行业标准、规范和技术发展趋势 | | | | |
| | 3 | 是否能够理解软件工程实践和复杂软件工程问题对环境以及社会可持续发展的影响 | | | | |
| 职业规范 | 1 | 是否能够树立正确的世界观、人生观、价值观，具备良好的人文素养 | | | | |
| | 2 | 是否能够拥有健康的体质和良好的心理素质 | | | | |
| | 3 | 是否能够具备工程师的专业素质和职业道德 | | | | |
| 个人和团队 | 1 | 是否能够在多学科背景下胜任团队成员角色与责任，组织团队成员开展工作 | | | | |
| | 2 | 是否能够在多学科背景下主动与其他成员沟通、合作、开展工作 | | | | |
| | 3 | 是否能够独立完成团队分配的工作 | | | | |

续表

| 类别 | 序号 | 问题 | A | B | C | D |
|---|---|---|---|---|---|---|
| 沟通 | 1 | 是否能够与社会公众进行有效沟通与交流 | | | | |
| | 2 | 是否能够运用恰当工具阐述工作成果,并与业界同行进行有效沟通与交流 | | | | |
| | 3 | 是否能够掌握一门外语,具有跨文化交流和沟通能力 | | | | |
| 项目管理 | 1 | 是否能够根据工程项目特征选择恰当的管理方法 | | | | |
| | 2 | 是否能够选择恰当的软件项目管理工具、工程模型并进行实践 | | | | |
| | 3 | 是否能够将计划管理方法与经济决策方法应用于实际软件项目 | | | | |
| | 4 | 是否能够具备小型软件系统的项目管理能力 | | | | |
| 终身学习 | 1 | 是否能够认识到自我探索和终身学习的必要性 | | | | |
| | 2 | 是否能够养成主动学习和不断探索的习惯,学会自我评价 | | | | |
| | 3 | 是否能够运用科学的学习方法,管理知识和处理信息,做到学以致用 | | | | |
| 针对学院人才培养的建议(4分) | | | | | | |
| 对学院整体印象和建议(2分) | | | | | | |
| 对学生工作和辅导员的整体印象和建议(2分) | | | | | | |
| 对机关服务工作的整体印象和建议(2分) | | | | | | |
| 总分 | | | | | | |

附件 6：

## 北京理工大学软件学院对毕业校友调查问卷

亲爱的校友：

  为跟踪了解您的工作和发展情况，进而促进学院人才培养及学院发展建设等工作，特制作本调查问卷，本问卷所涉及有关个人信息不会对外公布，选择题可直接在选项题号上划"√"，需要表述的尽量详细阐述。

  感谢您的参与和支持！希望加强联系！祝您工作顺利，身体健康，家庭幸福！

北京理工大学软件学院（公章）

基本信息：

1. 姓名：_____；
2. 性别：【1】男　　　【2】女　　　；
3. 最后学历：【1】本科　　　【2】硕士　　　【3】博士　　　；
4. 在北京理工大学期间所学专业：_____；
5. 班号：_____，毕业时间：_____；
6. 现工作单位：_____；
7. 职称/职务：_____；年薪：_____；
8. 联系方式：手机：_____，E-mail：_____；
9. 通讯地址：_____；

一、就业单位性质（选择相关符合选项）：

A. 政府机关　　　　　B. 高等院校　　　　　C. 科研设计单位

D. 其他教学单位　　　E. 医疗卫生　　　　　F. 国防行业

G. 金融单位　　　　　H. 国有企业　　　　　I. 三资企业

J. 部队　　　　　　　K. 其他企业

二、您所在单位是否解决本地户口：

A. 是　　　　　　　　B. 否　　　　　　　　C. 看情况

D. 其他_____；

三、您的工作时间：

A. 实际低于每天 8 小时　　B. 每天 8 小时　　C. 偶尔有加班

D. 经常有加班

四、工作地点：
A. 大型城市　　　　　B. 中型城市　　　　　C. 小型城市
D. 城镇　　　　　　　E. 其他＿＿＿＿＿＿＿＿＿＿＿＿＿＿＿；

五、工作强度：
A. 非常轻松　　　　　B. 感觉正常　　　　　C. 偶尔很累
D. 经常很累　　　　　E. 其他＿＿＿＿＿＿＿＿＿＿＿＿＿＿＿；

六、您是否变更过工作：
A. 从来没有　　　　　B. 换过1次　　　　　C. 换过2次以上

七、您毕业时，选择工作单位时最看重的因素是：
A. 个人发展前景　　　B. 专业是否对口　　　C. 工资及福利待遇
D. 工作地点　　　　　E. 单位的影响力　　　F. 单位的性质
G. 符合个人兴趣爱好　H. 其他＿＿＿＿＿＿＿＿＿＿＿＿＿＿＿；

八、您的工作类别是：
A. 软件开发类　　　　B. 技术管理类　　　　C. 经营管理类
D. 教学科研类　　　　E. 市场营销类　　　　F. 行政、人力资源
G. 生产制造类　　　　H. 其他＿＿＿＿＿＿＿＿＿＿＿＿＿＿＿；

九、回顾过往的教育和职业经历，您觉得用人单位在招聘我校软件相关专业毕业生时，评价比较高的方面有：
A. 专业知识学习扎实　　B. 涉及的专业知识覆盖面广
C. 实际操作能力强　　　D. 体现了团队合作能力　　E. 展现了管理能力
F. 外语水平好　　　　　G. 创新能力和思维强　　　H. 应变能力好
I. 其他＿＿＿＿＿＿＿＿＿＿＿＿＿＿＿＿＿＿＿＿＿；

十、作为校友，您对学院今后的人才培养过程中需要对哪些方面进行强化：
【多选】
A. 个人品德　　　　　B. 敬业奉献精神　　　C. 人文素养
D. 团结协作精神　　　E. 身心素质　　　　　F. 外语学习
G. 计算机能力　　　　H. 基础课程学习　　　I. 专业课程学习
J. 科研能力　　　　　K. 实践创新能力　　　L. 人际沟通能力
M. 组织管理能力　　　N. 其他＿＿＿＿＿＿＿＿＿＿＿＿＿＿＿；

十一、您对学院其他工作的意见与建议有哪些？
1. 根据个人经历想告诉学院老师们的：

＿＿＿＿＿＿＿＿＿＿＿＿＿＿＿＿＿＿＿＿＿＿＿＿＿＿＿＿＿＿＿＿＿＿＿＿

＿＿＿＿＿＿＿＿＿＿＿＿＿＿＿＿＿＿＿＿＿＿＿＿＿＿＿＿＿＿＿＿＿＿＿＿

2. 根据个人经历想告诉学弟学妹们的：

_____
_____
_____
_____

### 9.5.8 软件学院学生党建工作规范办法

为规范学院学生党建工作，切实发挥党员先锋带头作用，加强对学生党员的管理，依据《中国共产党章程》《北京高校发展党员工作程序》《北京理工大学学生党支部工作指导手册》，制定本工作办法。

一、学生党员发展

（一）学生党员发展流程图

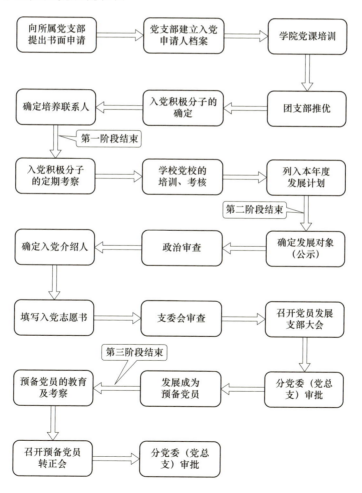

## （二）第一阶段　确立入党积极分子

### 1. 申请人向所属党支部提出书面申请

年满十八岁的学生可以申请加入中国共产党。申请书需要由申请人本人手写，打印无效。党支部书记负责审核申请人所提交的申请书，对抄袭、雷同的申请书一律拒绝接收。

### 2. 党支部建立入党申请人档案

党支部接受收到学生的入党申请书后，及时将申请书转交组织员，组织员在接到学生的入党申请书后，尽快为其建立入党申请人档案。

### 3. 学院党课培训

学员需参加至少 8 课时的院级党课学习，期末需要提交一份不少于 2 000 字的结业论文，方可获得结业证书。党课培训缺勤两次及以上或结业论文抄袭、雷同者，不可获得结业证书。

### 4. 入党积极分子的确定

入党申请人经过学院的培训考察合格后，经所在团支部推荐，党支部支委会研究同意，可确定为"入党积极分子"。

### 5. 确定培养联系人

入党积极分子所在的党支部要指定 1 至 2 名党员做他们的培养联系人，并通过组织培训、参加党内活动，对其进行培养和教育。

## （三）第二阶段　入党积极分子的培养和定期考察

### 1. 入党积极分子的考察

培养联系人负责对积极分子的培养、考察工作。培养联系人要引导积极分子进行党史、党章的学习，加深对党的认识，端正入党动机。积极分子每 3 个月至少向党支部提交一次思想汇报。党支部每 3 个月要对入党积极分子进行一次考察，并填写考察表。思想汇报、考察表存入入党积极分子档案。考察的重点是对党的认识、入党动机、政治觉悟、思想品质、学习态度及学习成绩、群众基础等。

### 2. 学校党校的培训、考核

申请人必须参加党校的学习，结业时要进行考试和考核。凡未经过学校党校培训、未取得结业证书的不能发展入党。

### 3. 列入本年度发展计划

对经过一年以上培养教育和考察、基本具备党员条件的入党积极分子，在听取党小组、培养联系人、党员和群众意见的基础上，支部委员会讨论同意并上报党委备案后，可列为发展对象，列入年度发展计划。

## （四）第三阶段　党员发展

### 1. 确定发展对象（公示）

发展对象必须具备的条件：

（1）到发展日期为止，递交《入党申请书》时间超过一年。

（2）参加过学院的培训学习，培训合格。

（3）参加过学校业余党校的学习，合格毕业。

（4）经团支部推荐。

（5）综合征求联系人、班主任（导师）、年级辅导员和团支部意见，没有问题和异议。

### 2. 政治审查

党组织在讨论接收预备党员之前，必须对发展对象进行政治审查。学院组织员负责发展对象的政治审查工作。

政治审查的主要内容是：对党的基本路线以及党的重大方针、政策的态度；本人政治历史和在历次重大政治事件中的表现；直系亲属和与本人关系密切的主要社会关系的政治历史、现实表现情况。政治审查应达到以下要求：

（1）个人历史清楚。

（2）家庭及主要社会关系历史清楚。

（3）个人现实表现属实。

（4）做出符合实际的结论和鉴定意见。

政治审查的基本方法包括：同本人谈话、查阅档案材料、找有关单位和人员了解，以及必要的函调或外调。凡没有经过政治审查的，不能发展入党。

### 3. 确定入党介绍人

党支部要指定两名正式党员做发展对象的入党介绍人（介绍人一般由发展对象的培养联系人中的正式党员担任），介绍人要了解掌握发展对象的入党动机、政治觉悟、思想品质、学习工作表现、成长经历、群众基础等情况。

### 4. 填写入党志愿书

上级党组织把《入党志愿书》发给党支部后，党支部应派人与申请人谈话，进行对党忠诚的教育，并将《入党志愿书》的有关内容解释清楚，指导他填好《入党志愿书》。填写《入党志愿书》的基本要求是：

（1）申请入党人必须本着对党忠诚的态度，严肃认真地如实填写，不得有隐瞒和伪造。

（2）由本人用钢笔、毛笔或签字笔填写，字迹要工整。

（3）对《入党志愿书》各个栏目内容的填写要清楚准确。

### 5. 支委会审查

在召开接受预备党员的支部大会之前，支委会要认真审查发展对象的综合情况。包括申请人是否具备入党条件、政治审查是否合格、外调材料及团支部推优意见、党内外群众意见、学习成绩等材料是否符合要求、是否齐备等，经集体讨论认为合格后，即可提交党支部大会讨论。凡支部委员会审查认为不合格的，不能提交党支部大会讨论。

准备发展的入党积极分子应提供以下材料：

（1）申请书。
（2）积极分子考察表。
（3）团员推优入党登记表。
（4）自传。
（5）政审材料。
（6）校党校结业证书（可提交复印件）。
（7）思想汇报。

为确保党员质量，有下列情况之一者不能发展，需要做进一步的考察：

（1）对党不忠诚，对党交代信息有虚假成分的。
（2）信仰宗教的。
（3）本人或家庭成员历史不清的。
（4）未取得学校业余党校结业证书的。
（5）未列入发展计划的。
（6）材料不全的。

### 6. 召开党员发展支部大会

应到会正式党员的4/5出席会议有效。大会由支部书记主持，主要程序：

（1）宣布开会，报告出席会议的党员人数。
（2）申请人向大会宣读《入党志愿书》中所填写的全部内容。
（3）入党介绍人介绍申请人的主要情况并对是否愿意介绍其入党表明意见。
（4）支委会汇报对申请人培养、教育以及政审的情况，提出支委会对其能否入党的意见。
（5）与会党员充分发表意见并表明自己的态度。
（6）与会正式党员对是否接受申请人为预备党员进行票决（附票样和结果表）。
（7）支部书记和支委会成员宣布支部大会决议。
（8）与会正式党员对支部大会决议进行表决。

（9）申请人对支部大会讨论的情况表明自己的态度，对讨论中党员提出的有关问题也要表明态度。

（10）支部书记对支部大会情况做简要总结。将支部大会决议及时填写在申请人的《入党志愿书》中，并签名盖章。若同意接受申请人为预备党员，则应及时报学院党委审批。

7. 学院党委审批

（1）组织员负责对《入党志愿书》和有关材料及入党手续是否完备进行审查。学院党委委派专人同申请人进行谈话，对其是否具备党员条件做进一步考察。

（2）学院党委召开会议讨论，逐一审批。

（3）学院党委审批后将审批结果以书面形式通知党支部及本人，并在支部大会上宣布。预备党员的预备期从支部大会通过之日算起。

（五）第四阶段　预备党员培养、考察

1. 确定联系人

联系人一般由介绍人担任（由外单位转入的，应及时安排联系人），具体负责对预备党员进行教育和考察，同时将其表现及时向党组织反映。

2. 严格的组织生活

党组织应将及时被批准的预备党员编入所在单位党支部，参加党的组织生活。党支部应向预备党员进行增强党性、严格党内生活的教育，讲解党内生活的各项制度并提出要求，促使其自觉接受党内生活的锻炼，接受党组织的教育和监督。

3. 对预备党员的教育培训

党支部负责对预备党员的教育培训，内容包括党的理论和知识、优良传统作风、党的纪律等，使他们进一步明确怎样做一名合格的共产党员，增强党性修养，树立正确的世界观、人生观和价值观。

学生党建工作办公室负责组织预备党员接受学院党课培训，督促预备党员不断加强理论学习，提高思想觉悟。

4. 分配一定的社会工作和群众工作

党支部应对预备党员分配一定的社会工作和群众工作，为他们在实践中锻炼提高创造条件，使他们在完成党组织交给的任务中增强党性，树立全心全意为人民服务的思想。

5. 定期总结、评议、鉴定

预备党员每季度提交一次思想汇报。党支部每季度听取一次联系人的汇报，每半年对预备党员的表现情况进行群众评议，并实事求是地做出鉴定。同时将总结、评议、鉴定记载到预备党员考察表相应栏目内。

（六）第五阶段　预备党员的转正

1. 转正要求

（1）需要转正的预备党员应提前一个月向组织提出书面申请。

（2）预备期间成绩优异，若预备期有挂科或成绩严重下滑情况，应延期转正。

（3）预备期无重大错误，如考试作弊等行为。若有上述情况，应延期转正或取消预备党员资格，由支部大会讨论通过并上报学院党委批准。

2. 召开预备党员转正会

（1）申请转正的预备党员汇报自己在预备期间的表现，表明自己的态度和决心，向党组织说明有关问题。

（2）联系人介绍预备党员在预备期间的表现情况。

（3）支委会介绍预备党员在预备期间的教育和考察情况，提出能否转正的意见。

（4）支部大会进行讨论，与会同志充分发表意见，并由本支部正式党员进行票决。

（5）申请转正的预备党员对支部大会讨论的意见及票决结果表明态度。

（6）支部会将决议填入预备党员《入党志愿书》的有关栏目内，经支部书记签名盖章后，连同转正材料一并上报学院党委审批。

3. 学院党委审批

学院党委对支部上报的有关材料进行认真的审查，召开委员会集体讨论审批，并及时将党委审批结果填入《入党志愿书》。

4. 入党材料的归档

预备党员转正后，应将其《入党志愿书》、《入党申请书》、政审材料及转正申请书交学院党委存入本人人事档案，归档要及时、准确。

二、学生党员的管理、考核

（一）坚持"三会一课"制度

1. 支部党员大会

每月召开一次。主要是传达上级党组织的决议、指示听取、讨论党支部工作计划、工作总结报告；贯彻上级党组织布置的任务；组织对党员的集中教育；讨论发展党员和预备党员转正以及党员的成见措施。

2. 支部委员会

一般每月召开两次。主要是讨论并制定上级党组织的指示和决定的措施；分析党员的思想动态；研究党员教育、管理、监督的具体措施；研究发展新党员的工作；对支部近期活动做出安排。

3. 党小组会

一般每月召开一次，主要是学习政治理论、政策文件，传达上级党组织的指示精神，研究贯彻执行党支部决议等。

4. 党课

根据学院、学校安排，按时上好党课。主要是对入党申请人、入党积极分子、学生党员进行党的基本理论、基本路线、基本方针、形势任务教育及理想与信念教育等。

5. 要求

（1）各党支部开展"三会一课"工作后需认真填写学生党建工作办公室下发的会议记录书，并做好考勤工作。

（2）党支部书记每个月要向学生党建工作办公室汇报"三会一课"工作开展情况。

（二）考核制度与奖惩措施

1. 考核范围

考核范围包括全体党支部、正式党员、预备党员。

2. 考核方法

考核工作分为对党支部的考核、对党支书的考核、对党员的考核，考核工作采取量化模式，考核分数计算方法如下：

（1）党支部考核分数由学院领导、党建干事及学生工作办公室老师根据现场汇报打分产生，最终考核分数取现场老师打分的平均分。

（2）党支部考核分数等同于党支部书记考核分数。

（3）党员的考核分数由党支书打分、其他支部成员互评打分、辅导员打分三部分组成，打分标准详见附件2：北京理工大学软件学院学生党员考核评分表，总分计算公式如下：

党员考核总分=0.4×党支书打分+0.3×支部成员互评打分+0.3×辅导员打分

党支书可参评"十佳党员"，但不需要给自己打分，党支书打分项由党支部考核分数代替。

3. 考核流程

每学期末由学生党建工作办公室负责组织开展对学生党支部、党员、预备党员的考核工作。

（1）党支部召开组织生活会，开展党支部内部民主评议工作，要求支部全体成员的党支书打分平均分、互评平均分为85分。

（2）党支部联系年级辅导员对学生党员进行打分，要求每个支部的辅导员打分平均分为 85 分。

（3）学生党建工作办公室召开党支部书记抓党建述职评议会议，各党支书使用 PPT 汇报本学期的工作，学院领导、党建干事及学生工作办公室老师对各党支部及党支部书记进行打分。

（4）党支部组织开展党支部互评工作，由支部成员相互打分，并计算出平均分；各班班长配合党支部组织班级同学对学生党员进行群众评议打分，参与打分的同学人数必须超过本班总人数的 1/3；党支部负责联系年级辅导员对学生党员进行打分。

（5）各党支部汇总考核结果并上报学生党建工作办公室，由学生党建工作办公室对考核结果进行汇总。

（6）学生工作办公室将考核结果公示于圈圈乐办公平台，公示时间不少于三天，并将考核结果纳入学生党员档案。

4. 奖惩措施

（1）对考核结果排名前 10 名的党员授予"十佳党员"荣誉称号及奖金 500 元。

（2）对考核结果排名前 3 名的党支部授予"优秀党支部"荣誉称号及奖金 1 500 元。

（3）对所在支部获得"优秀党支部"称号的支部书记授予"优秀党支部书记"荣誉称号及奖金 1 000 元。"优秀党支部书记"与"十佳党员"不可兼得。

（4）考核不合格（考核分数低于 60 分，下同）的预备党员当学期不可以转正。

（5）考核不合格的支部，将减少下学期支部活动经费和党员发展名额。

（6）考核不及格的党支部书记及党员给予党支部内部警告并责其限期改正，由学生党支部负责进行帮助指导及考察后期进步情况，并及时向学生党建工作办公室汇报。情况严重者，根据党章给予相应的党内处分。

附件：1. 北京理工大学软件学院学生党员考核党支部互评表
2. 北京理工大学软件学院学生党员考核评分表

北京理工大学软件学院
二〇一六年十月

附件 1：

### 北京理工大学软件学院学生党员考核党支部互评表

| 姓名 | | 学号 | | 所属党支部 | | | |
|---|---|---|---|---|---|---|---|
| 考核内容 | | | | | | 分值 | 分数 |
| 思想动态（30分） | 1. 注重理论学习。认真学习党的理论知识和先进文化知识，按要求上党课（党课无故缺席一次扣5分） | | | | | 10分 | |
| | 2. 政治立场坚定。认真执行上级党组织的各项决议，增强自身党性修养和辨别是非的能力，与党中央保持高度一致 | | | | | 10分 | |
| | 3. 思想态度端正。能够做好身边同学的思想引领工作，积极宣传党的章程、历史、路线、方针、政策 | | | | | 10分 | |
| 组织生活（30分） | 1. 按时缴纳党费（未按时缴纳党费扣10分） | | | | | 10分 | |
| | 2. 按要求参加支部"三会一课"活动（无故缺席一次扣5分，迟到、早退一次扣2分） | | | | | 10分 | |
| | 3. 密切联系群众、积极分子，对所联系培养的积极分子积极引导、教育，做好党员发展工作 | | | | | 5分 | |
| | 4. 积极完成党组织安排的各项任务，对所负责的事务态度认真，保质保量完成任务 | | | | | 5分 | |
| 学习情况（20分） | 1. 学习态度端正，积极努力，认真听讲，不迟到早退，不无故缺课，不沉迷游戏 | | | | | 5分 | |
| | 2. 学习成绩优异，能起到榜样作用 | | | | | 5分 | |
| | 3. 积极帮扶成绩薄弱同学，积极参与学院学风建设工作 | | | | | 10分 | |
| 生活表现（10分） | 1. 言行举止得体，待人有礼貌，为人诚信 | | | | | 3分 | |
| | 2. 个人卫生、宿舍卫生良好 | | | | | 3分 | |
| | 3. 生活态度青春阳光，能带动周围同学乐观向上 | | | | | 4分 | |
| 群众基础（10分） | 1. 同学关系融洽，群众基础良好 | | | | | 3分 | |
| | 2. 乐于助人，积极帮助身边的同学 | | | | | 4分 | |
| | 3. 采取适当的方式反映同学的意见，维护同学的正当利益 | | | | | 3分 | |
| 总分 | | | | | | | |

附件 2：

## 北京理工大学软件学院学生党员考核评分表

| 姓名 | | 学号 | | 所属党支部 | | | |
|---|---|---|---|---|---|---|---|
| 考核内容 ||||||分值 | 分数 |
| 思想动态（30分） || 1. 注重理论学习。认真学习党的理论知识和先进文化知识，按要求上党课 ||||  8分 | |
| || 2. 政治立场坚定。认真执行上级党组织的各项决议，增强自身党性修养和辨别是非的能力，与党中央保持高度一致 |||| 8分 | |
| || 3. 思想态度端正。能吃苦耐劳，有崇高的理想和伟大的目标，作风优良 |||| 7分 | |
| || 4. 接受群众监督。对群众提出的批评意见虚心接受并及时改正 |||| 7分 | |
| 学习情况（20分） || 1. 学习态度端正，积极努力，上课不玩手机，认真听讲，不迟到早退，不无故缺课，不沉迷游戏 |||| 10分 | |
| || 2. 学习成绩优异，能起到榜样作用 |||| 10分 | |
| 模范带头（30分） || 1. 思想方面，能够做好身边同学的思想引领工作，积极宣传党的章程、历史、路线、方针、政策 |||| 6分 | |
| || 2. 学习方面，积极帮扶成绩薄弱同学，在学风建设工作中，积极参与，态度良好 |||| 6分 | |
| || 3. 科技创新方面，积极参与各项实验室科研项目、科技创新活动、工程锻炼活动，在科创项目中积极调动团队成员的积极性，共同思考，共同进步 |||| 6分 | |
| || 4. 积极参加社会工作和社会实践，担任学生干部，参与组织和策划各类文体活动，关心社会公益事业并付诸行动 |||| 6分 | |
| || 5. 生活态度青春阳光，保持良好的心态，对生活充满热情、充满正能量，能带动周围同学乐观向上 |||| 6分 | |
| 日常表现（20分） || 1. 言行举止得体，待人有礼貌，为人诚信 |||| 4分 | |
| || 2. 个人卫生、宿舍卫生良好 |||| 4分 | |
| || 3. 同学关系融洽，群众基础良好 |||| 4分 | |
| || 4. 乐于助人，积极帮助身边的同学 |||| 4分 | |
| || 5. 采取适当的方式反映同学的意见，维护同学的正当利益 |||| 4分 | |
| 总分 |||||||  |

## 9.5.9　软件学院加强研究生思想政治教育和安全稳定管理的规范

一、指导思想

为深入贯彻落实党中央关于加强和改进研究生思想政治教育及安全稳定工作的相关精神，提高研究生的思想政治素质，全面、及时掌握研究生群体思想动态与校园安全稳定情况，进一步提高研究生管理工作的质量和水平，特制定本工作制度。

二、工作小组

| 组长 | 党委书记 | 统筹、规划、安排学院研究生思想政治教育及安全稳定的整体工作，指导小组成员开展工作 |
|---|---|---|
| 副组长 | 党委副书记、副院长 | 制定详细工作制度与相关工作措施，指导小组成员及时处理突发性事件 |
| 成员 | 研究所所长 | 各所所长要每月定期开展所内研究生导师工作例会及学生安全隐患排查工作，统筹并监管所内导师工作开展情况，及时将特殊学生情况上报至领导小组 |
| | 研究生导师 | 研究生导师为研究生培养的第一责任人，是研究生安全稳定负责人。要求导师在培养过程中全面了解研究生的思想状况和日常表现，协助学生工作办公室共同做好研究生的思政教育工作和安全管理工作，及时处置学生的突发事件 |
| | 研究生辅导员 | 做好本年级安全管理、宿舍走访等工作，定期开展安全隐患排查，组织好学生信息员并开展信息收集与上报工作，及时高效地处理突发性事件 |
| 学生信息员 | 班长、团支书、党支书 | 协助辅导员做好班级工作，全面负责班级信息的收集与上报工作 |
| | 宿舍长 | 及时了解室友思想状态，排查本宿舍安全隐患，做好重大节假日学生宿舍晚点名工作，及时将疑点、苗头事件向辅导员上报 |

三、研究生导师工作要求

1. 研究生导师为研究生培养的第一责任人，同时也是研究生的安全稳定负责人。导师应认真学习党和国家的方针、政策，热爱教育事业，对培养研究生应有高度的责任感，不断地提高自己的思想和业务水平。

2. 树立"以学生为本"的思想，每月至少与所负责的研究生谈话一次，全面了解学生思想状况和日常表现，建立、健全学生档案，发现和解决学生的思想、学习和生活上存在的问题，并及时将特殊学生情况向学院和学校有关部门反映。

3. 导师对培养工作要有明确的认识，根据研究生培养目标，认真指导研究生根据培养方案制订培养计划，并经常督促检查研究生的学习、科研情况，完成培养方案规定的各项任务和培养过程的各个环节。

4. 在指导研究生业务学习的同时，努力做好研究生的思想政治教育工作，培养研究生热爱祖国、为社会主义科学事业献身的品德，引导他们树立严谨的治学态度和崇高的敬业精神。

5. 积极做好困难学生帮扶工作，帮助学业有困难的同学、关心家庭贫困的学生、关注有心理问题的学生；有针对性地开展思想教育和就业指导，引导、帮助毕业生及其家长全面了解、正确判断就业形势，做好毕业生教育和就业指导工作。

6. 导师出国、外出讲学、因公出差等，必须落实其离校期间对研究生的指导工作。离校两周至三个月由院审批，离校三个月以上报研究生院备案，离校一年应更换导师并暂停招生。

四、奖惩措施

1. 对于认真履行导师职责、成绩显著的导师及所在研究所，在评定校、市、国家级优秀教学成果奖、先进教师、先进工作者等各类奖励活动中，应予以优先推荐，在晋级等待遇方面，也应予以优先考虑。

2. 导师及所在研究所不能履行职责，疏于对研究生的教育培养和安全管理，无故缺席学院相关工作会议，学院将根据情况给予导师及所在研究所通报批评、暂停招生或取消导师资格、降低岗位等级、解除聘任合同、直至给予开除等处分。

3. 导师及所在研究所负责的研究生出现安全事故并造成不良影响或严重后果的，学院视情节和后果的严重程度，将停止导师在读研究生指导（更换导师）、限制招生数量、暂停招生，直至取消导师资格。

北京理工大学软件学院<br>二〇一七年三月

## 9.6　学生科技创新管理制度

为全面有效地推进软件学院学生科技创新创业工作的发展，提高科技创新创业基地的管理效率，加强科技创新创业基地的管理规范，软件学院大力建设科技创新工作的工作制度（见表9-5）和规范，形成有章可循、按章办事、规范高效的工作机制，保证科技创新创业工作的健康、和谐、有序、积极向上发展。

**表 9-5  软件学院学生科技创新管理制度列表**

| 学生科技创新管理制度 | 《软件学院学生课外科技实践活动章程》 |
| --- | --- |
| | 《软件学院科技创新基地管理条例》 |
| | 《软件学院科技创新基地成员管理条例》 |
| | 《软件学院科技创新基地学生干部管理条例》 |
| | 《软件学院高年级本科生进科研实验室的工作办法》 |
| | 《软件学院大学生科技创新创业基地指导教师招聘及工作办法》 |
| | 《软件学院学生重大科技创新成果奖励办法》 |

## 9.6.1  软件学院学生课外科技实践活动章程

### 第一章  总　则

（1）本章程适用于北京理工大学软件学院的学生课外科技实践活动，以及软件学院大学生创新创业基地所开展的各项活动。

（2）本章程旨在指导、规范学生的活动，在学院层面统筹、集中力量做好学生工作的各项要求（如思想政治教育、党建、学风、创新、创业、心理健康、和谐学院等），树立学院形象，服务学生发展，做好教育、管理和服务工作。

（3）学生课外科技实践活动应紧密结合课堂教学、教学计划安排进行。

（4）本章程应紧跟实际，动态完善。

### 第二章  组织机构

一、指导教师团队

（1）学院根据人才培养目标、教学安排、业界动态，参照学生的兴趣与发展方向，积极聘请学院老师、校内老师、企业老师（校外专家）作为指导教师。指导教师按年度考核、聘任。

（2）指导教师主要负责对学生进行学术研究方向、理论技术路线、研发关键难题等方面的指导。

（3）软件科技创新创业基地要积极组织指导教师之间的交流，主动联系指导教师，调动其育人的积极性，积极开发其所在组织的育人资源。

二、管理团队

（1）学院学生工作办公室负责学生课外科研实践活动的管理和指导，并设一名辅导员作为总领队。

（2）领队主要负责队员的思想教育、纪律管理、服务保障、活动指导、检查监督、学生骨干调动等工作。同时领队要积极与指导老师沟通、协力合作。

三、学生创新实验室

（1）每个学生创新实验室由若干名学生组成（原则上应包含本科各年级学生），可下设小组。

（2）每个学生创新实验室的成立需经过申请、评审、考核等关键环节。

（3）各学生创新实验室应结合具体专业、行业、产业的实际情况，瞄准一个研究、竞赛方向，或专注于一个具体项目。学生创新实验室应有明确的研究目标、活动计划、纪律要求和资源配置方案。

（4）学生创新实验室负责人包括主席和党小组组长（具体见下第四条）2人（一般不能兼任），不能兼任其他学生创新实验室负责人，至多兼任另一个学生创新实验室的成员。

（5）学生创新实验室主席负责科学技术、研究开发方面的工作，与指导老师做好沟通，定期向指导老师汇报进展情况和所遇到的难题。

（6）学生创新实验室党小组组长职责见第四条。

（7）创业类的学生创新实验室还应设置市场调研负责人。

四、党组织

（1）整个科技学生创新实验室设立一个党支部。

（2）每个学生创新实验室原则上应设立党小组，如果学生创新实验室内党员人数不足够成立党小组，则由党支部指派一名正式党员负责该学生创新实验室的党建工作。

（3）党小组负责本学生创新实验室成员的党组织工作（学生创新实验室成员的党组织关系及时从班级/年级转到学生创新实验室）。

（4）党小组组长的主要职责是成员的思想、党建、文化、管理、服务等工作，以及学生创新实验室的日常运转及发展方向、宣传形象工作，负责与领队和学院的积极沟通，保障学生创新实验室目标的实现。

五、软件科技创新创业基地（以下简称"基地"）

（1）学院设立学生基地，由专职学生辅导员负责管理和指导工作。

（2）基地的主要任务是协助学院和领导开展学生创新实验室的管理、服务工作，提出科技实践活动的发展规划，协助制定相关的制度和监督执行，做好科技实践活动的宣传和文化建设。

（3）基地有义务定期组织相关的交流活动，以及本章程赋予的有关工作。

## 第三章 活动指南

学生创新实验室的例行活动包括学术研究活动、体育文化活动、社会实践活动、宣传交流活动、考核表彰活动等。各类活动的统一安排由领队老师及基地负责，各类活动的具体实施由领队、基地、学生创新实验室、指导教师共同负责。

### 一、学术研究活动

学术研究活动一般包括选题、立项、研究开发、检查交流、结题验收、创业推进、传帮带等环节。具体流程如下：

1. 选题

题目来源一般包括教师科研、企业热点、社会焦点、学生兴趣等，同时结合国内外重大科技竞赛（软件专业学生的重大竞赛见附件）。选题应具有现实意义（或广阔市场），应关乎国计民生，能充分承载青年学子的理想抱负。选题工作由学生创新实验室成员讨论，由学生创新实验室主任向学院提出申请。选题的内容需经过专家的评审（重点把握方向），并应有本题目国内外历史与现状的材料可供参考。来自教师科研项目的题目，必须符合学生课外科技活动的特点，实现学生成果和科研的双赢。

2. 立项

立项主要考察题目的可行性、技术难度、资源支撑等方面的内容，应组织相关方面的专家进行评审。立项应填写规范的项目评审表，由项目负责人填写，项目组所有成员签名后，提交领队，并报请学院相关领导，得到批准后进行项目备案。

3. 研究开发

研究开发过程中，要经常由各项目负责人组织组内的交流，积极听取项目组每个成员的建议，并定期向指导教师汇报进展和难题，组员间应该相互关心、相互帮助（包括生活、学习等方面）。

4. 检查交流

基地定期组织开展检查，发现各学生创新实验室（项目组）所存在的问题，及时帮助出现问题的学生创新实验室（项目组）纠正方向、及时跟进思想工作，严格淘汰不合格的学生创新实验室（项目）或成员，积极组织院内、校内、国内的调研和交流，积极调研国外大学学生创新实验室的动态，向学院提出可行性建议。

5. 结题竞赛和创业推进

基地负责定期结合学院评奖评优工作和项目进度组织结题验收工作，并按要求组织竞赛。在验收过程中，进行创业可能性的评估，有创业基础的项目，推荐进入大学生创业中心。

#### 6. 传、帮、带

队中的高年级同学（特别是三、四年级），或取得一定成绩的同学，有责任和义务积极地帮助其他同学，把学识、品德、科技类学生创新实验室文化传承下去。例如通过组织技术培训、经验传授会等形式，带动协会其他同学共同进步。高年级同学应在项目开发等活动中起到模范带头作用。

### 二、文体活动

开展科技类学生创新实验室体育文化活动的目的在于建设积极进取、团结向上的"基地文化"，服务于增强科技学生创新实验室成员的体质和士气，培养团队精神，创造和谐的学生创新实验室氛围。文体活动流程主要包括收集建议、活动申请和审批、活动实施和文化建设四个环节。

#### 1. 收集建议

在广泛听取学生创新实验室成员建议的前提下，学生创新实验室负责人、基地负责人综合考虑各方面因素，确定活动的内容。活动内容必须健康向上，为学生创新实验室发展带来积极的影响。

#### 2. 活动申请和审批

在广泛听取学生创新实验室成员建议的前提下，学生创新实验室负责人、基地负责人向领队和指导老师提出文体活动申请，申请在得到审批后方可执行。申请内容包括：申请人、申请理由、活动时间、申请场地情况、参加活动的成员、活动经费预算等。详情参见活动申请表。

#### 3. 活动实施

活动必须在学院领导的指导下，在学生工作办公室老师的监督下，在基地负责人配合下，安全、积极、有序地进行。活动申请人须对整个活动的安全负责，保证活动的完成质量。参加活动的各科技类学生创新实验室成员在活动期间，需要服从活动负责人的统一调度，积极配合开展活动。

#### 4. 文化建设

文化是不竭的精神动力，文化来自积累、凝练、传承。基地要积极组织、安排各学生创新实验室积累竞赛、活动、项目过程中的闪光点，体现精神追求的素材与成果，并及时以书面形式存档；定期开展凝练、总结使其易于传承；并积极将凝练成果予以宣传（特别是内部的展示、环境布置）。

### 三、社会实践活动

进行科技学生创新实验室社会实践活动的目的在于丰富科技类学生创新实验

室成员的社会阅历、捕捉灵感、开拓市场，提高社会责任感，增强实践能力。社会实践活动主要包括收集建议、活动申请和审批、活动实施三个环节。

### 1. 收集建议

在广泛听取学生创新实验室成员建议的条件下，学生创新实验室负责人、基地负责人综合考虑各方面因素，确定社会实践活动的可行性。社会实践活动需要遵循以下标准：

（1）社会实践活动原则上不得与学院正常教学计划冲突。

（2）社会实践活动需要具有一定的现实意义。

### 2. 活动申请和审批

在广泛听取学生创新实验室成员建议的前提下，学生创新实验室负责人、基地负责人向学院领导、领队及指导老师提出社会实践活动申请，申请在得到学院领导审批后方可执行。申请内容包括：申请人、申请理由、社会实践活动开展时间、社会实践活动内容、参加活动的成员、活动经费预算等。详情参见社会实践活动申请表。

### 3. 活动实施

活动必须在学院领导的指导下，在基地负责人监督下，安全、积极、有序地进行。活动申请人须对整个活动的安全负责，保证活动的完成质量。参加活动的各科技类学生创新实验室成员在活动期间，需要服从活动负责人的统一调度，积极配合开展活动。

## 四、宣传交流活动

为了扩大科技类学生创新实验室的影响力与凝聚力，开阔学生创新实验室成员的知识和眼界，科技类学生创新实验室应该及时、定期进行宣传交流活动。科技类学生创新实验室的宣传交流活动包括对外的宣传交流活动与协会之间的内部交流协作活动。具体包括以下的几个方面：

### 1. 科技类学生创新实验室为提高影响力进行的对外宣传与交流

（1）为了提高软件学院科技类学生创新实验室的对外影响力，为学生创新实验室带来更多的项目与机会，对外的宣传与介绍必不可少，包括介绍科技类学生创新实验室最新动态的新闻稿、科技类学生创新实验室的成果展示海报、科技类学生创新实验室优秀团队的经验交流会、科技类学生创新实验室竞赛队与其他学校竞赛队之间的交流活动等方式。

（2）对外宣传和交流活动需要先进行策划，策划工作由基地负责。策划包括对宣传交流活动的开展时间、使用场地、预期效果及预算等各方面因素进行总体的统筹规划。

（3）在经过详细的策划，由基地负责人向学院领导申请对外的宣传和交流活动，经过院领导审批合格方可执行。

（4）对外的宣传与交流活动需要本着以学术交流为重的原则开展实施。参与对外宣传与交流活动的学生创新实验室成员要以严谨治学的态度，完成自己在本次活动当中的任务。

2. 科技类学生创新实验室为吸纳新成员进行的介绍与宣传

（1）为及时补充科技类学生创新实验室的新鲜血液，让软件学院的科技创新氛围能够源源不断地流传下去，为学院和学校做出长期的贡献，能够持续而有效地提高在校学生的科技创新能力，在每学期开始进行学生创新实验室招新活动，吸纳以一年级学员为主的软件学院学生。

（2）学期当中，各科技类学生创新实验室可结合自身实际情况招收少量优秀的学员。

（3）招新活动由各个科技类学生创新实验室的主席总负责，副主席协助，基地统筹、监督，以保证招新活动的顺利进行。

（4）每学期大规模的招新活动需要在学院领导的监督下进行，由基地统一管理，各学生创新实验室主席团负责具体招新事项。各学生创新实验室招新的标准由学生创新实验室内部决定。

3. 科技类学生创新实验室邀请各领域专家举办的讲座

（1）为科技类学生创新实验室成员有更多机会与学科专家进行交流学习，各学生创新实验室主席可根据具体情况向学院提出申请邀请优秀专家进行讲座。

（2）各个科技类学生创新实验室主席要根据学生创新实验室需要，与需要邀请的专家学者进行沟通，在取得同意的情况下方可向学院领导提出讲座申请，申请得到批准后，由基地负责场地和活动等事项的安排。

（3）参加讲座的学生创新实验室成员应当尊重到场的专家学者，在不影响讲座进行的前提下，积极地与专家学者进行互动与交流。

4. 科技类学生创新实验室内部的经验交流活动

各学生创新实验室之间可以进行定期或不定期的学生创新实验室交流活动，具体的时间等事项安排由学生创新实验室自行决定。

五、考核表彰活动

为督促和鼓励学生创新实验室成员进行科技创新活动，学院定期对项目进度和学生创新实验室发展情况进行考核，对指导教师和管理机构的工作进行考评。

各学生创新实验室在各类比赛结束后可进行学生创新实验室内部的表彰会，对在比赛中表现突出的个人和团队进行表彰，表彰结合每学期的特色奖励进行。

科技类学生创新实验室将在学年终进行表彰大会，表彰每学年取得优异成绩的个人和团队，表彰活动包括：在表彰大会前个人或团队向学院提交申请、基地负责人负责策划表彰大会、申请及策划经院领导同意后召开表彰大会进行奖励与表扬。

## 第四章 资源分配与管理办法

（1）软件学院科技创新基地所有财产归软件学院所有，由软件学院学生科技协会统一分配、管理，供软件学院科技类学生创新实验室成员使用。

（2）学院注重创新基地资源的优化配置，统筹规划所有的场地、计算机等资源，本着动态分配、按需分配的原则，根据项目组提出的申请，对现有资源进行分配。

（3）分配到各科技类学生创新实验室的资源，供基地内部项目组使用，由各协会主席负责管理，协会内部成员共同维护。

（4）对于需要使用特殊软、硬件资源的项目组，由项目组组长向学院递交申请，由学院视情况予以分配，项目结束后应归还学院。

（5）创新基地的资源分配原则上尽量满足各个项目的需要，在无法满足所有需要时，学院将优先考虑表现突出的学生创新实验室或项目组。

（6）在重大集训活动时，以各项目组为单位，向学院提交集训资源申请，由学院视实际情况统一对所有计算机、场地资源进行分配，集训结束后各项目组应当归还所有学院分配的资源。

（7）如发生为社会服务或营利性活动所需资源与各项目组使用资源发生冲突等情况时，应优先满足项目组使用。

（8）未经学院允许，任何人不得擅自拆装学院科技创新基地的硬件设施。需要将资源带离基地的，事先向学院提出申请，批准后方可带出创新基地。

（9）任何人不得利用学院科技创新基地的资源为个人学习、娱乐服务。

（10）如发生对学院科技创新基地资源造成损毁等情况，学院将视实际情况对其进行处理，对于情节特别严重者，将取消其科技类学生创新实验室成员资格。

## 第五章 纪律监督规定

一、适用范围

本规定适用于北京理工大学软件学院学生科技类学生创新实验室成员、科技竞赛队及其他参与学生课外科技实践活动的人员。

二、监督管理

学院对学生科技类学生创新实验室、科技竞赛队及其他参与人员行使下列监督管理工作。

（1）人员的审批、登记注册、变更注销及档案管理工作。

（2）对科技学生创新实验室、科技竞赛队等活动拟聘请的指导老师和指导单位进行资格评定。

（3）协助指导单位对学生创新实验室、科技竞赛队开展的内部活动以外的开放性活动进行审批。

（4）定期召开学生创新实验室负责人、竞赛队领队工作会议，并听取其工作和活动情况汇报。

（5）学生创新实验室、科技竞赛队伍的财务检查。

三、督导职责

学生科技类学生创新实验室、科技竞赛队在集训或其他集体活动时需成立督导队。督导队人员选拔条件如下：

（1）学习成绩无不及格现象。

（2）具有良好政治素质，坚持四项基本原则，坚持党的领导。

（3）热爱学生创新实验室工作，有强烈的责任心，愿意为学生创新实验室、为同学服务并具有相当的领导能力。

（4）严于律己，以身作则，时时处处注意自己的形象，能在同学中起到模范的带头作用。

（5）谦虚谨慎，与同学紧密联系，积极开展批评与自我批评，不断完善自身素质。

督导队对成员的出勤情况、任务完成情况进行纪律监督，发现问题及时上报学院解决。同时应定期开展考核，依据项目进度、项目成果或竞赛奖项，考评各学生创新实验室和竞赛队成绩。对于不合格的学生创新实验室或竞赛队要加强监督力度，整肃内部纪律，保证学生创新实验室和竞赛队的健康发展。

四、成员退出处理

（1）为保证学生创新实验室科技创新项目正常开展，竞赛团队的完整统一，学生在加入科技学生创新实验室、竞赛队之后，无特殊情况不允许中途退出。

（2）所有批准退出的成员在正式离开科技学生创新实验室或竞赛队之前，需将自己原先的进度安排、未完成的任务、学习资料等整合分类，便于新加入成员快速进入角色，避免影响科技学生创新实验室项目或竞赛进度。

五、处罚对象

对有如下表现的学生创新实验室、竞赛队或个人给予处罚：

（1）触犯学校规章制度、严重侵犯学校利益的学生创新实验室、竞赛队或个人。

（2）警告后仍不服从学生创新实验室工作负责人安排及学院领导的学生创新实验室、竞赛队或个人。

（3）造成学生创新实验室设备等重要物品损失或遗失的学生创新实验室、竞赛队或个人。

（4）行为有损学院、学生创新实验室、竞赛队名誉的个人。

（5）在例会、集训等集体活动时无故迟到、早退、缺席的科技学生创新实验室、科技竞赛队成员。

（6）无故退出学生创新实验室、竞赛队或中止集训导致项目和竞赛进度受阻，损害集体利益的科技类学生创新实验室、竞赛队成员。

（7）其他违反课外科技实践活动章程的人员。

六、处罚类型

违反课外科技时间活动章程的人员均需提交检讨书，此外依照违纪程度和造成后果的严重性，给予处罚对象如下处罚：

（1）口头警告。

（2）公示批评。

（3）取消其学生创新实验室或竞赛队成员资格。

（4）造成损失的进行相关赔偿。

（5）违反学校其他规定的交由学校相关部门处理。

## 第六章 附 则

（1）本章程经 2009 年 10 月 1 日北京理工大学软件学院表决通过。

（2）本章程的解释权属北京理工大学软件学院学生工作办公室。

（3）本章程从北京理工大学软件学院核准之日起生效。

附件：1. 北京理工大学软件学院科技类学生创新实验室个人表彰申请表
　　　2. 北京理工大学软件学院科技类学生创新实验室团队表彰申请表
　　　3. 北京理工大学软件学院科技类学生创新实验室项目评审表
　　　4. 北京理工大学软件学院科技类学生创新实验室招新表
　　　5. 北京理工大学软件学院科技类学生创新实验室宣传交流活动申请表
　　　6. 北京理工大学科技类学生创新实验室社会实践活动申请表
　　　7. 北京理工大学软件学院科技类学生创新实验室文体活动申请表

北京理工大学软件学院<br>二〇一六年九月

附件 1：

## 北京理工大学软件学院科技类学生创新实验室个人表彰申请表

| 姓名 | | 性别 | | 出生年月 | | 民族 | |
|---|---|---|---|---|---|---|---|
| 班级 | | 政治面貌 | | 学号 | | 手机号 | |
| 申请理由 | | | | | | | |
| 申请奖励内容 | | | | | | | |
| 指导老师意见 | | | | | | 签字（盖章）：_____ | |

附件 2：

## 北京理工大学软件学院科技类学生创新实验室团队表彰申请表

| 团队名称 | | | | | | 作品名称 | | | |
|---|---|---|---|---|---|---|---|---|---|
| 成员信息 | | 姓名 | 性别 | 学号 | 班级 | 所属学生创新实验室 | 政治面貌 | 手机号 | |
| | | | | | | | | | |
| | | | | | | | | | |
| | | | | | | | | | |
| | | | | | | | | | |
| 申请理由 | | | | | | | | | |
| 申请奖励内容 | | | | | | | | | |
| 指导老师意见 | | | | | | | | | |

签字（盖章）：_____

附件 3：

## 北京理工大学软件学院科技类学生创新实验室项目评审表

| 项目名称 | | | | | 项目申请人 | | | |
|---|---|---|---|---|---|---|---|---|
| 项目类型 | | | | | 项目预算 | | | |
| 项目指导老师 | | | | | 项目场地申请 | | | |
| 参加项目成员情况 | 姓名 | 民族 | 学号 | 班别 | 政治面貌 | 专业 | 手机号 |
| | | | | | | | |
| | | | | | | | |
| | | | | | | | |
| | | | | | | | |
| 项目简介 | |
| 项目国内外当前研究情况概述 | |
| 项目实施计划 | |
| 申请理由 | |
| 专家意见 | 签字（盖章）：_____ |
| 领导意见 | 签字（盖章）：_____ |

附件 4：

## 北京理工大学软件学院科技类学生创新实验室招新表

| 姓名 | | 性别 | | 出生年月 | | 民族 | |
|---|---|---|---|---|---|---|---|
| 班级 | | 政治面貌 | | 籍贯 | | 手机号 | |
| 申请学生创新实验室 | | | | | | | |
| 学习成绩及德育情况 | | | | | | | |
| 个人介绍 | | | | | | | |
| 申请理由 | | | | | | | |
| 学生创新实验室主席意见 | 签字（盖章）：_____ | | | | | | |

附件 5：

## 北京理工大学软件学院科技类学生创新实验室宣传交流活动申请表

| 姓名 | | 性别 | | 出生年月 | | 民族 | |
|---|---|---|---|---|---|---|---|
| 班级 | | 政治面貌 | | 籍贯 | | 手机号 | |
| 学号 | | 活动时间 | | | 活动经费 | | |
| 申请理由 | | | | | | | |
| 活动时间 | | | | | | | |
| 活动经费预算 | | | | | | | |
| 申请场地情况 | | | | | | | |
| 参加活动成员 | 姓名 | | 性别 | | 学号 | 班级 | 手机号 |
| | | | | | | | |
| | | | | | | | |
| | | | | | | | |
| 宣传交流对象 | | | | | | | |
| 学生创新实验室主席意见 | | | | | 签字（盖章）：_____ | | |

附件 6：

## 北京理工大学科技类学生创新实验室社会实践活动申请表

| 申请人姓名 | | 性别 | | 出生年月 | | 民族 | |
|---|---|---|---|---|---|---|---|
| 班级 | | 政治面貌 | | 籍贯 | | 手机号 | |
| 申请时间 | | | | 申请地点 | | | |
| 活动时间 | | | | 经费预算 | | | |
| 活动主题 | | | | 活动领队 | | | |
| 参加成员 | 姓名 | 性别 | 班级 | 学号 | 民族 | 政治面貌 | 手机号码 |
| | | | | | | | |
| | | | | | | | |
| | | | | | | | |
| | | | | | | | |
| 活动内容 | | | | | | | |
| 活动意义 | | | | | | | |
| 活动时间安排表 | | | | | | | |
| 申请理由 | | | | | | | |
| 指导老师意见 | 签字（盖章）：_____ | | | | | | |
| 领导意见 | 签字（盖章）：_____ | | | | | | |

附件 7：

## 北京理工大学软件学院科技类学生创新实验室文体活动申请表

| 姓名 | | 性别 | | 出生年月 | | 民族 | |
|---|---|---|---|---|---|---|---|
| 班级 | | 政治面貌 | | 籍贯 | | 手机号 | |
| 申请时间 | | | | 申请地点 | | | |
| 活动时间 | | | | 经费预算 | | | |
| 参加成员 | | | | | | | |
| 申请场地情况 | | | | | | | |
| 申请内容 | | | | | | | |
| 申请理由 | | | | | | | |
| 领导意见 | | | | | | | |

签字（盖章）：＿＿＿＿＿＿

### 9.6.2　软件学院科技创新基地管理条例

#### 第一章　总　则

一、本条例旨在指导和规范科技创新基地相关管理措施，做好科技创新基地各项管理事务，为学生提供一个良好的科技创新环境。

二、本条例紧跟软件学院关于学生课外科技活动的各项工作安排，不应与学院的各项工作安排和要求相冲突。

三、本条例包括总则、财产管理规定、物资购买规定、项目组管理规定、学生参与实验室科研项目的管理办法、学生承揽商业项目的管理办法、创新基地行为规范七章。

四、本条例的最终解释权归软件学院学生工作办公室所有，根据实际情况，学生工作办公室有权对本制度进行修改。

#### 第二章　财产管理规定

五、基地财产是指为科技类实验室所拥有，用于软件学院学生科技创新活动，经学生科协登记在册的场地、机器、文件资料等软硬件资产。

六、科技类实验室财产由学生科技协会统筹管理并委托使用人或项目组保管，依其性质划分为以下五个类别：

1. 会议室：科技创新基地会议室。
2. 家具：包含电脑桌、椅子、柜子、展览柜、沙发、茶具等。
3. 硬件设备：包含计算机、服务器、打印机、大型机、路由器、交换机、显示器、键盘、鼠标等。
4. 书籍资料：包含图书、光盘、论文、技术资料等。
5. 其他：包含座签、展板、办公用品、盆栽等。

七、物资使用申请流程：

1. 只有科技类实验室成员才有权利申请使用创新基地的财产。
2. 申请人需填写相应的物资申请表（物资借用申请见附件1，场地申请见附件2），经由经实验室负责人、学生科协财务副主席、创新基地负责教师签字盖章通过后方有对该物资的使用权。
3. 申请人持经相关负责人签字盖章同意的申请表格到学生科协办公室主任处领取相应物资，并登记备案。

八、申请材料备案：

1. 物资申请、归还统计表格需要准备纸质版和电子版各一份（见附件3），纸质版归学生科协保留、电子版上传至科技类实验室官方网站，以方便其他人员的物资申请。

2. 学生科协需严格按照物资清单（见附件4）按月对物资进行清算。

九、物资退还流程：

1. 物资使用者应在使用期限内将物资退还，若在该期限内未及时退还的，学生科协有权索回物资。

2. 学生科技协会检查归还物资是否完好，对有损坏的报主管老师请示处理办法，对检查完好的归还物资使用清单。

十、物资使用要求：

1. 物资使用者需妥善保管所借财物，如有损坏、遗失等情况，需照价赔偿。

2. 所借物资未经允许不得私自带出创新基地或转借他人。

3. 申请使用会议室及其他场地者需自觉维护环境卫生，保持室内干净整洁。

## 第三章 物资购买规定

十一、物资购买原则：

1. 物资购买旨在为科技创新基地补充必需物资，维持基地各项工作顺利开展，保证项目组项目正常进行。

2. 所有物资购买必须是创新基地项目组所需，并经创新基地负责教师同意，不得购买与创新基地项目组无关的任何物资。

3. 物资购买需遵照相应的申报、购买以及登记制度。

十二、物资购买的申报流程：

1. 只有科技类实验室成员才有权利申请购买物资。

2. 需要购买物资的人员需填写购买物资申请表（见附件5），经创新基地负责教师签字盖章通过后方可购买。

3. 所购物资由学生科协办公室主任统一购买，并在物资购入表（见附件6）中统一登记备案，保存相应发票单据。

十三、所购物资由学生科协财务副主席登记备案为其分类、编号后方可使用。

## 第四章 项目组管理规定

十四、项目组是指由科技类实验室成员所组成的科技创新队伍，项目组经营的项目包括自主拟题创新项目、学院组织的科研项目、学院组织的竞赛项目以及经过批准的商业项目四类。

十五、项目组使用创新基地的申请流程：

1. 项目组首先需要向学生科协提交申请表（见附件 7），填写相关申请信息。
2. 学生科协组织项目审核会，对提出申请的项目进行评审。
3. 学生科协将批准符合条件的项目组进入基地，发放基地胸牌以及分配座位号。

十六、创新基地项目组的管理：

1. 项目组需按时于每周日晚 12 点前向学生科协提交项目组周总结和下周工作计划书（见附件 8）。
2. 每半个月参加由学生科协组织的阶段性成果汇报，汇报项目进度及后期项目计划。

十七、项目组的结题管理：

1. 项目组必须按照项目申请表的时间按时结题。
2. 项目组在结题前需要向学生科协提交结题申请书（见附件 9）。
3. 学生科协对提出申请的项目组召开结题会议，邀请专业指导教师对项目进行考核，并给出结题结果。
4. 已经成功结题的小组应在结题之后的一天内归还相应物资，并撤离基地。

## 第五章　学生参与实验室科研项目的管理办法

十八、科技类实验室鼓励成员在学有余力，不影响创新基地竞赛、科研项目，不影响科技类实验室各项工作安排的前提下进入院内外各实验室参加科研工作。

十九、科技类实验室成员进入实验室参与科研项目必须提交申请，经由创新基地管理教师及学院主管学生工作的副书记批准后，方可进入实验室参加科研项目。

二十、对于未经申请私自加入实验室的科技类实验室成员，学院将从严处理。

二十一、学生参与实验室科研项目的申请办法：

1. 申请人填写相关申请表（见附件 10），经所在实验室主席、实验室老师、创新基地指导教师、学院主管学生工作的副院长签字批准后方可进入实验室。申请表提交给学生科协由学生科协备案。
2. 参与科研项目的学生每隔两周向学生科协提交科研项目阶段性工作总结（见附件 11）。

二十二、学生进入实验室参加科研工作期间，实验室负责老师负责对学生进行各项管理，科技类实验室负责学生的思想教育。实验室负责老师要经常保持与科技类实验室指导教师的联系和沟通。

二十三、学生退出实验室的管理办法。

学生填写申请表（见附件12），经相关实验室负责教师、创新基地管理教师、学院主管学生工作的副书记批准同意后方可退出。申请表提交至学生科协备案。

对于擅自离开实验室工作岗位的成员，学院将根据相关规定从严处理。

## 第六章　学生承接商业项目的管理办法

二十四、学院鼓励学生在学有余力，不影响创新基地竞赛、科研项目的前提下承揽校内外商业项目，并会在条件允许的范围内给予适当的物资和技术的支持。

二十五、学生在承接商业项目前需要填写申请表（见附件13），经由创新基地指导教师和学院主管学生工作的副书记同意后方可与公司签订合同。

二十六、学院有权对承接商业项目的项目组或个人进行管理，但对于项目执行过程中产生的商业问题，责任由项目承接者承担。

二十七、商业项目的汇报、结束流程详见第四章"项目组管理规定"。

二十八、承揽商业项目的要求和注意事项：

1. 学院科技创新工作目的是为了培养学生的专业技能、提升学生综合实力，为学生的未来发展服务，所有学生必须明确参与科技创新的目的和宗旨，为自己负责，为科技创新工作服务。

2. 学生必须做好科技创新工作中的保密环节，未经允许，不得将他人的工作成果应用于任何商业项目，一经发现，严肃处理。

## 第七章　创新基地行为规范

二十九、项目组必须严格遵守创新基地的相关规定，按时打扫卫生，服从基地管理人员的安排。

三十、项目组必须严格遵守创新基地作息时间安排，不得出现迟到、早退等违纪现象。

三十一、项目组成员应佩戴胸牌进入基地和参加工作，并按照所分配的座位对号入座，不得私自调换座位。

三十二、项目组使用基地硬件资源前必须向上级提出申请，经同意后方可使用。

三十三、项目组应当爱护创新基地相关资源。内部资料不得带出，尤其是技术规范、源代码、数据库资料等。在个人离开基地后，应确保自己所使用的电源设备正常关闭。

三十四、项目组在基地期间,不得进行一切与项目无关的活动。对于在基地看电影、打游戏、聊天的人员按相关规定进行处理。

三十五、项目组应当自觉维护创新基地环境卫生,保持创新基地内空气清新、整洁干净,并按相关安排定时打扫清洁卫生。

三十六、项目组应当主动维护创新基地安全,对于陌生人员主动询问,当天最后离开创新基地的人员需关好基地门窗。

附件: 1. 北京理工大学软件学院科技类实验室物资借用申请表
2. 北京理工大学软件学院科技类实验室场地申请表
3. 北京理工大学软件学院科技类实验室物资申请、归还统计表
4. 北京理工大学软件学院科技类实验室物资清单
5. 北京理工大学软件学院科技类实验室物资购买申请表
6. 北京理工大学软件学院科技类实验室物资购入表
7. 北京理工大学软件学院科技类实验室项目组申请表
8. 北京理工大学软件学院科技类实验室项目汇报总结表
9. 北京理工大学软件学院科技类实验室项目结题申请表
10. 北京理工大学科技类实验室学生进入实验室参与科研项目申请表
11. 北京理工大学软件学院科技类实验室科研项目阶段性汇报
12. 北京理工大学软件学院科技类实验室成员退出实验室科研项目申请表
13. 北京理工大学软件学院科技类实验室成员承接商业项目申请表

北京理工大学软件学院<br>二〇一六年九月

附件 1：

## 北京理工大学软件学院科技类实验室物资借用申请表

| 物资种类 | | 数量 | | 借用时间 | | 归还时间 | |
|---|---|---|---|---|---|---|---|
| 借用人员 | | 所属实验室 | | | | | |
| 借用原因 | | | | | | | |
| 项目负责人意见 | | | | | | 签字（盖章）：_____ | |
| 科协财务副主席意见 | | | | | | 签字（盖章）：_____ | |
| 科技创新主管教师意见 | | | | | | 签字（盖章）：_____ | |
| 归还时情况 | 科协负责人签字：_____ | | | | 归还者签字：_____ | | |

附件 2：

## 北京理工大学软件学院科技类实验室场地申请表

| 申请人员 | | 申请时间 | | 归还时间 | |
|---|---|---|---|---|---|
| 场地名称 | | | | | |
| 申请原因 | | | | | |
| 总负责人审核意见 | | | | | |

签字（盖章）：_____

附件 3：

### 北京理工大学软件学院科技类实验室物资申请、归还统计表

| 物资类别 | 物资名称（数量） | 借出时间 | 应还时间 | 借出状态 |
|---|---|---|---|---|
| | | | | |
| | | | | |
| | | | | |
| | | | | |
| | | | | |
| | | | | |
| | | | | |
| | | | | |
| | | | | |
| | | | | |
| | | | | |
| | | | | |
| | | | | |
| | | | | |
| | | | | |
| | | | | |
| | | | | |
| | | | | |
| | | | | |
| | | | | |
| | | | | |
| | | | | |
| | | | | |

负责人：_____

附件 4：

## 北京理工大学软件学院科技类实验室物资清单

| 物资类别 | 物资名称（数量） | 完好状态 | 登记时间 | 备注 |
|---|---|---|---|---|
|  |  |  |  |  |
|  |  |  |  |  |
|  |  |  |  |  |
|  |  |  |  |  |
|  |  |  |  |  |
|  |  |  |  |  |
|  |  |  |  |  |
|  |  |  |  |  |
|  |  |  |  |  |
|  |  |  |  |  |
|  |  |  |  |  |
|  |  |  |  |  |
|  |  |  |  |  |
|  |  |  |  |  |
|  |  |  |  |  |
|  |  |  |  |  |
|  |  |  |  |  |
|  |  |  |  |  |
|  |  |  |  |  |
|  |  |  |  |  |
|  |  |  |  |  |
|  |  |  |  |  |

负责人：_____

附件 5：

## 北京理工大学软件学院科技类实验室物资购买申请表

| 购买人员 |  | 物资种类 |  | 数量 |  | 所属实验室 |  |
|---|---|---|---|---|---|---|---|
| 购买原因 | | | | | | | |
| 物资详细清单 | 物资名称 | | 数量 | | 单价 | | 总价 |
| | | | | | | | |
| | | | | | | | |
| | | | | | | | |
| | | | | | | | |
| | 合计 | | | | | | |
| 总负责人审核意见 | | | | | | | |

签字（盖章）：＿＿＿＿＿

附件 6：

## 北京理工大学软件学院科技类实验室物资购入表

| 物资类别 | 物资名称（数量） | 购买时间 | 购买人 | 备注 |
|---|---|---|---|---|
|  |  |  |  |  |
|  |  |  |  |  |
|  |  |  |  |  |
|  |  |  |  |  |
|  |  |  |  |  |
|  |  |  |  |  |
|  |  |  |  |  |
|  |  |  |  |  |
|  |  |  |  |  |
|  |  |  |  |  |
|  |  |  |  |  |
|  |  |  |  |  |
|  |  |  |  |  |
|  |  |  |  |  |
|  |  |  |  |  |
|  |  |  |  |  |
|  |  |  |  |  |
|  |  |  |  |  |
|  |  |  |  |  |
|  |  |  |  |  |
|  |  |  |  |  |
|  |  |  |  |  |

负责人：_____

附件 7：

## 北京理工大学软件学院科技类实验室项目组申请表

| 团队名称 | | | | | | | |
|---|---|---|---|---|---|---|---|
| 申请时间 | | | | 填写日期 | | | |
| 成员信息 | 姓名 | 性别 | 学号 | 班级 | 籍贯 | 政治面貌 | 手机号 |
| | | | | | | | |
| | | | | | | | |
| | | | | | | | |
| | | | | | | | |
| 团队介绍 | | | | | | | |
| 项目介绍 | | | | | | | |
| 申请理由 | | | | | | | |
| 基地管理教师意见 | 签字（盖章）：_____ | | | | | | |
| 指导老师意见 | 签字（盖章）：_____ | | | | | | |

附件 8：

## 北京理工大学软件学院科技类实验室项目汇报总结表

| 团队名称 | | 项目作品名称 | |
|---|---|---|---|
| 汇报日期 | | 汇报人 | |
| 汇报内容 | | | |
| 指导教师评价 | | | |
| 评审团意见 | | | |

| 团队名称 |  | 项目作品名称 |  |
|---|---|---|---|
| 汇报日期 |  | 汇报人 |  |
| 汇报内容 | 1. 阶段性工作成果总结<br><br>2. 本阶段团队内部工作情况（已完成和未完成情况）<br><br>3. 下阶段工作计划<br><br>4. 违纪情况（由科协填写） |||
| 指导教师评价 | 签字（盖章）：_____ |||
| 评审团意见 | 签字（盖章）：_____ |||

附件 9：

## 北京理工大学软件学院科技类实验室项目结题申请表

| 团队名称 | | 项目作品名称 | |
|---|---|---|---|
| 结题日期 | | 申请人 | |
| 项目总结 | 1. 项目介绍<br><br>2. 项目开发过程、方法<br><br>3. 现有成果总结<br><br>4. 团队精神文化方面的收获 | | |
| 老师意见 | 签字（盖章）：＿＿＿＿＿ | | |
| 评审团意见 | 签字（盖章）：＿＿＿＿＿ | | |

附件 10：

## 北京理工大学科技类实验室学生进入实验室参与科研项目申请表

| 申请人员 | | 学号 | | 联系方式 | |
|---|---|---|---|---|---|
| 所在实验室 | | 申请时间 | | 结束时间 | |
| 实验室名称 | | | | | |
| 申请原因 | | | | | |
| 实验室主席意见 | | | | 签字（盖章）：_____ | |
| 实验室老师意见 | | | | 签字（盖章）：_____ | |
| 基地管理教师意见 | | | | 签字（盖章）：_____ | |
| 学生工作副院长意见 | | | | 签字（盖章）：_____ | |

附件 11：

## 北京理工大学软件学院科技类实验室科研项目阶段性汇报

| 实验室名称 | | 项目名称 | |
|---|---|---|---|
| 汇报日期 | | 汇报人 | |
| 工作汇报 | | | |
| 实验室教师评价 | 签字（盖章）：_____ | | |
| 创新基地管理教师意见 | 签字（盖章）：_____ | | |

附件 12：

## 北京理工大学软件学院科技类实验室成员退出实验室科研项目申请表

| 申请人员 | | 学号 | | 联系方式 | |
|---|---|---|---|---|---|
| 所在实验室 | | | | | |
| 实验室名称 | | | | | |
| 退出原因 | | | | | |
| | | | | 签字（盖章）：_____ | |
| 基地管理教师意见 | | | | | |
| | | | | 签字（盖章）：_____ | |
| 学生工作副院长意见 | | | | | |
| | | | | 签字（盖章）：_____ | |

附件 13:

## 北京理工大学软件学院科技类实验室成员承接商业项目申请表

| 项目名称 | |||||||
|---|---|---|---|---|---|---|---|
| 甲方公司/<br>个人名称<br>(证件号码) | |||||||
| 成员信息 | 姓名 | 性别 | 学号 | 班级 | 籍贯 | 政治面貌 | 手机号 |
| | | | | | | | |
| | | | | | | | |
| | | | | | | | |
| | | | | | | | |
| 项目介绍 | |||||||
| 需要学院支<br>持的情况 | 签字(盖章):_____ |||||||
| 所在实验室<br>主席意见 | 签字(盖章):_____ |||||||
| 基地管理<br>教师意见 | 签字(盖章):_____ |||||||
| 学生工作<br>副书记意见 | 签字(盖章):_____ |||||||

注:请把合同附后,没有合同的话不予签字。

## 9.6.3 软件学院科技创新基地成员管理条例

### 第一章 总 则

一、本制度旨在指导和规范科技创新创业基地成员的行为，做好学生科技活动工作，树立科技创新创业基地的良好形象，服务学生的发展，为成员的发展建立一个广阔的舞台。

二、本制度包括总则、学生加入基地的规定、成员权利和义务、成员行为规范、成员考核制度、党员特殊规定、附件七章。

三、本制度的最终解释权归软件学院学生工作办公室所有，根据实际情况，学生工作办公室有权对本制度进行修改。

### 第二章 学生加入科技创新创业基地的规定

四、科技创新创业基地是以科技创新活动为基础，旨在培养学生创造性思维，提高学生工程实践能力的学生基地，基地由学生科协以及各个专业技术基地组成。

五、科技创新创业基地成员是经过个人申请、科协组织面试、审核、考核等一系列流程并最终被科技创新创业基地录用的学生，其中包括顾问成员、主席团成员以及普通成员。

六、学生加入科技创新创业基地条件：

1. 申请加入科技创新创业基地的学生原则上必须是北京理工大学软件学院全日制在读本科生，特别优秀的非软件学院学生有较大热情和兴趣加入科技创新创业基地的可以考虑吸收。

2. 学生必须绝对拥护中国共产党的领导，不得有违反国家法律的相关行为。在校期间，学生必须严格遵守学校、学院相关规章制度，对于受过学校、学院通报批评及以上处分的学生没有资格加入科技创新创业基地。

3. 学生学习成绩优秀，必修课挂科两科以上（不含两科）的学生没有资格申请加入科技创新创业基地，特别情况另行处理。

4. 学生必须按照科技创新创业基地组织的申请面试、考核活动严格执行，在申请过程中，如果学生未按要求参加相关活动则按学生自动放弃申请资格处理。

七、学生加入科技创新创业基地申请流程：

1. 每学年初，学生科技协会将组织面向全院学生的招新大会，招新大会结束以后，学生按照相关要求在软件学院学生事务办公系统上进行申请报名。

2. 对于在学期中希望申请加入科技创新创业基地的学生，可以到科技创新创业基地官方网站上下载相应报名表，认真填写完毕后，送至学生科协进行审核。

3. 学生科协、各个专业技术基地将对申请加入科技创新创业基地的学生进行资格审核，对于符合加入科技创新创业基地的学生将进行统一面试。

4. 批准加入科技创新创业基地的成员其考核期为一个月，一个月内考核通过者方可成为科技创新创业基地正式成员。

八、学生一旦被正式批准为科技创新创业基地成员，基地原则上不接受成员的退出申请，但基地可以对违反规章制度或表现不佳的学生进行强制劝退。

九、成员擅自退出科技创新创业基地或者项目组的处理办法：

1. 根据该学生情节严重程度扣除德育鉴定成绩3~10分。
2. 取消该学生本年度内的一切评奖评优资格。
3. 取消该学生今后申请加入科技创新创业基地、竞赛队以及项目组的资格。
4. 对该学生在学院内进行通报批评，建议各科研实验室不再接收该学生。

## 第三章 成员的权利和义务

十、成员的权利：

1. 享有参加科技创新创业基地组织的各种竞赛、技术培训、科研项目的权利。
2. 在遵守相关管理规定的前提下，享有使用学院分配的机位、计算机（服务器）等硬件设施，借阅科技创新创业基地图书资料的权利。
3. 享有参与科技创新创业基地内部评奖评优的权利。
4. 在学生科技协会、各专业技术基地负责人的定期、不定期换届（人员变动）中拥有选举与被选举权。
5. 拥有对基地工作提出咨询、批评、建议并要求回复的权利。
6. 拥有《软件学院学生课外科技实践活动章程》中规定的其他权利。

十一、成员的义务：

1. 遵守科技创新创业基地各项管理规定。
2. 爱护基地财物，维护创新基地安全，注意防火、防盗。
3. 贯彻落实学院方针政策，服从学院领导、老师的安排。
4. 发扬主人翁精神，为学院科技创新服务，为基地工作提出建设性建议。
5. 发扬不怕苦、不怕累、开拓创新、精益求精的"锅炉房精神"，勤奋工作，认真学习，维护科技创新创业基地的优良学术氛围。
6. 对于任何项目组的成员，必须认真工作，克服一切困难，坚持不懈，团结互助地开展项目组工作。
7. 有义务对基地中出现的不良作风和不良现象提出批评，遇到违反规定的情况立即制止并向相关负责人举报。

## 第四章 成员行为规范

十二、成员日常管理内容如下：

1. 爱党爱校、关心时事，热心参加科技创新创业基地党组织所举办的各项活动，积极向党组织靠拢，提高政治觉悟。

2. 自尊自爱、严于律己，举止文明、自我约束，衣着整齐大方，时时处处注意自己的形象，在同学中起到模范带头作用。

3. 加入基地后，应热爱基地，听从指挥、服从命令，努力完成基地布置的各项工作并积极参加各项科技活动和文体活动。

4. 基地各成员之间应团结友爱、互帮互助，努力学习，共同提高。

5. 自觉爱护和珍惜创新基地的公共设施，树立良好的责任意识。

6. 按时参加培训、集训、基地内部例会，不迟到、不早退，有事必须提前3小时以书面形式向各专业基地主席请假，未经允许不得无故缺席。

7. 所有成员应自觉、严格遵守科技创新创业基地的各项规章制度，不得做任何有损害基地名誉和不利于基地发展的行为，凡因违反各项规章制度或不听从指挥所造成的一切后果，由成员本人负责。

## 第五章 成员考核制度

十三、考核制度：

1. 科技创新创业基地每学期末或新学期初进行一次学期考核活动，基地成员需按照要求填写考核表格，内容包括学期工作总结、获奖、违纪等情况。

2. 学期考核活动由该成员所在的专业技术基地主席、科协主席团、指导老师、带队老师组成考核团，其分别在考核总分中所占比例为20%、20%、25%、25%，剩下10%为项目组成员的互评分，考核分为百分制。

3. 科技创新创业基地成员的考核分数将作为该成员学期德育鉴定分数中有关科技创新部分的重要依据。

4. 科技创新创业基地每学期根据考核情况举行一次评优活动，表彰在基地活动、培训、集训及各种竞赛中表现优异的团队和个人，评优活动将评选出若干名优秀成员、优秀干部和优秀团队。

十四、惩罚考核制度：

1. 本惩罚制度分四个等级：①强制开除；②保留成员资格查看，以观后效；③通报批评；④口头警告。其惩罚严重程度由强到弱。

2. 2次口头警告等效于1次通报批评；2次通报批评等效于1次保留成员资格查看；保留成员资格查看的同学，一经违反任何规章制度，立即强制开除。

3. 受到任何等级惩罚的成员，视情节严重程度，手抄本制度1~4遍。口头警告1次、通报批评2次、保留成员资格4次。

4. 凡触犯国家法律法规或者学校规章制度、严重侵犯学校利益的竞赛团队或个人，强制开除。

5. 行为和言语有损学院、基地、竞赛队名誉的团队或个人，视情节严重程度，给予1~2次通报批评。

6. 未经专业基地主席、科协主席团、主管老师批准，私自参加商业项目或进入实验室参加项目的个人，强制开除，并报学院进行通报批评，扣除德育鉴定成绩。

7. 故意损坏创新基地公共设施的成员，给予1次通报批评。

8. 凡参加会议、培训、集训迟到、早退的成员，给予1次口头警告。

9. 凡缺席会议、培训、集训的成员，给予1次通报批评。

10. 所有科技创新创业基地成员必须保证个人学习成绩，在科技创新创业基地工作期间，如出现2科以上（包含2科）挂科现象，强制开除。

11. 团体或个人未能在规定的时间内完成所安排的任务，视情节严重程度，给予口头警告、通报批评或直接开除。

## 第六章 党员的规定

十五、科技基地学生党支部成立的意义在于通过党组织指导科技创新创业基地开展各项工作，提高科技创新创业基地的管理效率，使科技创新创业基地工作有条不紊地发展。

十六、科技基地学生党支部的组织机构：

1. 科技创新创业基地设立一个党支部，设书记、宣传委员、组织委员各一名。

2. 科技创新创业基地党支部的主要职责是指导科技创新创业基地的工作，对科技创新创业基地成员进行监督，培养成员的良好的行为规范。

3. 每个基地设立党小组，并民主选举党小组组长一名。如果基地党员人数不够成立党小组，则由党支部安排党小组间进行合并。

4. 党小组主要负责本基地成员的培训、集训、竞赛等工作的开展，积极与科技创新创业基地党支部沟通，保障本基地目标的实现。

十七、科技基地学生党支部的管理要求。

1. 党支部要发挥支部的参谋作用和政治核心作用，大胆推行改革，促进科技创新工作管理的规范化。发挥支部堡垒作用，增加科技创新创业基地成员的凝聚力、战斗力。发挥支部监督作用，履行职责，使学院的科技创新工作沿着健康的轨道发展。

2. 支部成员在党支部发展过程中要积极献言献策，重视党支部的发展工作，在日常学习工作中发挥模范带头作用，明确自身责任与义务、以身作则。大胆指出科技创新创业基地和各协会发展中出现的弊病并督促相关负责人改善。

3. 科技创新创业基地学生党支部的所有党员必须严格遵守上述各项规章制度，一经违反，惩罚等级加倍。

附件：1. 北京理工大学软件学院科技创新创业基地招新申请表
   2. 北京理工大学软件学院科技创新创业基地正式成员表
   3. 北京理工大学软件学院科技创新创业基地学期工作考核表
   4. 北京理工大学软件学院科技创新创业基地优秀个人申请表
   5. 北京理工大学软件学院科技创新创业基地优秀干部申请表
   6. 北京理工大学软件学院科技创新创业基地优秀团队申请表
   7. 北京理工大学软件学院科技创新创业基地成员请假条

北京理工大学软件学院<br>二〇一六年六月

附件 1：

## 北京理工大学软件学院科技创新创业基地招新申请表

| 姓名 | | 性别 | | 出生年月 | | 民族 | |
|---|---|---|---|---|---|---|---|
| 班级 | | 学号 | | 政治面貌 | | 籍贯 | |
| 手机号 | | | | 申请基地 | | | |
| 学习成绩及德育情况（大一新生不需要填写德育情况） | | | | | | | |
| 个人介绍 | | | | | | | |
| 申请理由 | | | | | | | |
| 基地主任意见 | | | | | | | 签字（盖章）：_____ |

附件 2：

## 北京理工大学软件学院科技创新创业基地正式成员表

| 姓名 | | 性别 | | 出生年月 | | 民族 | |
|---|---|---|---|---|---|---|---|
| 班级 | | 学号 | | 政治面貌 | | 籍贯 | |
| 手机号 | | | | 申请基地 | | | |
| 一个月内学习、工作的感想 | | | | | | | 签字（盖章）：_____ |
| 科协类基地主席评审意见 | | | | | | | 签字（盖章）：_____ |
| 学生工作办公室老师评审意见 | | | | | | | 签字（盖章）：_____ |

附件3：

## 北京理工大学软件学院科技创新创业基地学期工作考核表

| 姓名 | | 性别 | | 出生年月 | | 民族 | |
|---|---|---|---|---|---|---|---|
| 班级 | | 学号 | | 政治面貌 | | 籍贯 | |
| 手机号 | | | | 申请基地 | | | |
| 本学期的项目总结 | | | | | | | |
| 本学期个人心得 | | | | | | | |
| 本学期学习成绩 | | | | | | | |
| 本学期德育成绩 | | | | | | | |
| 本学期违纪行为 | | | | | | | |
| 专业基地考核意见 | 签字（盖章）：_____ | | | | | | |
| 学生科协考核意见 | 签字（盖章）：_____ | | | | | | |
| 指导老师评审意见 | 签字（盖章）：_____ | | | | | | |
| 学生工作办公室老师评审意见 | 签字（盖章）：_____ | | | | | | |

附件 4：

## 北京理工大学软件学院科技创新创业基地优秀个人申请表

| 姓名 | | 性别 | | 出生年月 | | 民族 | |
|---|---|---|---|---|---|---|---|
| 班级 | | 学号 | | 政治面貌 | | 籍贯 | |
| 手机号 | | | | 申请基地 | | | |

| 申请理由 | |
|---|---|
| 申请奖励内容 | |
| 专业基地考核意见 | 签字（盖章）：_____ |
| 学生科协考核意见 | 签字（盖章）：_____ |
| 指导老师评审意见 | 签字（盖章）：_____ |
| 学生工作办公室老师评审意见 | 签字（盖章）：_____ |

附件 5：

## 北京理工大学软件学院科技创新创业基地优秀干部申请表

| 姓名 | | 性别 | | 出生年月 | | 民族 | |
|---|---|---|---|---|---|---|---|
| 班级 | | 学号 | | 政治面貌 | | 籍贯 | |
| 手机号 | | | | 申请基地 | | | |
| 申请理由 | | | | | | | |
| 申请奖励内容 | | | | | | | |
| 专业基地考核意见 | 签字（盖章）：_____ | | | | | | |
| 学生科协考核意见 | 签字（盖章）：_____ | | | | | | |
| 指导老师评审意见 | 签字（盖章）：_____ | | | | | | |
| 学生工作办公室老师评审意见 | 签字（盖章）：_____ | | | | | | |

附件 6：

## 北京理工大学软件学院科技创新创业基地优秀团队申请表

| 团队名称 | | | | 作品名称 | | | | |
|---|---|---|---|---|---|---|---|---|
| 成员信息 | 姓名 | 性别 | 学号 | 班级 | 政治面貌 | 所属基地 | 手机号 | |
| | | | | | | | | |
| | | | | | | | | |
| | | | | | | | | |
| | | | | | | | | |
| 申请理由 | | | | | | | | |
| 申请奖励内容 | | | | | | | | |
| 专业基地考核意见 | 签字（盖章）：_____ | | | | | | | |
| 学生科协考核意见 | 签字（盖章）：_____ | | | | | | | |
| 指导老师评审意见 | 签字（盖章）：_____ | | | | | | | |
| 学生工作办公室老师评审意见 | 签字（盖章）：_____ | | | | | | | |

附件 7：

## 北京理工大学软件学院科技创新创业基地成员请假条

请 假 条

_____老师：

  我是_____（基地/项目组）_____的_____，因_____
_____。

特此请假、恳请批准！

基地负责人意见：

学生科技协会意见：

指导教师意见：

学生工作办公室老师意见：

日期：____年___月___日

## 9.6.4　软件学院科技创新基地学生干部管理条例

### 第一章　总　　则

一、为全面推进软件学院学生科技创新工作的发展，提高各科技创新创业基地的有效管理效率，加强科技创新创业基地学生干部管理，保证科技创新创业基地的健康、和谐、有序、积极向上地发展。软件学院学生工作办公室根据《北京理工大学软件学院科技创新创业基地制度》制定本条例。

二、本条例所适用的对象包括北京理工大学软件学院科技创新创业基地全体学生干部成员，各基地业务部长由各基地主席团自主任命、自主管理，全体基地学生干部必须严格遵守本条例。

三、本制度的解释权和修改权归软件学院学生工作办公室所有。

### 第二章　科技创新创业基地学生干部的介绍

四、软件学院科技创新创业基地学生干部的设置是学院科技创新工作的不断开展、不断传承的重要举措，同时在基地的发展管理中培养出一批既擅长专业技术又精通组织管理的优秀人才。

五、科技创新创业基地学生干部在学院学生工作专职指导教师的指导和要求下自主、积极、有效、创新性地开展工作，保证基地向着健康、积极、可传承性的方向发展。

六、根据《北京理工大学软件学院学生课外科技实践活动章程》的规定，科技创新创业基地分为学生科技协会和各专业技术协会，学生科技协会是所有专业协会的组织管理单位，各基地的年度工作计划、财务、文化建设、体制建设、集体活动、技术培训、科研项目立项、项目汇报等工作都要在学生科技协会的组织下开展工作。

七、科学技术协会设立正主席、技术副主席、行政副主席、办公室主任各一名，全面负责科技创新创业基地的行政管理和后勤服务、保障工作。其中，正主席负责管理科协的各项大小事情，技术副主席负责科技创新创业基地的技术培训管理工作和竞赛筹备管理工作，行政副主席负责管理科技创新基地日常工作和各项活动的策划、执行，办公室主任负责科技创新创业基地内部人事、财务、后勤、物资以及外联等工作。

八、科技创新创业基地党支部设立支部书记、宣传委员、组织委员各一名，负责科技创新创业基地内部人员的思想政治引导和基地的文化体制建设工作。发挥党组织的战斗堡垒作用，协助学生科技协会推进各项工作的顺利开展。

九、顾问团主要由科技创新创业基地培养出来的优秀高年级学生组成（大四和研一学生），为科技创新创业基地各项目团队提供技术、经验指导。

十、校友会由科技创新创业基地培养出来的历届优秀毕业生组成，设立校友理事会。其意义在于聚集和统一管理由科技创新创业基地培养出来的各种优秀人才，为广大校友提供一个加强交流、联系的舞台。同时发挥他们在工作岗位上的资源、人际、技术前沿优势，帮助和指导学院科技创新工作的开展。

十一、在科协技术协会和科技创新创业基地党支部的统一管理下，下设人工智能学会、网络与信息安全学会、数字媒体艺术学会和开放式俱乐部。

1. 三个学会分别设立学会主席和党小组组长各一名，学会主席主要负责学会的技术培训、竞赛或科研项目组管理工作，党小组组长发挥党组织的作用，配合科技创新创业基地党支部和学会主席开展各项工作。

2. 开放式俱乐部通过吸收全校不同专业的人才加入，拓宽科技创新人才、创意挖掘渠道。通过发挥不同专业优势，推进科技创新创业基地的各项工作快速发展。

3. 人工智能学会下设算法艺术协会（ACM）、机器人足球协会、计算机博弈协会；网络与信息安全学会下设网络开发协会、安全防护研究协会、攻击研究协会；数字媒体艺术学会下设平面设计协会、视频动漫协会（原DV协会）、仿真工程协会；开放式俱乐部下设数学建模俱乐部、IBM技术俱乐部、微软俱乐部。

4. 各学会和开放式俱乐部可以根据适时需要进行增加。

十二、学会下的各技术方向协会设立主席一名，传达和贯彻各学会主席、党小组的要求和指示，管理和指导下属各项目团队开展各项工作。各开放式俱乐部设立主席团，以民主选举方式选拔俱乐部管理人员，并通过富有自身特色管理和运作模式开展各俱乐部工作。

十三、基地主席团的人员配备原则上严格按照岗位设置情况选拔。

十四、科技创新创业基地组织机构如下所示：

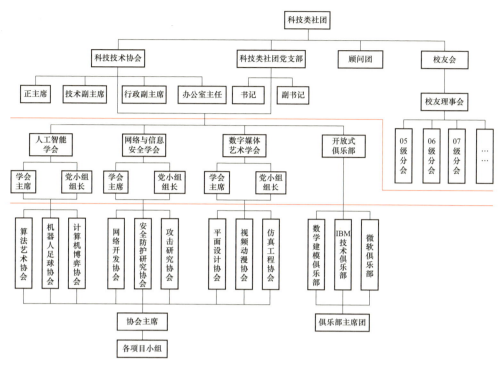

科技创新创业基地组织机构图

## 第三章 科技创新创业基地干部组织工作原则

十五、科技创新创业基地学生干部必须紧密围绕着学院学生科技创新的工作思路而制定基地的工作计划和实施办法，坚持民主讨论、听从命令、执行到底的原则，保证各基地科学、有序、高效、高质地开展各项工作。

十六、科技类主席团例会是在专职负责老师或者学生科技协会召集下定时召开的会议，各基地内部主席团例会是在基地正主席召集下定时召开的会议。所有基地事务必须由主席团例会讨论通过方为有效并方可执行。

十七、基地的有效工作决定是科技创新创业基地主席团例会或者各科技创新创业基地内部主席团例会讨论通过的工作思路、实施办法、负责人、预期目标、要求等工作内容。其中科技创新创业基地主席团例会必须有2/3（含2/3）的人员参加方为有效，各基地内部例会必须全体出席方为有效，主席团例会做出的工作决定必须有与会人员的一半以上表决通过方为有效。

十八、各科技创新创业基地内部主席团例会的工作决定不得与科技创新创业基地主席团例会的有效工作决定相违背。基地的工作决定不得与学院的工作思路相违背。

十九、主席团例会讨论通过的工作决定，负责的各科技基地、团队或者个人必须无条件、高要求、按时按质执行，不得带有个人情绪去执行工作。

二十、学生科技协会作为科技创新创业基地的组织领导机构，其做出的工作决定在科技类主席团例会上讨论通过后，各专业技术基地必须按照例会决定的要求严格执行，不得推脱或者借口拖延。所有基地内部讨论决定的工作各负责人必须严格执行。

二十一、副主席原则上应该尊重和听从正主席的工作安排，对有严重意见分歧的工作意见，副主席有权利要求在主席团例会上讨论通过有效的工作决定。学生科技协会主管财务的办公室主任负责科技创新创业基地的整体财务工作，有义务定期向主管老师和主席团成员通报财务状况。

## 第四章 担任科技创新创业基地干部的条件

二十二、担任软件学院科技创新创业基地学生干部的条件。

1. 原则上必须是软件学院在籍学生，特别优秀的非软件学院学生有较大热情和兴趣担任基地干部并为科技创新创业基地贡献自己力量的可以考虑吸收。

2. 各基地正职主席必须是软件学院在籍学生，特殊情况由软件学院学生工作办公室老师讨论决定。

3. 当前没有担任任何基地的任何职位，并且在科技创新创业基地内部只允许担任一个职位。

4. 担任基地学生干部的学生须在科技创新创业基地工作3个月以上，或者有其他出色的基地工作经验且有现任干部推荐，并且具备一定的专业技术背景。在各国内外竞赛获奖或在各科研项目中表现优秀的优先考虑。

5. 成绩良好，一学年挂科不超过两门，所有挂科科目已经通过，且未受过院（系）级或以上处分。一学年德育评价分数都为优良以上。特殊情况由学生工作办公室老师讨论决定。

6. 在科技创新创业基地工作期间没有不良表现，在每次工作任务安排中能够按时按质按量完成，并且能积极主动从基地的全局角度去考虑问题。必须有所在学生基地主席团干部的推荐信。

7. 必须读过以下四本书并发表有自己见解的读后感：《致加西亚的一封信》《落实才是硬道理》《执行重在到位》《思路决定出路》。

8. 有较强的自律性、组织管理能力和社会交际能力，工作热情度高、奉献精神强，工作认真、负责，有良好的群众基础和创新意识并且热爱学生基地工作。

9. 有良好的个人修养和道德素质，以身作则，遵守国家法令、校纪校规及软件学院科技创新创业基地的所有规章制度。

10. 勤奋学习，有较强进取精神，学习成绩良好，能处理好学习与工作的关系。

11. 有奉献精神，不计较个人得失，能全心全意为基地服务。

12. 尊敬师长，团结同学，有较强的集体观念与团队精神，能够积极为集体建设出谋划策。

二十三、有下列情况之一者，不得担任或继续担任科技创新创业基地学生干部。

1. 一学期考试中有1门以上不及格者。

2. 受到法律制裁、系级或系级以上通报批评或警告以上处分。

3. 累计三次无充分理由不参加科技创新创业基地的集体活动，不参加例会或不完成日常工作者。

4. 由于个人原因造成失职或从事与学生干部身份不符的活动，对科技创新创业基地的声誉造成恶劣影响者。

5. 借工作之便谋取私利、营私舞弊者（特别是未经规定擅自承接商业项目）。

6. 其他不宜担任学生干部的情况或者学生工作办公室老师认为不适合担任学生干部的情况。

## 第五章　科技创新创业基地干部的产生程序

二十四、科技创新创业基地学生干部的产生程序如下：

1. 每年的学科竞赛队、科研项目暑期集训完毕之后，学院学生工作办公室发布科技创新创业基地换届通知。

2. 各科技创新创业基地大二成员根据通知要求在5天内向主管老师提交科技创新创业基地学生干部申请表（见附件）、基地工作设想（不少于2 000字，主要提出新的基地发展思路和发展规划）、上一任主席团的推荐信（见附件）、一学年成绩单（必须加盖学院教学办公室教学用章）、一学年两个学期的德育评价报告书（必须加盖学院行政用章）。

3. 申请学生科技协会的正主席、副主席，各学会主席，各专业技术基地正主席参加干部录用考核会。申报者请准备书面申报材料一式6份，申报PPT演讲3分钟（从个人工作经历、个人介绍、个人特长、基地施政计划、前景展望五个方面进行讲述），评委提问2分钟。

4. 学院学生工作办公室主管老师与上一任基地主席团成员组成评委组参加

干部录用考核会议，并讨论决定学生科技协会正主席、副主席，各学会主席、专业技术基地的 1 名正主席。

5. 主管教师牵头新任学生科技协会所有主席、各学会主席、各专业技术基地正主席讨论决定各专业技术基地的副主席人选。

6. 所有新任学生干部确定人选，在学院学生工作办公系统网站上公示，并报主管领导签字同意。

7. 换届结束，所有新任学生干部接受 3 次以上科技创新创业基地学生干部培训。

二十五、科技创新创业基地党支部和各党小组的任命由科技创新创业基地党支部内部表决通过。

二十六、新上任干部考核。

1. 新上任干部须经历为期一个月的考核期。

2. 这一个月内按照正常的模式履行学生干部职责。

3. 考核期结束，科技创新创业基地召开主席团会议（针对科协干部考核），科协主席团及专业技术类基地会议（针对专业技术类基地干部考核），通过民主投票的方式决定考核期内相关干部是否合格。

4. 通过考核的学生干部正式成为一名科技创新创业基地干部。

## 第六章　科技创新创业基地干部的工作要求

二十七、严格遵守科技创新创业基地干部组织工作原则，听从组织安排，不带个人情绪严格执行有效的工作决定。

二十八、以高度的主人翁精神承担基地的发展工作任务，积极主动去思考、去谋划、去经营基地的发展，为基地的繁荣贡献自己的一份力量。

二十九、对组织安排的工作任务，必须按时按质按量完成。

三十、好读书、读好书，学生干部在工作之余要广泛阅读有关科学管理、人性修养、中国古典文化的书籍，在读书中长见识、修身养性，在读书中更高效地搞好基地的发展工作。

三十一、必须坚持专业技术的研究和开发、刻苦学习，要把学习和专业技术的研究作为科技创新创业基地学生干部的首要任务。

## 第七章　科技创新创业基地学生干部奖惩方法

三十二、每学期组织一次科技创新创业基地优秀管理干部评优活动，评选出若干名优秀的管理干部，并颁发荣誉证书和物质奖励。

三十三、科技创新创业基地参加院系以上级别的评奖评优，如申报材料包含科技创新创业基地工作情况说明的必须经学生科技协会主管副主席审核并由主管老师签字方为有效，否则不予承认。

三十四、在基地的工作岗位上尽职尽责，表现优秀者可以参与学院、学校的素质拓展认证，并优先考虑学院以上各种评奖评优。

三十五、学生干部违反基地规章制度者请自动在 3 天内向学生科技协会主管副主席提交 1 000 字的检查，并登记在案。情况严重者在基地内部通报批评并视情节严重情况给予视察 1 个月或直接开除的处罚。

## 第八章　附　　则

三十六、本制度自公布之日起实施。

三十七、本制度最终解释权归北京理工大学软件学院学生工作办公室所有。

附件：北京理工大学软件学院科技创新创业基地学生干部申请表

北京理工大学软件学院

二〇一六年九月

附件：

## 北京理工大学软件学院科技创新创业基地学生干部申请表

| 姓名 | | 性别 | | 出生年月 | | 民族 | |
|---|---|---|---|---|---|---|---|
| 班级 | | 政治面貌 | | 籍贯 | | 手机号 | |
| 申请职位 | | | 选择基地 | | | | |
| 学习成绩与德育评价 | 详细介绍大学以来的学习情况（挂科情况、学分绩排名情况）、德育评价情况（德育分数、排名），必须如实填写 ||||||||
| 个人介绍 | 包括个人的专业技术背景、专业技术能力、组织管理能力情况，参加过的大型竞赛、项目组情况，获奖、违纪情况，在基地工作期间的工作经历（做过什么，有什么体会），个人性格、爱好、人生规划情况 ||||||||
| 申请内容 | 你为什么申请这个基地的这个职位？如果你担任了这个职位，你打算怎么组织开展工作？有什么打算和计划？请简单概要讲述 ||||||||
| 考核意见 | 签字（盖章）：_____ ||||||||

### 9.6.5　软件学院高年级本科生进科研实验室的工作办法

为了深入贯彻落实《北京理工大学关于进一步提高本科人才培养质量的若干意见》的文件精神，充分发挥大学生软件科技创新创业基地（以下简称"基地"）的人才培养作用，联合软件学院科研实验室开展"本科生—硕士生—博士生"全生命周期的拔尖创新人才培养模式，全面提升软件学院人才培养质量，特制定本办法。

一、工作目的

近年来，软件学院依托基地针对低年级本科生开展专业技术基础培训和引导工作取得了突出的人才培养效果，为高水平拔尖创新人才的培养打下了扎实的基础。为进一步提升软件学院学生人才培养质量，学院拟探索和实践"本科生—硕士生—博士生"全生命周期的拔尖创新人才培养模式，集合科研、教学、行政等多方面资源，由基地主导、各科研实验室进行配合，努力构建科学合理的高年级本科学生进科研实验室的机制，逐渐形成基地负责低年级学生专业技术基础培养，科研实验室负责高年级学生科研能力培养的人才培养格局。

二、工作机构及工作职责

1. 领导小组

组　　长：院长

副组长：学生工作副书记、副院长，教学副院长，科研副院长

成　　员：团委负责人，教学科研办公室负责人，学生创新创业中心负责人，各专业建设责任教授，各研究所负责人

领导小组负责决定软件学院高年级本科生进科研实验室的具体规定和实施办法，领导该项工作的具体落实，处理该项工作执行过程中出现的问题。

2. 科技创新创业基地

负责做好低年级本科生的专业基础培训和引导工作；制定良好的高年级本科生进科研实验室的程序和办法，公平公正、有序推进学生进科研实验室工作的实施；负责高年级本科生进科研实验室后的追踪和考评工作；为优秀的博士生选配以基地本科生和硕士研究生为成员的研究团队，联合科研实验室培养顶级的科研学术团队。

3. 各科研实验室

各科研实验室负责配合基地做好高年级本科生进科研实验室的具体工作；延续性地引导学生开展研究生阶段的学习和研究工作；选拔优秀的硕士研究生攻读博士研究生，为博士研究生提供优越的研究平台；引导和管理高年级学生"反哺"基地，指导低年级学生开展科技创新活动和学术研究工作，共同推进人才培养工

作的发展。

三、具体程序及办法

在学院领导小组的领导和组织下，每年1月份，由基地联合各科研实验室组织开展软件学院高年级本科生进科研实验室工作。

（1）发布通知公告：领导小组组织开展每一年的高年级本科生进科研实验室工作，对外发布通知公告。

（2）各科研实验公开宣讲：各科研实验室进行公开的宣讲，详细介绍本实验室的研究方向、学术成果、发展目标及实验室基本情况，并向学生提供具有创新价值、对学生培养有意义的科研一线课题或重大工程项目。

（3）学生报名及选拔：学生根据自身情况进行自主选择及报名，由基地负责报名工作的组织及材料的审核。

（4）面试及选拔：科研实验室再对学生进行面试、选择，并公布最终双选名单。

（5）工作会议：学院召开高年级本科生进科研实验室工作会议，对该项工作做出相关要求和希望，明确科研实验室及学生的工作职责及要求。双选成功的课题组负责人和学生参与该会议。

四、奖惩及考评工作

领导小组将以学期为单位开展成果评定，对科研课题小组和参与学生进行综合评价，基地负责具体工作的落实。考核内容包括学生课题完成情况、学术研究成果、对基地低年级学生指导工作情况。评定结果为优秀、及格、不及格，评定结果将在学院网站进行公示。

对于评定结果为优秀的课题小组和学生，学院给予一定的物质奖励和荣誉奖励，并组织优秀课题小组参与国内外高水平的科技竞赛或其他科技活动。对于评定结果不及格的课题小组和学生，将减少或取消该科研实验室的次年录取名额。

北京理工大学软件学院<br>二〇一六年九月

## 9.6.6 软件学院大学生科技创新创业基地指导教师招聘及工作办法

为了深入贯彻落实教育部高教司《关于鼓励教师积极参与指导大学生科技竞赛活动的通知》（教高司函〔2003〕165号）文件精神，深化软件学院大学生软件科技创新创业基地（以下简称基地）的教育教学改革，努力保障大学生科技创新创业活动的正常开展，推动软件学院拔尖创新型人才培养工作的开展，软件学院特制定本工作办法。

一、指导思想

本办法旨在调动广大教师的积极性，鼓励优秀教师积极参与到软件科技创新创业基地的人才培养工作中来，规范指导教师参与人才培养的工作办法，充分发挥基地现有人才培养模式的积极作用，努力推进学院拔尖创新型人才培养工作的开展，全面提升人才培养质量。

二、领导小组

该项工作的领导小组学院学生工作组下的学生科技创新创业指导委员会，负责制定该项工作的具体规定和实施办法，领导该项工作的具体落实，处理该项工作执行过程中出现的问题。

三、指导教师职责内容和能力要求

（一）职责内容

1. 指导教师的定义是：基地某个学生创新实践方向的指导教师。
2. 指导学生把握科技创新活动的总体技术方向、关键技术方案、科学研究课题和技术成果转化。
3. 监管学生科技创新活动中的技术安全。
4. 对于涉及财务、资产事务的学生科技创新团队，负责监管学生科技创新活动中的财务及资产管理事项。
5. 在学生科技创新团队建设方面应起到重要作用，配合和指导团队负责学生做好团队建设等工作，掌握学生在参与科技创新活动中的动态表现，配合学院相关部门做好学生考核及奖惩。
6. 热情、认真地为学生科技创新活动提供支持，或及时与学院相关部门反映并积极解决学生科技创新活动中遇到的困难。
7. 对于获取学院学生科技创新活动资源支持的课题，应保证本学院学生参与创新活动的人数和效果，积极配合学院相关部门做好创新活动过程中的纪律监管。

（二）能力要求

1. 政治立场坚定，师德高尚，遵纪守法，热爱教育事业，关心学生成长，在学生中具有较高的评价。
2. 具有专业背景，对于所指导的团队及项目具有较为深刻的认识及科学的见解。
3. 掌握安全生产基本常识，在教育教学、科研等工作中无安全责任事故。
4. 能保证平均每周至少 2 学时的指导时间。
5. 曾从事或指导学生科技创新活动者优先。

四、指导教师聘任办法

（一）聘任对象

基地根据创新活动、赛事开展等需求为各学生科技创新团队选聘指导教师。

各学生科技创新团队的指导教师既可以为教师个人,也可以为教师团队(须明确第一负责人)。

(二)聘任流程

指导教师队伍可以由院系推荐、师生推荐、个人自荐等多种方式产生,一般采用每年一聘(含续聘)的方式,详细流程如下:

1. 每年12月,经各种方式推荐产生的下一年度指导教师或指导教师团队由基地统一汇总,并根据学院人才培养工作的实际需求和各项目的实际情况提出聘任建议方案。

2. 建议方案经学院教务部门、学生工作部门和共青团组织充分酝酿后,形成最终方案,并发各相关系(部、中心)。

3. 学院为各指导教师(团队)颁发聘书。

(三)人员调整

对于学生科技创新活动的年度工作中确有需要更换指导教师情况的,由原指导教师向基地提出更换申请(有建议人选的可同时提出建议人员),经学院相关部门核准后进行人员调整,并将相关调整情况发各相关系(部、中心)。

五、指导教师考核激励

(一)工作考核

一般情况下,考核合格是学院续聘指导教师的必要条件。除出现以下情形外,指导教师的考核可视为合格:

1. 思想政治素质、师德、纪律作风等方面出现问题导致不良影响的。

2. 在技术安全方面出现疏漏导致事故、损失的。

3. 在团队管理方面出现明显失职,或未能积极配合学院相关部门的管理,造成事故、损失的。

4. 不能与学生保持密切联系,在科技创新活动中确实未能起到指导作用的。

5. 对于确有需要更换指导教师的,未能及时提出申请协调解决的。

(二)绩效奖励

每年12月,基地向学院院务会提交指导教师工作情况材料和奖励建议,对符合以下情况的指导教师给予绩效奖励,院务会讨论决定奖励结果:

1. 工作考核合格,并指导1项以上创新项目,每一项项目给予800元奖励。

2. 工作考核合格,所指导的基地创新团队或学生获得省部级以上科技竞赛奖励。其中,国际级冠军、特等奖、一等奖,或者国家级冠军、特等奖、一等奖奖励6 000元;国际级银奖、铜奖、亚军、季军、二等奖,以及国家级银奖、铜奖、亚军、季军、二等奖,省部级冠军、特等奖、一等奖奖励4 000元;国际级三等奖、优秀奖，国家级三等奖、优秀奖奖励 2 000 元。

3. 工作考核合格，所指导的创新团队或学生所撰写的学术论文被录用。其中，第一层次：中国计算机学会推荐的 A 类期刊，奖励 10 000 元/篇；第二层次：中国计算机学会推荐的 B、C 类期刊，中国计算机学会推荐的 A、B 类会议，非中国计算机学会推荐的 SCI 源期刊，奖励 5 000 元/篇。

4. 工作考核合格，所指导的创新团队或学生获得专利、著作权。其中，美国、欧洲发明专利每项奖励 10 000 元；中国发明专利每项奖励 3 000 元；软件著作权奖励 1 000 元。

5. 其他情况由基地提供奖励申请，由院务会讨论决定。

（三）实施办法

指导教师的工作考核和绩效激励由基地汇总相关信息并提出实施意见，经院务会审批通过后予以实施。

六、其他事项

本办法所指指导教师一般应为学院编制内的、履行聘任手续的教师，其所指导的团队或项目须为基地认可且登记备案的。基地聘用非学院编制教师的情况，由基地报主管领导安排。

本办法于 2014 年 1 月 1 日学院院务会议讨论通过，于 2014 年 1 月 1 日起试行，由基地负责解释。本办法的修订须经学院院务会议讨论后方可进行。

北京理工大学软件学院<br>二〇一六年九月

### 9.6.7　软件学院学生重大科技创新成果奖励办法

为奖励在科技创新活动中取得优异成绩的同学或团队，树立科技创新优秀典型、弘扬科技创新精神，引导学生积极参与大学生学术科技创新活动，营造良好的学术氛围，特制定本办法。

一、奖励对象

软件学院在册的本科学生及硕士研究生。

二、奖励范围及标准

1. 课外学术科技竞赛

指参加由政府主管部门、科技竞赛委员会等单位举办的，由软件科技创新创业基地组织参加的，针对某一领域的国际级、国家级大学生科技竞赛，且在比赛中取得历史性突破，并产生良好的社会影响，为学校、学院争得了较大荣誉。

在大学生科技竞赛获奖的学生按以下标准给予奖励：

（1）国家级竞赛特等奖/冠军：5 000 元/团队

（2）国际级竞赛特等奖/冠军：5 000 元/团队

（3）国家级竞赛一等奖：3 000 元/团队

（4）国际级竞赛一等奖：3 000 元/团队

2. 学术论文

论文指以计算机科学技术、软件工程学科知识为主要内容的学术作品，以正式发表为准，且学生本人为第一作者，或学生为第二作者但第一作者为其指导教师。

学术期刊分层说明：

（1）第一层次：中国计算机学会推荐的 A 类期刊，奖励 5 000 元/篇。

（2）第二层次：中国计算机学会推荐的 B、C 类期刊；中国计算机学会推荐的 A、B 类会议；非中国计算机学会推荐的 SCI 源期刊，奖励 1 000 元/篇。

（3）说明：

① 本办法中 SCI 是指美国《科学引文索引》的英文简称，其全称为 Science Citation Index；

② EI 是指《工程索引》的英文简称，其全称为 Engineering Index；

③ 会议论文指"full paper"或"regular paper"，会议上发表的 short paper，demo paper，technical brief，summary 等均不计入。

3. 学术著作

著作指以计算机科学技术、软件工程学科知识为主要内容的学术作品，以正式出版发行为准，且学生本人为第一作者，或学生为第二作者但第一作者为其指导教师；同时学生独立撰写部分须在 5 万字以上，奖励 5 000 元/项。

4. 专利

专利以授权为准，学生本人为前三发明人且可证明实际参与开发、发明工作。

（1）发明专利，奖励 3 000 元/项；

（2）实用新型专利，1 000 奖励元/项；

（3）外观设计专利，1 000 奖励元/项。

5. 其他

以上款项中未做规定，课外学术科技成果显著、需要奖励的，可由学生本人提出申请，经学院组织审核后给予适当奖励。

三、奖励申请办法

1. 申请参审时间

每学期末受理学生参审申请。

2. 参审要求

（1）每一学术成果以最终获得的日期为准，自该日期起6个月内未进行申报的视为过期，申请将不予受理。

（2）上述各类学术成果仅限申报一次，且：

（3）同一项目在不同课外学术科技竞赛中获奖只取最高奖励计，不同项目同时获奖可重复奖励。

（4）同一项目获不同类别成果（竞赛获奖、论文、学术著作、专利等）则只取最高奖励计，不进行重复奖励。如针对某一学术成果同时发表SCI论文并申报了发明专利，则取以学术论文奖励计。

3. 申请评定程序

申报程序：

（1）填写登记表。申请人下载北京理工大学软件学院学生重大科技创新成果登记表（见附件），并按照附件内相关要求填写；

（2）准备申报材料。申请人须提供不少于1 000字的申报材料；

（3）准备证明材料。申请人须提供相关获奖证书、作品复印件及其他证明材料。

评审程序：

（1）学院组织专家学者组成评审委员会；

（2）学院组织申请人统一答辩；

（3）评审委员会根据申请人材料及答辩情况进行讨论，并投票决定评审结果；

（4）学院将评审委员会评审结果进行公示；

（5）举办颁奖大会，为获奖同学或团队颁奖。

北京理工大学软件学院<br>
二〇一三年六月

附件：北京理工大学软件学院学生重大科技创新成果登记表

附件：

## 北京理工大学软件学院学生重大科技创新成果登记表

| 申请人信息 ||||||
|---|---|---|---|---|---|
| 姓名 | | 出生年月 | | 手机号 | |
| 学号 | | 政治面貌 | | 邮箱 | |
| 成果信息 ||||||
| 成果所属类别 | ||||| |
| 成果所获奖励及获奖日期 | ||||| |
| 成果简介（300字以内） | ||||| |
| 本人承诺以上所填内容真实有效。<br><br><br>申请人：  ||||||
| 专家推荐意见 | <br><br>签名： |||||
| 评审委员会意见 | <br><br>评审专家组组长： |||||

注：1. 成果简介处简要介绍成果的内容；
  2. 表格中签名须使用黑色墨水手写；
  3. 专家推荐意见须由正教授及以上职称专家填写。

## 9.7 学生组织及学生活动管理制度

为进一步促进学生组织建设，规范学生组织日常管理工作，构建严谨、科学的工作规范，软件学院学生工作办公室制定一系列学生组织管理办法，严格规定了学生活动规范、学生组织财务报销规范、学生组织及其学生干部的行为准则（见表9-6）。通过这些制度规范严格把关学生干部的工作流程，培养学生干部的严谨性和主动性，建立一支分工明确、高度负责、积极主动的学生干部队伍，有力地保障各学生活动的有序高效运行。

表 9-6 软件学院学生组织及学生活动管理制度列表

| 学生组织及学生活动管理制度 | 《软件学院学生组织财务报销规定》<br>《软件学院学生组织及学生活动管理办法》<br>《软件学院学生兴趣爱好社团成立办法》<br>《软件学院学生兴趣爱好社团管理条例》 |
| --- | --- |

### 9.7.1 软件学院学生组织财务报销规定

为规范软件学院各学生组织的财务报销行为，加强学生组织的财务管理，特制定本规定。

一、经费报销基本要求

（1）财务支出应本着勤俭节约、杜绝铺张浪费的原则，坚决禁止账目模糊不清、财务制假、公款私用等现象。违者一经查出，给予通报批评；情节恶劣并造成不良影响的，扣除综合素质测评得分2分。

（2）各学生组织制定经费预算时，应认真核算每项费用，遵循节约不铺张浪费的原则；若为学院固有资产中在录物品，须向学院借取，不得额外购买。

（3）活动经费原则上由部门或个人先行垫支，凭正规发票向学院报销。原则上要求报销的发票必须是依据所购买真实项目内容开具正规发票。若特殊情况不能开具发票的，须附相关明细或收据。

（4）购买物品需要两人或两人以上共同执行，开具正式发票并详细注明物品数量、单价、种类等。

（5）报销范围严格遵照《北京理工大学软件学院经费支出报销细则》（见附件1）。

二、财务报销凭据

学生组织申请报销时，须提交以下报销凭据，并确保凭证的真实、准确。

1. 活动请示书。财务报销须有经学院审批通过的活动请示书,否则不予报销。报销项目和报销金额应与审批通过的活动请示书上列明的预算基本相符,如有重大出入,应由学生组织活动负责人提交情况说明,经学院审批通过后方可报销。

2. 报销发票。发票应整洁完整无涂改,应具备税务部门印章和商业单位发票专用章。物资购买者和报销者须按照财务相关要求进行发票验真,在发票背面用铅笔签名。

3. 活动报销单。学生组织活动负责人填写活动报销单,列明花销清单和发票清单。

### 三、经费报销流程

1. 预算

学生组织需至少提前一周上报包含活动经费预算的北京理工大学软件学院学生组织活动请示书(见附件2),经学院团委和学院领导签字审批后方可执行。

2. 经费使用

各学生组织根据批准经费金额,合理控制开支。预算金额在3 000元以下的,实际花费不应多于申请经费的20%;预算金额在3 000元以上的,实际花费不应多于申请经费的10%;结算金额超过预算1 000元的须再申请报批。违反上述规定超出的经费由活动负责人自行承担。

3. 验收

活动结束两周内,各学生组织收齐票据后,填写北京理工大学软件学院学生组织活动报销单(见附件3),提交至指导老师或辅导员处。逾期未交的,不予报销。

4. 审核报销

经学院领导审核,由学院统一进行财务报销,并及时将报销经费发放给报销申请人,发放时需要申请人在北京理工大学软件学院学生组织活动报销单上签字确认。

5. 财务存档

报销执行完毕后,由学院团委统一对财务进行存档处理。

北京理工大学软件学院<br>二〇一八年三月

附件:1. 北京理工大学软件学院经费支出报销细则
　　　2. 北京理工大学软件学院学生组织活动请示书
　　　3. 北京理工大学软件学院学生组织活动报销单

附件 1：

## 北京理工大学软件学院经费支出报销细则

| 报销签字事项 | 金额（项目）要求 | 所需签字、票据、材料 |
|---|---|---|
| 发票信息 | 单位名称： 北京理工大学<br>纳税人识别号： 12100000400009127B<br>单位开户行： 中国工商银行北京紫竹院支行<br>单位银行账号： 0200007609014435495<br>开户行联行号： 102100000763<br>预算代码： 124202<br>上级部门： 工业和信息化部<br>单位地址： 北京市海淀区中关村南大街 5 号<br>单位电话： 010-68914618 | |
| 发票 | 1. 发票必须由依法正式注册并存续的单位开具；<br>2. 发票抬头和税号错误视为无效发票；<br>3. 发票不得涂改；<br>4. 金额大小写不符视为无效发票；<br>5. 票据上标注"不得作为报销凭证"字样的，不能报销；<br>6. 金额超过 1 000 元的单张发票，须提供发票真伪查验打印件；<br>7. 财政监制票据，开票单位应加盖财务专用章；<br>8. 如不慎丢失发票原件，丢失人需写明丢失情况，经单位领导审签，加盖单位公章，提供加盖开票单位发票专用章的发票存根联复印件，经财务处领导审批，予以报销 | |
| 办公用品 | 办公用品包括但不限于：笔、本、计算器、胶水、订书机、文件夹、文件袋、剪刀、美工刀、奖状、证书等。<br>1. 网上商务平台购买的货物，需提供商品送货单或订单截图；<br>2. 购买办公用品，发票须开具实际购置的商品名称或附商品明细单；<br>3. A4 纸等打印纸不予报销 | 1. 发票<br>2. 商品明细单（发票已开具明细项目名称的除外）<br>3. 低值易耗品入库出库单（电脑配件、元器件等） |
| 邮电费 | 邮电费包括快递费、邮费（最好发顺丰快递，可以开电子版发票，发票开好后，打印即可） | 1. 发票 |
| 印刷（制）费用 | 印刷费用包括：如论文、资料、标书、证书、试卷等，或喷绘展板、条幅。<br>1. 复（打）印费高于 500 元的支出在付款时，需携带财务处规定专用的《复（打）印费明细表》至开票单位，由开票单位确认后并加盖开票单位公章，报销时作为附件附于发票后；<br>2. 低于 500 元的支出提供该打印店的复（打）印费明细即可 | 1. 发票<br>2. 明细 |

续表

| 报销签字事项 | 金额（项目）要求 | 所需签字、票据、材料 |
|---|---|---|
| 交通费 | 交通费包括：北京市内乘坐出租车、汽车租赁费。<br>1. 不予报销出租车车牌号相同的多张发票；<br>2. 报销汽车租赁公司的租车费用时，须提供租赁合同（协议）、租车事项说明（注明租车原因）；<br>3. 市政交通一卡通充值发票暂不予报销（因无国家政策依据） | 1. 打车票<br>2. 租赁协议或说明（租车费用） |
| 办公耗材 | 办公耗材包括但不限于：鼠标、键盘、U 盘、移动硬盘等。<br>1. 办公耗材都需要附上明细，如果发票上有明细的提供发票即可；<br>2. 办公耗材不可购置与办公无关的物品，例如自拍杆；<br>3. 硒鼓、墨盒不予报销 | 1. 发票<br>2. 如网购，提供订单详细截图 |
| 图书（资料）费 | 1. 在专门图书销售单位（如中关村图书大厦、北京图书大厦等）购买书籍，须提供购置图书资料的明细单；<br>2. 除图书销售单位以外购买的图书资料，如在超市、网上商务平台购置的图书（当当、亚马逊、京东等）须提供购置图书资料明细单 | 1. 发票<br>2. 资料明细 |
| 国内差旅费 | 国内差旅费：因会议、比赛、调研等需要，前往别的省市产生的机票/火车票/轮船、住宿费。<br>1. 在偏远地区开展野外调研、外场试验、社会调查、实习实践等活动时，实际发生住宿并支付住宿费用，但因特殊原因未能取得住宿费发票（以 2 个自然天数为限），须提供"无住宿发票情况说明"及收据；<br>2. 不予报销外地打车费；<br>3. 学生原则上不允许乘坐飞机，如特殊原因乘坐飞机，需购买经济舱；<br>4. 学生购买火车票标准：火车（硬座或硬卧），高铁/动车二等座，全列软席列车二等软座；轮船（不包括旅游船）三等舱；飞机经济舱 | 1. 费用票据<br>2. 出差时限在 4 个自然天数及以上无住宿费发票的，提供对方单位无住宿费情况证明 |

续表

| 报销签字事项 | 金额（项目）要求 | 所需签字、票据、材料 |
|---|---|---|
| 出境旅费 | 1. 出境差旅费：因会议、比赛、调研等需要，前往别的国家产生的机票/火车票/轮船、住宿费。<br>2. 学生购买火车票标准：飞机经济舱 | 1. 费用票据<br>2. 出国费用结算单<br>3. 因公短期赴香港、澳门：<br>学生国际交流与合作处赴港澳任务书（国际交流处网站下载）；学生因公短期出国及赴港澳地区申请表（国际交流处网站下载） |
| 论文版面费、会议注册费 | 1. 版面费（注册费）通知；<br>2. 开具版面费发票的单位须为会议举办方或举办方委托的单位；<br>3. 注册费与版面费发票必须为原件；<br>4. 境外注册无法获取注册费收据原件，本人写明无法获取的理由说明并注明"情况属实"及签名后，交由学院领导签字并加盖部门公章；<br>5. 学生在国内举（承）办的国际会议上发表的论文，论文版面费须提供填开人民币金额的国内发票，或提供获得外文收据的情况说明 | 1. 发票<br>2. 录用通知<br>3. 注册通知<br>4. 用中文标注金额及支出事项名称<br>5. 信用卡消费和还款记录 |
| 特殊说明 | 不可报销种类：<br>1. 水、饮料、糖果等任何食品都不予报销；<br>2. 保温杯、太阳镜等礼品类不予报销；<br>3. 如有不明确的经费预算，必须与指导老师事先沟通 | |

注：本细则由软件学院学生工作办公室负责解释。

附件 2：

## 北京理工大学软件学院学生组织活动请示书

| 活动名称 | | | |
|---|---|---|---|
| 主办部门 | | 活动负责人 | |
| 活动时间 | | 活动总预算 | |
| 活动内容 | | | |
| （简要介绍活动各个阶段及活动当天安排） | | | |
| 活动预算 | | | | |
| 物品名称 | 单价 | 数量 | 合计 | 备注 |
| | | | | |
| | | | | |
| | | | 总价： | |
| 指导老师意见： | | | | |
| 院团委审批意见： | | | | |
| 学院领导审批意见： | | | | |

附件 3：

**北京理工大学软件学院学生组织活动报销单**

| 报销事由： | | | | |
|---|---|---|---|---|
| 报销编号 | 申请人 | 申请时间 | 实际报销主要内容 | 报销金额 | 发票内容及金额 |
|  |  |  |  |  |  |
|  |  |  |  |  |  |
|  |  |  |  |  |  |
| 报销总金额 | | | | 领款总金额 |  |
| 领款时间 | | | | 领款人签字 |  |

### 9.7.2　软件学院学生组织及学生活动管理办法

为进一步规范软件学院学生组织及学生活动管理工作，保证各项学生活动有效进行，丰富和活跃学生课外生活，根据《中国共产主义青年团章程》《中华全国学生联合会章程》的文件精神，结合学院实际情况，特制定本办法。

一、学生组织的定义

软件学院学生组织是指在北京理工大学软件学院内，由学生自愿组成的自我管理、自我教育、自我服务的群众组织，包括学生党建工作办公室、共青团组织、学生会与研究生会、学生兴趣爱好社团、大学生软件科技创新创业基地、青年志愿者组织和学生自管团队等。学生组织所有成员必须是北京理工大学软件学院全日制在校的研究生或本科生。北京理工大学软件学院学生组织由学院党委统一领导，学院团委指导，学院各主管职能部门、教学单位分类管理。

二、学生组织的基本管理办法

1. 申报成立

（1）申报要求。学生组织必须有明确的任务和健全的机构，符合学校及学院的相关管理规定；学生负责人必须无校纪校规处分记录。

（2）申报流程。成立学生组织应由发起人提出意愿，并填写北京理工大学软件学院学生组织成立申请表（见附件1），经学院团委和学院领导审批通过并院内公示无异议后学生组织正式成立。

2. 信息变更及注销

（1）各级学生组织的机构信息如需变更，应即时填写北京理工大学软件学院学生组织信息变更表（见附件2），并上报学院团委和学院领导审批。经核准、公示后变更生效，并在学院团委存档。

（2）学生组织可根据自身实际情况，书面申请注销本机构。注销申请应得到本学生组织1/2以上成员、2/3以上主要负责人及主管（挂靠）部门的同意。学生组织注销申请应上报学院团委和学院领导审批，并抄报学院团委存档。

（3）未进行学生组织年审的机构视为自动注销。

3. 年度总结及考核工作

每年12月由学院团委发布通知开展学生组织年度总结及考核工作。各学生组织主要负责人向团委提交北京理工大学软件学院学生组织考核表（见附件3）及其他年审材料，由学院团委存档。

4. 主要负责人换届

（1）研究生会、学生会主席团成员应分别依照《北京理工大学研究生会章程》《北京理工大学学生会章程》，通过学院学生代表民主选举产生，报学院团委、学院党委批准并公示，任期一般为一年。

（2）其他学院团委直属学生组织任职的学生干部，可根据各学生组织工作实际，采取公开招聘或者学院推荐方式产生，并报学院团委批准并公示。

三、学生活动的管理办法

1. 基本原则

学生活动必须健康向上，不能违背党的路线、方针和政策，不能违反国家法律法规和校规校纪，不能与社会公德相悖。学生组织要有组织、有领导地开展各项学生活动，不得影响学生正常的学习、生活及工作秩序。

2. 活动申报及审批

（1）学生组织需至少提前一周上报包含活动经费预算的北京理工大学软件学院学生组织活动请示书（见附件4），经学院团委和学院领导签字审批后方可开展活动。

（2）学生组织可申请学院活动经费或通过其他合法途径获得活动经费，未经许可不得进行带有商业性质的活动。学生组织的财务管理必须遵守学校的财务报销管理制度以及《北京理工大学软件学院学生组织财务报销规定》。

（3）未经审批擅自开展的活动，学院将不予以财务报销；情况严重并造成不良影响的，给予活动负责人通报批评，并扣除其综合素质测评得分2分。

### 3. 活动准备及开展

（1）活动审批通过后，学生组织活动负责人应做好活动筹备，定期向指导老师汇报工作进度及开展情况，保障活动有效进行。

（2）学生组织活动负责人应做好应急预案，如遇到安全问题或者其他突发事件，应及时向指导老师和学院领导汇报，避免安全事故出现。

### 4. 活动总结及财务报销

（1）活动结束后，各学生组织应该在三个工作日内向指导老师提交新闻稿、活动照片及活动总结，交由学院团委备案；未提交者将不予以财务报销。

（2）各学生组织应在活动结束3周内完成财务报销工作。具体报销规范及流程参照《北京理工大学软件学院学生活动财务管理规定（试行）》。未按照规定流程报销，或财务报销内容与活动申报严重不符者，视情况严重程度者给予削减经费报销、通报批评等处罚。

## 四、学生组织及主要学生干部考核及奖励

### （一）考核标准

#### 1. 学生组织考核标准

（1）组织机制健全。参评组织人员分工明确，成员稳定，规章制度完善；组织规模适度，内部运行状况良好，凝聚力强，充分发挥了自我教育、自我管理功能。

（2）工作理念清晰。参评组织能够紧密围绕学院人才培养目标，在学风建设、科技创新、党建工作、志愿服务、文体活动、实践创业等方面开展活动。

（3）活动内容丰富。组织活动主题鲜明，形式新颖健康，与学生生活联系紧密，为繁荣校园文化起到积极引导作用，在传递正能量方面取得显著成效。

（4）获得师生好评。活动参与面广、影响力大、认可度高，在校、院两级有一定影响力，在广大师生中享有广泛好评。

#### 2. 学生干部考核标准

（1）具有坚定正确的政治方向，坚持党的基本路线，深入贯彻执行党的十九大精神。

（2）德才兼备，品学兼优，学习刻苦，成绩优秀，无不及格现象，综测排名在专业方向前50%以内。

（3）积极参与各种社会实践活动，具有较强的工作能力，能创造性地开展各项工作。

（4）具有全心全意为同学服务的精神，工作作风正派，在同学中具有较高的威信。

### （二）考核流程

（1）每年12月由学院团委发布通知开展年度总结及考核工作，各级学生组

织和学生干部均需参加考核。

（2）各学生组织负责人向团委提交北京理工大学软件学院学生组织考核表（见附件3）及其他年审材料，由学院团委存档；团委组织开展学生组织考核答辩工作，学生组织考核分数由学院领导、指导老师及学生工作办公室老师根据学生组织现场汇报打分产生，最终考核分数取现场老师打分的平均分。学生干部向团委提交北京理工大学软件学院学生干部考核表（见附件5）。学生干部考核分数由学院领导打分、指导老师打分、辅导员打分决定，最终考核分数取平均分。

（3）学院团委将考核结果公示，公示时间不少于三天。

（4）在学院年终表彰大会上，对考核优秀的学生组织和学生干部进行表彰。

（三）奖励措施

（1）考核结果排名前5的学生组织将授予"学生组织之星"荣誉称号，并给予1 500元奖励。

（2）考核结果排名前10的学生干部，授予"十佳学生干部"荣誉称号，并给予1 000元奖励。

（3）考核结果未入前10，但在日常工作依然表现优异的学生干部将授予"优秀学生干部"荣誉称号，并给予600元奖励，名额不限，宁缺毋滥。

（4）考核成绩是学校"优秀学生干部""优秀团干部"等先进个人评比的重要指标。

（四）惩罚措施

（1）考核不合格的学生组织，将减少组织的活动经费及优秀学生干部的名额。

（2）考核不合格的学生干部，予以内部警告并限期整改。情况严重者扣除综合素质测评得分2分，并免去其职务。

（3）考核不合格学生干部不得参评学校"优秀学生干部""优秀团干部"等先进干部评比。

北京理工大学软件学院

二〇一八年三月

附件：1. 北京理工大学软件学院学生组织成立申请表
　　　2. 北京理工大学软件学院学生组织信息变更表
　　　3. 北京理工大学软件学院学生组织考核表
　　　4. 北京理工大学软件学院学生组织活动请示书
　　　5. 北京理工大学软件学院学生干部考核表

附件 1：

## 北京理工大学软件学院学生组织成立申请表

| 组织/社团名称 | 北京理工大学软件学院＿＿＿＿＿＿＿＿＿＿ | | | | | |
|---|---|---|---|---|---|---|
| 组织/社团宗旨 | | | | | | |
| 组织/社团性质 | 人文类 | | 体育类 | | 艺术类 | |
| | 实践类 | | 科技类 | | 其他 | |
| 负责人信息 | 姓名 | | 学号 | 联系方式 | | 邮箱 |
| | | | | | | |
| 面向对象 | □软件学院本科生　□软件学院研究生　□软件学院本科生研究生 | | | | | |
| 主要活动内容及形式 | | | | | | |
| 组织/社团成立的目的及必要性说明 | | | | | | |
| 指导老师意见 | | | | | | |
| 院团委审批意见 | | | | | | |
| 学院领导审批意见 | | | | | | |

附件 2：

## 北京理工大学软件学院学生组织信息变更表

| | |
|---|---|
| 组织/社团名称 | |
| 变更内容 | |
| 变更原因 | |
| 指导老师意见 | |
| 院团委审批意见 | |
| 学院领导审批意见 | |

附件 3：

北京理工大学软件学院学生组织考核表

| 组织/社团名称 | | 组织/社团负责人 | | 考核时间 | |
|---|---|---|---|---|---|
| 工作总结 | | | | | |
| 工作成绩 | | | | | |
| 所获奖项 | | | | | |
| 老师/领导打分 | | | | | |

附件 4:

## 北京理工大学软件学院学生组织活动请示书

| 活动名称 | | | |
|---|---|---|---|
| 主办部门 | | 活动负责人 | |
| 活动时间 | | 活动总预算 | |
| 活动内容 | | | |
| | | | |

| 活动预算 | | | | |
|---|---|---|---|---|
| 物品名称 | 单价 | 数量 | 合计 | 备注 |
| | | | | |
| | | | | |
| | | | 总价: | |

指导老师意见:

院团委审批意见:

学院领导审批意见:

附件 5：

## 北京理工大学软件学院学生干部考核表

| 姓名 | | 职务 | | 考核时间 | |
|---|---|---|---|---|---|
| 工作总结 | | | | | |
| 工作成绩 | | | | | |
| 所获奖项 | | | | | |
| 老师/领导打分 | | | | | |

### 9.7.3 软件学院学生兴趣爱好社团成立办法

#### 第一条 总 则

为了保证学生依法行使结社自由的权利,规范申请成立社团的程序,维护校园秩序,促进校园文化活跃发展,根据《北京理工大学学生社团联合会总章》,及《北京理工大学学生社团管理条例》总则,结合我校的实际情况,制定本细则。

#### 第二条 社团成立条件

一、成立社团,应当具备下列条件:

(1)发起人符合本细则规定的人数,并组成社团申请成立发起小组(详见第三条)。

(2)制定完善的社团章程及社团标识。

(3)有社团名称,建立有效的组织机构。

(4)发起人有开展活动的能力,具备与社团类型相关的素养,责任心强,积极性高,富有创造力,有团队合作意识,思想端正,积极向上。

(5)有一名以上的指导老师负责指导社团的工作,指导老师须为在校任职教师。

二、凡属下列性质之一者,不得成立社团:

(1)不符合我国宪法和法律规定,不利于社会主义两个文明的建设,不利于"三个代表"实施的,不利于学校的建设发展。

(2)危害国家和社会发展。

(3)妨害社会安定和学校正常秩序。

(4)不利于师生员工团结的,有碍校园治安管理。

(5)进行同乡会等具有小团体性质的活动。

(6)其他不符合社团成立要求的。

#### 第三条 社团发起人要求

发起小组不少于五人组成,发起人必须是本校在册学生。在发起人中必须确定主要发起人三名。主要发起人必须符合《北京理工大学学生干部条例》中有关学生干部的规定,主要发起人应在两个院(系)以上;每位主要发起人必须经过其所在院(系)辅导员的同意,并附意见书;五名发起人要共同到学生社团联合会登记注册。

## 第四条　社团成立相关材料

发起小组在北京理工大学申请成立注册，必须提交申请报告。申请报告必须包括以下文件。

一、由主要发起人（三名）手写签名的社团成立申请书。

二、社团章程；成立社团必须依照《北京理工大学学生社团管理条例》制定社团章程，章程应当载明下列事项。

（1）社团名称。

（2）社团性质及挂靠单位。

（3）社团活动范围（包括：文艺类、体育类、理论类、公益类、其他类）。

（4）社团简介。

（5）社团宗旨、精神、任务。

（6）会员资格的获得与取消（包括入会退会标准及程序）。

（7）会员权利与义务。

（8）社团的组织机构设置及其产生及罢免办法、职权、议事规则。

（9）社团管理制度。

（10）完整的财务制度。

（11）终止程序及终止后的财务处理。

（12）本社团需要制定的相关规定。

三、北京理工大学学生社团成立登记表。

四、北京理工大学学生社团发起人登记表。

五、社团发展规划（两年）；内容应当足够明确并可以指导社团在发展过程中据此目标不断创新、保持活力。

六、社团标识。

七、其他需要提交的文件。

## 第五条　社团成立流程

一、发起人申请：于每学年年初联系社联办公室，提出社团成立申请，由社联办公室安排专门协助人协助发起人填写北京理工大学学生社团成立登记表、北京理工大学学生社团发起人登记表并上交。

二、社联办公室预审：根据相关规定，对发起人上交资料进行审查，并在资料上交日起3日内予以反馈。

三、发起人筹备：社联办公室反馈通过后，自反馈日起7日内，发起人上交社团章程、社团标识、社团发展规划至社联办公室。

四、社联初审：社联主席团及办公室根据相关规定，对发起人提交的材料进行审查，联系社团挂靠单位，确认责任归属，并在资料上交日起 3 日内予以反馈。

五、社团答辩开题会：社团接到初审通过通知后着手准备答辩开题会，办公室指定协助人在此期间将准备开题会社团成立委员会所需资料，并给予该社团各方面支持，答疑解惑。

社联对于社团申请召开答辩会，主要步骤为首先进行社团称述，然后由社团成立委员会针对相应的申请社团人提出问题，进行答辩。注：社团成立委员会由社联副部以上成员和社团第一负责人组成，每次答辩需有委员会至少 7 人到场，超过半数的委员同意其申请才可进行试运行，社团方面要求发起人全部到场。

六、公示试运行：社联反馈通过后，自反馈日起 30 日内，社团进入试运行期，在此期间可以进行小规模的招新，并进行活动，社团负责人需上交活动方案和策划，完成活动后及时进行活动总结，写出自己的感想，及本次活动对社团发展方向的影响。社联对其试运行进行考察及指导，并进行同期试运行社团评优工作，将评优结果进行公示。

七、社团第二轮答辩会：社团试运行一段时间后，召开第二轮答辩会，除第一轮答辩会参与的社团成立委员会外，加入一些社团成员参与进来进行旁听或提问，通过普通成员的提问，反映试运行期间所存在的问题，从而进一步考察整个社团的运作状况，委员会将在该轮答辩会上加深对该社团的了解，并给予一定的帮助。

八、社联复审：社联主席团及办公室根据相关规定，对发起人提交的材料、试运行表现进行审查，并在试运行期结束日起 3 日内予以反馈。

九、社团答辩总结会：社团试运行 3 个月后，社联召开社团答辩后期会，社团需陈述其发展现状及未来发展方向，加深社联对社团的了解；社团成立委员会也可提出一些问题。注：社团答辩后期会一般在学期末举行，超过半数的到场委员同意其申请，才可提交团委终审。

十、团委终审：社联将通过复审的社团资料交与共青团北京理工大学委员会审核，并于复审通过日起 7 日内反馈社团。

十一、社团正式成立：通过团委终审后，社团可举行成立仪式，聘任指导老师，进行大型招新和开展大型活动。

十二、发起人未按以上要求的规定日期内提交相关材料，社联将终止其成立申请。

十三、社联未按以上要求的规定日期内反馈社团的，或不满相关审核的，发起人可向社联主席团及校团委投诉。

### 第六条 其 他

一、新成立的社团必须严格遵守《北京理工大学学生社团管理条例》及其他规章制度。

二、新成立社团在服从社联相关管理规定并上报社联的前提下，可以视情况单独招收会员，学生社团联合会将对其活动进行监督检查。

北京理工大学软件学院<br>二〇一六年九月

### 9.7.4 软件学院学生兴趣爱好社团管理条例

#### 第一章 总 则

**第一条** 软件学院学生兴趣爱好社团是培养和锻炼学生能力的重要文化园地。为促进学生兴趣爱好社团正常和健康地发展，更好地发挥其在校园文化建设中的重要作用，特制定本条例。

**第二条** 本条例所称的学生兴趣爱好社团是指我院范围内由学生根据自身兴趣爱好自发组成的各类协会和学生团体。

**第三条** 各社团必须依据本条例的有关规定，在学院学生工作办公室与院团委的领导下开展各项有益学生身心健康的文体活动。

#### 第二章 学生兴趣爱好社团的性质和管理

**第四条** 学生兴趣爱好社团是软件学院学生根据自身兴趣爱好自发组织的学生团体，学生均可以申请加入。

**第五条** 学生兴趣爱好社团必须有名称、宗旨、章程和负责人。

**第六条** 学生建立跨学院、学校、跨地区的社团须经学院、学校、政府有关部门批准。

**第七条** 学生兴趣爱好社团必须服从学院的领导和管理。学生兴趣爱好社团日常管理在学院团委指导下由学生兴趣爱好社团联合会（简称"社团联合会"）负责。

#### 第三章 社团的成立、组织及活动

**第八条** 学生兴趣爱好社团是以马列主义、毛泽东思想、邓小平理论、"三个

代表"、科学发展观等重要思想为指导,坚持四项基本原则,遵守国家法律(法规)和学校规章制度,在学院党委领导下,在学院分团委和学生兴趣爱好社团联合会的具体指导、帮助下,围绕提高综合素质,促进全面成才的目的,根据不同的志趣和爱好,由学生自愿组织的学术、文化、体育、娱乐、勤工俭学和社会实践等类型的群众性活动组织。

**第九条** 学生兴趣爱好社团必须制定完备的章程和严格的自我管理条例,章程和条例应包括社团的性质、宗旨、组织机构、内部管理制度、会员的权利和义务等基本内容。

**第十条** 学生成立兴趣爱好社团,必须先将申请报告和草拟的章程报学院团委和学生兴趣爱好社团联合会。由团委社团部提出初步意见,再交学生兴趣爱好社团联合会主席团审议,最后由学院团委签署意见报学院党委审批,由院团委备案。凡院党委宣传部未下正式登记批文之前,任何社团不得宣布成立和开展活动。

**第十一条** 软件学院学生兴趣爱好社团属院级社团,不准成立跨校级的学生兴趣爱好社团。各社团一般不组织跨校级活动。个别确因特别需要拟组织开展跨校级活动的社团,事先应向宣传部提出申请,得到同意后,方可进行活动。

**第十二条** 学生兴趣爱好社团必须有健全的组织机构,包括负责人、成员,必须有指导老师,或根据需要聘请有关顾问。凡聘请校外顾问或指导老师,须由院团委审定批准,然后颁发聘书,并登记入册;凡聘请校内顾问或指导老师,须经其所在单位领导同意,由院团委、学生兴趣爱好社团联合会登记备案。

**第十三条** 学生兴趣爱好社团每学期必须开展三次以上的活动,活动前必须办理申报手续。校内活动报校学生兴趣爱好社团联合会和院团委审批;跨校级活动报校团委审批,学生兴趣爱好社团联合会备案。活动方案必须包括时间、地点、方式、人员、负责人、内容、经费等。

**第十四条** 学生兴趣爱好社团在每学期开始,必须制订出学期工作计划,学期末必须有书面工作总结,工作计划和总结均须向院团委和社团联合会备案。

**第十五条** 学生兴趣爱好社团每学年必须在公共场合向全校师生举办一次成果汇报展览,各社团须有较完善的档案管理。

## 第四章 社团刊物

**第十六条** 严格控制学生兴趣爱好社团办刊,但确与社团性质密切相关、且在条件具备并得到批准的情况下,可主办相应的刊物。

**第十七条** 学生兴趣爱好社团主办刊物,必须办理报批手续,手续与第六条相同。

第十八条　学生兴趣爱好社团主办的刊物，必须与本社团章程中所规定的社团性质和宗旨相符。学术类型的刊物要讲求严谨的作风，文艺和其他社会科学及综合类的社团刊物要注重思想性和刊物格调。

第十九条　学生兴趣爱好社团的刊物如需正规印刷，必须先经指导老师审阅签字，再送院团委签署意见，最后由院党委盖章后方可复印。

第二十条　所有学生兴趣爱好社团刊物，限于院内交流，不准在校外公开出售。

第二十一条　所有学生兴趣爱好社团及其刊物的申报手续，都必须有文字材料。口头申请和允诺均视为无效。

第二十二条　社团刊物在思想内容上有违背四项基本原则和社团宗旨等严重问题，社团联合会有权令其停办。

## 第五章　经　　费

第二十三条　学生兴趣爱好社团及其他办刊物的经费，一部分由学院给予适当专门拨付，其余由社团自筹（如交纳会费、个人捐助等）。凡接受校外资助的，事先须上报社团主管部门审批，未经同意，不得接受。

第二十四条　勤工俭学（即有偿服务）性质的学生兴趣爱好社团，学院不另提供活动经费。

第二十五条　学生兴趣爱好社团申请活动经费，先由社团联合会审批，再报院团委审批备案。

## 第六章　奖励与处罚

第二十六条　院团委、社团联合会每学年按各社团的工作实绩评定 4 至 6 个优秀学生兴趣爱好社团，并给予一定的物质及精神奖励。

第二十七条　各学生兴趣爱好社团内部每年评定 1 至 2 名优秀社团干部向学校推荐，有院团委、学生兴趣爱好社团联合会评定 5 至 8 名优秀社团干部，并给予一定的物质和精神奖励。

第二十八条　优秀社团干部在学年评优中可享受与学生干部相同的待遇。

第二十九条　所有学生兴趣爱好社团必须分团委进行年度登记，并凭下发的有关登记手续开展下一年的活动。凡未办理报批手续的学生兴趣爱好社团及其刊物，学院概不承认，并追究有关人员的责任。

第三十条　凡因组织机构瘫痪或组织内部各种问题不能正常开展活动的社团，院团委与社团联合部有权令其暂停活动，进行整顿。整顿无效者，令其解散。

## 第七章 附 则

**第三十一条** 凡违反国家法令和校纪校规的学生兴趣爱好社团，学院将依据有关条例做出相应处罚。

**第三十二条** 未经院党委批准，所有学生兴趣爱好社团不得擅自刻章。凡已刻公章的社团，对公章须严格管理，须有专人掌管并限在校内使用，不得随意在校外使用。

**第三十三条** 本条例公布之前已经成立的学生兴趣爱好社团，一律重新办理登记手续。

**第三十四条** 本条例适用于所有学生兴趣爱好社团及刊物，各社团不得违反。

北京理工大学软件学院

二〇一六年九月

# 第 10 章 软件学院学生工作近十年工作成果和奖励

## 10.1　软件学院学生工作主要成果和奖励（2012—2017）

| 获奖名称 | 获奖年份 | 级别 | 颁奖单位 |
| --- | --- | --- | --- |
| 北京理工大学 2017 年度心理健康节优秀组织单位三等奖 | 2017 | 校级 | 北京理工大学 |
| 北京理工大学优良学风班（08111506、08311402） | 2017 | 校级 | 北京理工大学 |
| 北京理工大学 2017 年校运动会啦啦操三等奖 | 2017 | 校级 | 北京理工大学 |
| 北京理工大学 2017 年校运动会女子团体总分二等奖 | 2017 | 校级 | 北京理工大学 |
| 北京理工大学纪念"一二·九"合唱比赛三等奖 | 2017 | 校级 | 北京理工大学 |
| 北京理工大学徐特立奖学金 | 2017 | 校级 | 北京理工大学 |
| 2016—2017 年度首都大学、中职院校"先锋杯"优秀团支部、优秀基层团干部 | 2017 | 市级 | 北京市团市委 |
| 北京理工大学优良学风班（08111506、08311402） | 2016 | 校级 | 北京理工大学 |
| 北京理工大学纪念"一二·九"越野赛优秀单位 | 2016 | 校级 | 北京理工大学 |
| 北京理工大学徐特立奖学金一等奖 | 2016 | 校级 | 北京理工大学 |
| 北京市"红色 1+1"示范性活动一等奖 | 2016 | 市级 | 北京市委教育工作委员会 |
| 北京理工大学精品微党课优秀组织奖 | 2016 | 校级 | 北京理工大学 |
| 2015—2016 年度共青团系统"五四"评优新星团干部、十佳团支部 | 2016 | 校级 | 北京理工大学 |
| 2015—2016 年度首都大学、中职院校"先锋杯"优秀团支部、优秀基层团干部 | 2016 | 市级 | 北京市团市委 |
| 2016 年首都大中专学生暑期社会实践优秀成果奖 | 2016 | 市级 | 北京理工大学 |
| 北京理工大学徐特立奖学金一等奖 | 2015 | 校级 | 北京理工大学 |
| 北京理工大学 2014—2015 年度首都大学、中职院校"先锋杯"优秀团支部、优秀基层团干部 | 2015 | 市级 | 北京市团市委 |
| 北京理工大学德育答辩工作先进集体 | 2014 | 校级 | 北京理工大学 |
| 北京理工大学 2014 年度"信仰·青春·阳光"主题教育活动优秀组织个人 | 2014 | 校级 | 北京理工大学 |
| 北京理工大学暑期社会实践优秀实践团队二等奖 | 2014 | 校级 | 北京理工大学 |

续表

| 获奖名称 | 获奖年份 | 级别 | 颁奖单位 |
|---|---|---|---|
| 北京理工大学暑期社会实践优秀组织奖 | 2013 | 校级 | 北京理工大学 |
| 北京理工大学时事论坛优秀组织集体 | 2013 | 校级 | 北京理工大学 |
| 北京理工大学徐特立奖学金二等奖 | 2013 | 校级 | 北京理工大学 |
| 北京市高校创先争优先进基层党组织 | 2013 | 北京市 | 北京市委教育工委 |
| 北京理工大学先进党支部 | 2013 | 校级 | 北京理工大学 |
| 北京市暑期社会实践优秀团队 | 2013 | 市级 | 北京市团市委 |
| 北京理工大学2013—2014年度共青团系统五四评优五四青春奉献集体 | 2013 | 校级 | 北京理工大学 |
| 北京理工大学2013年度"信仰·青春·阳光"主题教育活动先进组织单位 | 2013 | 校级 | 北京理工大学 |
| 北京理工大学2013年度"信仰·青春·阳光"主题教育活动优秀品牌项目 | 2013 | 校级 | 北京理工大学 |
| 北京理工大学暑期社会实践优秀团队一等奖 | 2013 | 校级 | 北京理工大学 |
| 北京市暑期社会实践优秀团队"我的自强之路"征文三等奖 | 2012 | 校级 | 北京理工大学 |
| 北京理工大学2012—2013年度"信仰·青春·阳光"优秀项目 | 2012 | 校级 | 北京理工大学 |
| 北京高校学习宣传党的十八大精神优秀活动——"我来讲，我来听"党课评比大赛 | 2012 | 市级 | 中共北京市委教育工作委员会 |

## 10.2 软件学院学生工作学术研究成果（2009—2017）

| 软件学院学生工作学术研究获奖情况 | | | |
|---|---|---|---|
| 奖项名称 | 获奖时间 | 获奖级别 | 授奖部门 |
| T-more优秀教师奖 | 2015 | 校级 | 北京理工大学 |
| 迪文优秀教师奖 | 2017 | 校级 | 北京理工大学 |
| 《秉承锅炉房精神，构建五位一体的软件产业拔尖创新人才培养模式》获北京理工大学教育教学成果奖特等奖 | 2017 | 校级 | 北京理工大学 |

续表

| 软件学院学生工作学术研究获奖情况 | | | |
|---|---|---|---|
| 奖项名称 | 获奖时间 | 获奖级别 | 授奖部门 |
| "软件人才培养模式的探索和实践"项目获得北京市教学成果奖二等奖 | 2013 | 北京市 | 北京市人民政府 |
| "创意产业人才培养体系建设与实践"获得北京市教学成果奖二等奖 | 2013 | 北京市 | 北京市人民政府 |
| "软件人才培养模式的探索和实践"项目获得北京理工大学教学成果奖一等奖 | 2012 | 校级 | 北京理工大学 |
| "创意产业人才培养体系建设与实践"获得北京理工大学教学成果奖一等奖 | 2012 | 校级 | 北京理工大学 |
| 北京理工大学育人标兵荣誉称号 | 2011 | 校级 | 北京理工大学 |
| 软件学院学生工作学术论文发表情况 | | | |
| 文章题目 | 发表时间 | 刊物名称 | |
| 《移动互联网助力高校团学工作的深度改革构思与实践探索》 | 2016 | 中国青年专刊 | |
| 《构建多元"学生综合素质测评体系",引领当代大学生全面发展》 | 2015 | 中国青年研究 | |
| 《面向学生的一体化网络数据平台的探索和实践》 | 2015 | 中国青年研究 | |
| 《"三管齐下"的大学生科技创新实践模式的探索与实践》 | 2015 | 北京理工大学校报社科版 | |
| 《基于党课评比大赛的大学生思想政治教育创新研究》 | 2014 | 学校党建与思想教育 | |
| 《创新动力视角下研究生思想教育方法探析》 | 2013 | 学校党建与思想教育 | |
| 《大学生网瘾的调查与教育探索》 | 2010 | 学校党建与思想教育 | |
| 《科技创新活动中的思想政治教育》 | 2009 | 学校党建与思想教育 | |
| 软件学院学生工作课题研究情况 | | | |
| 课题名称 | 起止日期 | 完成情况 | 课题发布单位 |
| 以研究生党建为切入点,破局研究生群体思想政治教育工作困局 | 2017.09—2019.09 | 正在进行 | 北京理工大学研究生院 |
| 高校党校培训形式和途径的创新研究 | 2013.01—2014.01 | 已结题 | 北京理工大学组织部 |
| 德学理工:基于社交计算的青年学生移动网络平台的建设 | 2014.01—2016.01 | 已结题 | 北京理工大学学生处 |

续表

| 软件学院学生工作课题研究情况 | | | |
|---|---|---|---|
| 课题名称 | 起止日期 | 完成情况 | 课题发布单位 |
| 德学理工：建立面向学生服务、管理和通信的统一网络数据平台 | 2012.01—2014.01 | 已结题 | 北京理工大学学生处 |
| 德学理工：大学生科技类社团的党建研究 | 2012.01—2014.02 | 已结题 | 北京理工大学学生处 |

## 10.3 软件学院招生及就业工作主要成果和奖励（2009—2017）

| 获奖名称 | 获奖年份 | 级别 | 颁奖单位 |
|---|---|---|---|
| 北京理工大学就业工作先进集体二等奖 | 2017 | 校级 | 北京理工大学 |
| 北京理工大学招生工作先进集体三等奖 | 2017 | 校级 | 北京理工大学 |
| 北京理工大学就业工作先进集体二等奖 | 2016 | 校级 | 北京理工大学 |
| 北京理工大学招生工作先进集体一等奖 | 2016 | 校级 | 北京理工大学 |
| 北京理工大学招生工作先进集体二等奖 | 2015 | 校级 | 北京理工大学 |
| 北京理工大学就业工作先进集体二等奖 | 2013 | 校级 | 北京理工大学 |
| 北京理工大学招生工作先进集体二等奖 | 2013 | 校级 | 北京理工大学 |
| 北京理工大学就业工作先进集体一等奖 | 2012 | 校级 | 北京理工大学 |
| 北京理工大学就业工作先进集体二等奖 | 2011 | 校级 | 北京理工大学 |
| 北京理工大学就业工作先进集体一等奖 | 2010 | 校级 | 北京理工大学 |
| 北京理工大学就业工作先进集体一等奖 | 2009 | 校级 | 北京理工大学 |

## 10.4 软件学院科技创新创业竞赛主要成果和奖励（2008—2017）

| 软件学院科技创新创业竞赛集体奖项 | | | |
|---|---|---|---|
| 获奖名称 | 获奖年份 | 级别 | 颁奖单位 |
| 第十三届"世纪杯"学生课外科技作品竞赛优秀组织奖、"优胜杯"（总分第二） | 2017 | 校级 | 北京理工大学 |
| 第六届"中国软件杯"大学生软件设计大赛优秀组织奖、优秀指导教师奖 | 2017 | 国家级 | 工业和信息化部、教育部和江苏省人民政府 |

续表

| 获奖名称 | 获奖年份 | 级别 | 颁奖单位 |
|---|---|---|---|
| 第十四届"世纪杯"学生课外科技作品竞赛优秀组织奖、"优胜杯"（总分第二） | 2017 | 校级 | 北京理工大学 |
| 第五届"中国软件杯"大学生软件设计大赛优秀组织奖、优秀指导教师奖 | 2016 | 国家级 | 工业和信息化部、教育部和江苏省人民政府 |
| 中国高校计算机大赛团队设计天梯赛全国总决赛团体排名第六名 | 2016 | 国家级 | 全国高等学校计算机教育委员会 |
| 北京理工大学工信创新奖学金一等奖一项、二等奖一项、三等奖二项，创业奖学金一等奖一项 | 2016 | 校级 | 北京理工大学 |
| 第十二届"世纪杯"学生课外科技作品竞赛优秀组织奖、"优胜杯"（总分第六） | 2015 | 校级 | 北京理工大学 |
| 北京市高等院校示范性创新实践基地 | 2015 | 市级 | 北京市教育委员会 |
| 第十一届"世纪杯"学生课外科技作品竞赛"优胜杯"（总分第三） | 2014 | 校级 | 北京理工大学 |
| 第十届"世纪杯"学生课外科技作品竞赛"优胜杯"（总分第六） | 2013 | 校级 | 北京理工大学 |
| 第九届"世纪杯"学生课外科技作品竞赛优秀组织奖 | 2012 | 校级 | 北京理工大学 |

| 软件学院科技创新创业竞赛重要奖项<br>（仅罗列国家级二等奖以上） | | | |
|---|---|---|---|
| 获奖名称 | 获奖年份 | 级别 | 颁奖单位 |
| 国际奥林匹克计算机博弈大赛一等奖 | 2017 | 国际级 | International Computer Games Association |
| 第四十二届ACM国际大学生程序设计竞赛亚洲区域赛二等奖 | 2017 | 国际级 | ACM–ICPC亚洲区竞赛委员会 |
| 第八届"蓝桥杯"全国软件和信息技术专业人才大赛一等奖 | 2017 | 国家级 | 工业和信息化部 |
| 全国大学生博弈锦标赛一等奖 | 2017 | 国家级 | 中国人工智能学会、教育局高等学校计算机类专业教学指导委员会 |
| 2017中国服务机器人大赛一等奖 | 2017 | 国家级 | 中国自动化学会机器人竞赛工作委员会，RoboCup中国委员会，中国服务机器人大赛委员会 |

续表

| 获奖名称 | 获奖年份 | 级别 | 颁奖单位 |
| --- | --- | --- | --- |
| 第六届"中国软件杯"大学生软件设计大赛一等奖 | 2017 | 国家级 | 工业和信息化部、教育部和江苏省人民政府 |
| 第三届 CCPC 中国大学生程序设计竞赛一等奖 | 2017 | 国家级 | 中国大学生程序设计竞赛协会 |
| 国际奥林匹克计算机博弈大赛一等奖 | 2016 | 国际级 | International Computer Games Association |
| 第四十一届 ACM 国际大学生程序设计竞赛世界总决赛第 56 名 | 2016 | 国际级 | ACM–ICPC 亚洲区竞赛委员会 |
| 第二届 CCPC 中国大学生程序设计竞赛一等奖 | 2016 | 国家级 | 中国大学生程序设计竞赛协会 |
| 第七届"蓝桥杯"全国软件和信息技术专业人才大赛一等奖 | 2016 | 国家级 | 工业和信息化部 |
| 第五届"中国软件杯"大学生软件设计大赛一等奖 | 2016 | 国家级 | 工业和信息化部、教育部和江苏省人民政府 |
| 全国大学生博弈锦标赛一等奖 | 2016 | 国家级 | 中国人工智能学会、教育局高等学校计算机类专业教学指导委员会 |
| 中国高校计算机大赛团队设计天梯赛全国总决赛二等奖 | 2016 | 国家级 | 全国高等学校计算机教育委员会 |
| 第四十届 ACM 国际大学生程序设计竞赛亚洲区域赛总决赛二等奖 | 2015 | 国际级 | ACM–ICPC 亚洲区竞赛委员会 |
| 国际奥林匹克计算机博弈大赛一等奖 | 2015 | 国际级 | International Computer Games Association |
| Robocup 机器人世界杯赛中型组二等奖 | 2015 | 国际级 | RoboCup 国际组委会 |
| 全国大学生计算机博弈锦标赛一等奖 | 2015 | 国家级 | 中国人工智能学会、教育局高等学校计算机类专业教学指导委员会 |
| 第六届"蓝桥杯"全国软件和信息技术专业人才大赛-全国总决赛二等奖 | 2015 | 国家级 | 工业和信息化部 |
| 首届 CCPC 中国大学生程序设计竞赛二等奖 | 2015 | 国家级 | 中国大学生程序设计竞赛协会 |
| 2015 中国服务机器人大赛二等奖 | 2015 | 国家级 | 中国自动化学会机器人竞赛工作委员会，RoboCup 中国委员会，中国服务机器人大赛委员会 |

续表

| 获奖名称 | 获奖年份 | 级别 | 颁奖单位 |
|---|---|---|---|
| 中国机器人大赛暨 RoboCup 公开赛机器人足球中型组特等奖 | 2014 | 国家级 | 中国自动化学会机器人竞赛工作委员会、RoboCup 中国委员会 |
| 第三届"中国软件杯"大学生软件设计大赛一等奖 | 2014 | 国家级 | 工业和信息化部、教育部和江苏省人民政府 |
| 全国大学生计算机博弈大赛暨第八届全国计算机博弈锦标赛一等奖 | 2014 | 国家级 | 中国人工智能学会、教育局高等学校计算机类专业教学指导委员会 |
| 国际奥林匹克计算机博弈锦标赛一等奖 | 2013 | 国际级 | International Computer Games Association |
| 2013 年机器人世界杯足球锦标赛中型组项目国际第四名 | 2013 | 国际级 | RoboCup 国际组委会 |
| 全国大学生计算机博弈大赛暨第七届全国计算机博弈锦标赛一等奖 | 2013 | 国家级 | 中国人工智能学会、教育局高等学校计算机类专业教学指导委员会 |
| 中国机器人大赛特等奖 | 2013 | 国家级 | 中国自动化学会机器人竞赛工作委员会、RoboCup 中国委员会 |
| 第二届"中国软件杯"全国大学生软件设计大赛二等奖 | 2013 | 国家级 | 工业和信息化部、教育部 |
| 第 37 届 ACM 国际大学生程序设计竞赛亚洲区域赛优秀奖 | 2012 | 国际级 | ACM–ICPC 亚洲区竞赛委员会 |
| 全国大学生计算机博弈大赛暨第六届全国计算机博弈锦标赛一等奖 | 2012 | 国家级 | 中国人工智能学会、教育局高等学校计算机类专业教学指导委员会 |
| 中国机器人大赛暨 RoboCup 公开赛一等奖 | 2012 | 国家级 | 中国自动化学会机器人竞赛工作委员会、RoboCup 中国委员会 |
| 第 16 届国际奥林匹克计算机博弈大赛一等奖 | 2011 | 国际级 | International Computer Games Association |
| "中科杯"全国软件设计大赛特等奖 | 2011 | 国家级 | 中国软件行业协会、中国科学院软件研究所 |

续表

| 获奖名称 | 获奖年份 | 级别 | 颁奖单位 |
| --- | --- | --- | --- |
| 全国大学生计算机博弈锦标赛一等奖 | 2011 | 国家级 | 中国人工智能学会机器博弈专业委员会 |
| 中国机器人大赛—创意设计大赛特等奖 | 2011 | 国家级 | 中国自动化学会智能自动化专业委员会 |
| 第四届全国大学生信息安全竞赛一等奖 | 2011 | 国家级 | 教育部高等学校信息安全类专业教学指导委员会 |
| 第15届国际奥林匹克计算机博弈大赛一等奖 | 2010 | 国际级 | International Computer Games Association |
| 全国大学生信息安全竞赛一等奖 | 2010 | 国家级 | 教育部高等学校信息安全类专业教学指导委员会 |
| 第14届国际奥林匹克计算机博弈大赛一等奖 | 2009 | 国际级 | International Computer Games Association |
| 全美大学生数学建模竞赛一等奖 | 2009 | 国际级 | 美国数学与工业协会 |
| "中科杯"全国软件设计大赛特等奖 | 2009 | 国家级 | 中国软件行业学会、中国科学院软件所 |
| 全国大学生信息安全竞赛一等奖 | 2009 | 国家级 | 教育部高等学校信息安全类专业教学指导委员会 |
| 第十一届"挑战杯"全国大学生课外学术科技作品竞赛一等奖 | 2009 | 国家级 | 共青团中央、中国科协、教育部、全国学联、工业与信息化部 |
| 全美大学生数学建模竞赛一等奖 | 2008 | 国际级 | 美国数学与工业协会 |
| 全国大学生信息安全竞赛一等奖 | 2008 | 国家级 | 教育部高等学校信息安全类专业教学指导委员会 |
| 第13届国际奥林匹克计算机博弈大赛一等奖 | 2008 | 国际级 | International Computer Games Association |

# 参 考 文 献

[1] 柏杨. 高校辅导员队伍建设研究［D］. 重庆：西南大学，2012.
[2] 薄舜予. 新媒体视域下高校学生党建工作创新研究［D］. 大庆：东北石油大学，2013.
[3] 蔡国春. 高校学生事务管理概念的界定［J］. 扬州大学学报：高教研究版，2000（2）.
[4] 蔡国春. 新中国高校学生工作历史经验与启示［J］. 国家教育行政学院学报，1999（6）.
[5] 蔡红梅，李郴生. 高校学风建设的思考［J］. 湖南社会科学，2004，（3）.
[6] 陈保卫. 高等学校学生工作服务体系建立的实践与认识［J］. 华北电力大学学报：社会科学版，1995（1）.
[7] 陈光，胡凌云. 论高校学生工作体系［J］. 江苏高教，1995（5）.
[8] 陈立民. 高校辅导员理论与实务［M］. 北京：中国言实出版社，2006.
[9] 陈武林. 高校辅导员管理效能与工作创新研究［D］. 福州：福建师范大学，2009.
[10] 陈垠亭. 高校辅导员队伍专业化和职业化建设的若干思考［J］. 思想理论教育，2007.
[11] 程桂君. 马克思主义制度学视角下的中国高校辅导员管理制度研究［D］. 华中师范大学，2008.
[12] 戴聚坤. 高校学生管理工作研究"以生为本"的视角［D］. 南昌：江西师范大学，2007.
[13] 单魁贤，杨轶因. 论适应素质教育的高校学生工作体系的构建［J］. 高等农业教育，2006（2）.
[14] 邓续周. 高校学生事务组织结构的改进与创新［J］. 思想理论教育，2007（5）.
[15] 杜向民，黎开谊. 嬗变与开新：高校辅导员制度发展研究［M］. 北京：中国社会科学出版社，2009.
[16] 杜中德. 高校辅导员激励约束机制研究［D］. 青岛：中国石油大学（华东），2009.
[17] 冯向东. 高等教育大众化的制度变迁与路径选择［J］. 高等教育研究，2004（3）.

[18] 冯小革. 高校学生管理工作的基本构成与主要任务 [J]. 河南商业高等专科学校学报, 2003 (7).

[19] 傅进军. 关于高校学风建设的几点思考 [J]. 思想教育研究, 2005 (4).

[20] 高永祥. 高校辅导员职业化机制研究 [D]. 上海: 华东师范大学, 2009.

[21] 关俭科. 浅谈学生工作价值观与学生工作的发展 [J]. 佛山科学技术学院学报: 社会科学版, 2000 (6).

[22] 国家教育部. 关于进一步加强和改进大学生思想政治教育的意见 [N]. 2004.

[23] 国家教育部. 教育部关于切实加强和改进高等学校学风建设的实施意见 [N]. 2011.

[24] 黄芳, 王忠于, 宋强, 等. 略论新时期高校学生工作体系的构建 [J]. 贵州工业大学学报: 社会科学版, 2004 (2).

[25] 黄红球. 对高校学生党建工作长效机制的思考 [J]. 学校党建与思想教育, 2007 (2).

[26] 黄明福, 王国玉. 新形势下工科研究生与导师的关系研究 [J]. 学位与研究生教育, 2015.

[27] 黄蓉生, 等. 当代大学生诚信制度建设及加强大学生思想政治工作研究"的研究成果 [M]. 北京: 中央文献出版社, 2009.

[28] 冀学峰. 论高校发展型学生工作模式 [J]. 高等教育研究, 2006 (6).

[29] 冀学锋. 论以学生为本的高校学生工作理念 [J]. 湖南师范大学社会科学学报, 2005 (9).

[30] 江来登. 高校辅导员专业化发展研究 [M]. 长春: 吉林大学出版社, 2009.

[31] 江麟. 高校辅导员队伍专业化探析 [J]. 高教研究, 2006 (4).

[32] 姜采英. 关于加强高校学生工作体系建设的思考 [J]. 华东经济管理, 1998 (6).

[33] 姜香清. 新形势下高校学生工作模式的探讨 [J]. 怀化学院学报, 2003 (4).

[34] 蒋建军. 确立以发展为核心的学生工作模式 [J]. 思想教育研究, 2004 (8).

[35] 蒋明军. 高校学生工作考核评价指标体系研究 [J]. 思想理论教育, 2006 (19).

[36] 焦文铭. 论"以学生为本"的高校学生工作 [J]. 扬州大学学报 (高教研究版), 2005 (3).

[37] 教育部思想政治工作司. 大学生思想政治教育研究方法 [M]. 北京: 高等教育出版社, 2010.

[38] 金国峰. 高校学风建设存在的误区及改进措施 [J]. 高教论坛, 2003 (1).

[39] 靳玉军. 高校辅导员素质开发研究 [D]. 重庆: 西南大学, 2008.

[40] 李德煌,于满. 理工科高校研究生党支部设置的调查与分析 [J]. 学位与研究生教育, 2014.
[41] 李莉. 我国高校辅导员专业化发展研究 [D]. 南京:南京师范大学, 2009.
[42] 李绍军. 新时期高校学生党建工作及创新研究 [D]. 无锡:江南大学, 2013.
[43] 刘大明. 新时期高校学生工作的重要地位、目标和任务 [EB/OL]. http://www, xzbu, com/7/view-3009138, htm.
[44] 刘蕊. 试论高等院校学生管理工作体系的构建[J]. 黄河科技大学学报, 2006 (9).
[45] 刘玮. 高校辅导员职业化研究 [D]. 南京:河海大学, 2008.
[46] 刘岩. 基于"以人为本"理念的高校学生管理工作研究 [D]. 杭州:浙江师范大学, 2006.
[47] 宋立平. 论以人为本的发展型学生工作模式[D]. 大连:东北师范大学, 2007.
[48] 隋汝梅. 高校辅导员胜任特征评价研究 [D]. 南京:南京大学, 2010.
[49] 孙克迎. 新时期高校学生管理工作的探讨 [J]. 高等教育研究与评估网, 2003.
[50] 唐洁. 高校辅导员职业发展困境研究 [D]. 重庆:西南大学, 2009.
[51] 王昌华. 政治辅导员工作概论 [M]. 哈尔滨:黑龙江人民出版社, 1998.
[52] 王冬梅. 高校辅导员队伍建设研究 [D]. 石家庄:河北师范大学, 2007.
[53] 张红霞. 浅议高校学生工作在提升人才培养水平过程中的定位与功能 [EB/OL]. http://dzxb, gmc, edu, cn/info/1020/1043, htm.
[54] 张文强. 高校政治辅导员职业化研究 [M]. 开封:河南大学出版社, 2007.
[55] 张武. 探讨新时期学生工作的特点 [J]. 山东省青年管理干部学院学报, 2004.
[56] 张兴春. 新形势下研究生思想政治教育研究 [D]. 南京:南京师范大学, 2015.
[57] 张艳. 高校辅导员专业成长的叙事研究 [D]. 重庆:西南大学, 2011.
[58] 张再兴. 高校辅导员队伍建设理论与实践 [M]. 北京:人民出版社, 2010.
[59] 郑家茂,潘晓卉. 关于加强大学生学风建设的思考[J]. 清华大学教育研究, 2004.
[60] 钟凯雄. 优良学风的建构:大学文化管理的旨归与路径 [J]. 华南师范大学学报(社会科学版), 2013 (4).
[61] 朱继磊. 高校学生工作运行机制问题及对策的研究 [D]. 济南:山东大学, 2010.
[62] 朱炜. 发达国家高校学生事务管理比较及其启示[J]. 黑龙江高教研究, 2003 (6).

［63］朱正昌. 高校辅导员队伍建设研究［M］. 北京：人民出版社，2010.
［64］祝建兵. 高校辅导员工作艺术［M］. 昆明：云南科学技术出版社，2007.
［65］庄波. 新中国成立以来高校辅导员队伍建设的历史演进与启示［D］. 济南：山东大学，2008.